THÈQUE INTERNATIONALE D'ÉCONOMIE POLITIQUE
publiée sous la direction de Alfred Bonnet

LE CAPITAL

PAR

Carl RODBERTUS-JAGETZOW

Traduit de l'allemand, avec une préface,

PAR

E. CHATELAIN
Professeur de philosophie au lycée de Nancy

PARIS (5e)
V. GIARD & E. BRIÈRE
LIBRAIRES-ÉDITEURS
16, RUE SOUFFLOT ET RUE TOULLIER, 12

1904

LE CAPITAL

BIBLIOTHÈQUE INTERNATIONALE D'ÉCONOMIE POLITIQUE
publiée sous la direction de Alfred Bonnet

LE CAPITAL

PAR

Carl RODBERTUS-JAGETZOW

Traduit de l'allemand, avec une préface,

PAR

E. CHATELAIN
Professeur de philosophie au lycée de Nancy

PARIS (5e)
V. GIARD & E. BRIÈRE
LIBRAIRES-ÉDITEURS
16, RUE SOUFFLOT ET RUE TOULLIER, 12

1904

PRÉFACE DU TRADUCTEUR

Avant la publication, en 1897, du livre de M. Charles Andler sur *les Origines du socialisme d'État en Allemagne* (1) le nom de Rodbertus était à peu près inconnu dans notre pays. C'est aux savantes études consacrées dansce t ouvrage aux principales vues de notre auteur que doivent recourir ceux qui veulent avoir une idée d'ensemble de la doctrine, en connaître les origines et les relations ; c'est là qu'ils trouveront, en même temps qu'une exposition exacte, les éléments d'une critique raisonnée.

Auparavant nous ne trouvons guère qu'une courte étude de M. Emile de Laveleye dans son livre *le Socialisme contemporain* (2). Cet économiste indiquait brièvement quelques-unes des idées de Rodbertus et y joignait ce jugement sommaire : « Le petit volume de cet écrivain, trop peu connu, est certainement l'une des œuvres les plus originales que l'Allemagne ait produites en fait d'économie politique, quoique la base de ses déductions soit, à mon avis, complètement erronée. Rodbertus n'est pas, à vrai dire, un socialiste, mais, comme Ricardo, il a préparé l'arsenal scientifique où le socialisme est venu prendre ses

(1) Paris, Alcan, 1897.

(2) Paris, Alcan, 9me édit., 1894.

armes ». « L'erreur capitale de Rodbertus, que les autres socialistes allemands lui ont empruntée, c'est qu'il fait du travail la source unique de la valeur. »

Le « petit volume » venu à la connaissance de M. de Laveleye était la réimpression, parue en 1875, de deux lettres à von Kirchmann, avec le titre nouveau de *Zur Beleuchtung der socialen Frage,* — ouvrage important sans doute, mais non le seul que Rodbertus ait publié. On en jugera par la bibliographie exacte que M. Andler veut bien nous permettre de joindre à cette traduction.

Nous n'avons pas l'intention d'écrire une biographie détaillée de l'auteur ni une analyse de l'œuvre entière. Nous nous bornerons à donner quelques indications utiles pour orienter et avertir le lecteur, et à expliquer le choix du présent ouvrage, parmi tant d'autres.

I. — *Quelques mots sur l'homme.*

Le disciple à quelque égard de Saint-Simon, l'émule et l'admirateur de Proudhon, le rival de Karl Marx, le conseiller de Lassalle, celui que M. Adolf Wagner a appelé « le Ricardo du socialisme scientifique », Johann Karl Rodbertus, né à Greifswald en 1805, fut un grand propriétaire de la Poméranie, passionné pour l'agriculture savante, comme les Thaër et les von Thünen. Résidant de 1835 jusqu'à sa mort sur son domaine de Jagetzow (près de Jarmen), il fut choisi dès 1841 par ses pairs pour défendre les intérêts de la propriété foncière et de l'agriculture dans les assemblées provinciales de la Poméranie et dans le parlement prussien. Il prit une part très active à la politique générale pendant les années 1848 1849, fut même pendant un mois ministre des cultes. — Il se montre, en politique monarchiste, conservateur, passionné pour l'unité de l'Allemagne.

Familiarisé par une pratique raisonnée, qui est le fond de sa vie active, avec tous les problèmes de l'agriculture et les préoccupations de la propriété rurale, — il consacre à ces sujets, outre une foule d'articles et de brochures, de grands ouvrages tels que les deux volumes publiés en 1868-69 sous le titre de *Zur Erklärung und Abhülfe der heutigen Creditnoth des Grundbesitzes.* — Il traite d'une façon magistrale, dans ses écrits et dans les actes de sa vie parlementaire les questions économiques, financières, fiscales et politiques.

Ce grand propriétaire, cet agriculteur, défenseur éminent des intérêts de la classe à laquelle il appartient, n'est pas seulement un homme d'affaires, un praticièn. Il a étudié le droit à Göttingue, à Berlin, à Heidelberg. Il a voyagé en Suisse, en France, en Hollande. Il a pu dans les tribunaux de Alt. Brandenbourg, de Breslau, d'Oppeln (de 1828 à 1830) saisir, au-delà des théories juridiques, les manifestations du droit vivant.

Excellent dans la pratique de sa profession, représentant éminent de ceux de sa condition, à leur propre jugement, il est élevé, par l'activité de la pensée, au-dessus des intérêts de caste et des préjugés de parti. C'est qu'à ce triple élément de la formation de son esprit, la pratique de l'économique agricole, le savoir juridique et la vie politique, il a joint ce qui s'acquiert par la haute culture académique, les vues philosophiques, la compétence du philologue et de l'historien. Cette dernière qualité se manifeste à un haut degré particulièrement dans les travaux de ses dernières années, dans les nombreuses dissertations sur des points obscurs ou controversés de l'histoire économique et financière de l'antiquité classique.

S'il faut, au-dessus de tout cela, marquer le trait dominant, la faculté maîtresse qui anime et gouverne le reste, il semble que ce soit chez Rodbertus l'union du sentiment profond de la justice telle que la conçoit la conscience populaire moderne et de l'esprit scientifique. Il n'eût sans doute pas répudié la devise : la science au service du droit.

Pendant plus de vingt ans Rodbertus malgré la publication de tant de travaux de premier ordre sur des questions brûlantes de science économique, de finances, de politique, demeure à peu près ignoré du public. Toutefois la lecture de ses ouvrages lui prépare silencieusement des disciples et des admirateurs.

On peut juger de cette influence par les lettres que Lassalle lui adressa pendant les trois années de son agitation fameuse, — ou mieux encore par les travaux de la grande école d'économistes dont le chef est le savant M. Adolf Wagner.

Après 1870 son heure sembla venue. Il put espérer répandre enfin largement, c'est-à-dire faire connaître, sinon faire adopter, les vérités auxquelles il attachait un grand prix. On exhumait des articles dispersés ; on exprimait le désir de lire des ouvrages disparus de la librairie ; des disciples s'annonçaient. Rodbertus entreprit alors d'exposer son système d'économie politique. Il rattacherait toutes ses idées à la « question sociale » prise comme centre. Toutefois, pour ménager les forces qui lui restaient, il réimprima d'abord telles quelles deux lettres à Kirchmann (1875), qui formeraient la première partie de l'ouvrage. Il devait être continué par une quatrième lettre (c'est celle dont on a une partie publiée en 1885, sous le titre de *das Kapital*, et que nous traduisons); une cinquième contiendrait la théorie de la propriété et une sixième serait consacrée aux projets de réforme. Malheureusement il ne lui fut pas donné d'achever ce travail. La maladie, la perte d'un œil l'en empêchèrent. Il mourut le 6 décembre 1875.

II. — *Quelques-unes des principales vues de Rodbertus, en matière d'Économie politique.*

Deux idées principales dominent et dirigent l'étude de tous les problèmes économiques.

La première est que les phénomènes dont les économistes font l'objet de leurs recherches ont un double aspect, ou qu'il y entre deux éléments : l'un proprement *économique*, l'autre *juridique*.

S'agit-il des besoins des hommes, du sentiment qu'ils en ont, de l'idée qu'ils s'en forment, des choses et des qualités des choses propres à procurer la satisfaction de ces besoins, des efforts des hommes par lesquels ils tendent à se procurer les choses et à leur donner l'utilité qu'elles n'ont pas par elles-mêmes, tout cela est proprement d'ordre *économique*. Les notions abstraites de besoins, d'utilité, de travail, de production, de consommation, exprimant toutes un élément de la nature de l'homme et des relations de l'*homme* avec les *choses*, sont de cet ordre.

Mais les hommes ont en même temps des relations *entre*

eux, et exercent une action *les uns sur les autres*; il y a des nécessités imposées aux individus par la société à laquelle ils appartiennent; l'individu qui tente d'agir autrement se heurte à des résistances insurmontables; le détail de la conduite de chacun est ainsi déterminé et limité par ces nécessités sociales; tel est le *droit*. Le mode d'action du droit est varié: sentiments ou habitudes inconscients devenus dans l'individu même le ressort de sa propre conduite dont il s'imagine avoir l'initiative, désapprobation muette des proches, contrainte de la peur, violence exercée soit par les premiers témoins venus, soit par des hommes ayant pour cela mandat exprès de la société, rites, coutumes, usages, institutions, lois, autant de choses qui, quoique d'origine *humaine* et dépendant en définitive de la *volonté des hommes*, n'en ont pas moins, au regard de chaque individu, les mêmes effets que l'on attribue aux *lois de la nature*. — Or, les actions ÉCONOMIQUES des hommes sont soumises comme toutes les actions au DROIT en vigueur dans la société dont ils font partie. — En toute société, il y a, selon le droit, des actes permis, des actes défendus, des actes obligatoires. Toutes les actions *économiques*, tous les phénomènes de la vie proprement *économique* reçoivent ainsi du *droit en vigueur* dans tel pays, à telle époque, un caractère et une forme. Ils sont, en général, conformes au droit.

Rodbertus reproche aux économistes de n'avoir pas systématiquement démêlé ces deux aspects de la réalité. Il ne faut négliger ni l'un ni l'autre, et il ne faut jamais les confondre. L'économiste, averti de la présence des deux éléments, doit s'efforcer continuellement de les distinguer.

C'est pour ne l'avoir pas fait que l'économie politique a

parfois parlé de lois économiques comme de lois de la nature. Ce seraient des lois que l'homme peut étudier théoriquement, en savant, comme il étudie la mécanique céleste, mais auxquelles il est vain que s'applique la volonté. — Sans doute, il y a des *nécessités naturelles* et, dans sa conduite économique l'homme doit les reconnaître et s'y soumettre ; mais si quelque chose est humain, est la manifestation des sentiments, des croyances, de la volonté des hommes, si quelque chose *dépend des hommes*, c'est certes leurs propres actions et les actions qu'ils exercent les uns sur les autres. L'histoire est-elle autre chose que le récit des changements survenus dans les pensées, les croyances, les actes, les habitudes — particulièrement dans les institutions et les lois des sociétés humaines ?

Effectivement, le ferme propos de distinguer systématiquement le côté proprement *économique* et le côté *juridique* jette sur tous les problèmes la plus vive lumière. On en verra un exemple décisif dans l'objet spécial de la dissertation ici traduite : les deux sens du mot capital ; l'un relatif aux phénomènes proprement *économiques* de la production, l'autre relevant du DROIT (1).

(1) C'est cette même distinction que Dühring a si heureusement et définitivement exprimée, par l'antithèse des deux termes *productivité* et *rentabilité*. Il n'y a de *productivité* qu'autant qu'il y a *production* et il n'y a de *production* que par le travail. Le travail ou mieux l'*homme* seul *produit*. Le travail est plus ou moins productif selon que pour le même travail la quantité des biens obtenus ou des besoins satisfaits est plus ou moins grande. Cette idée de productivité est étrangère à toute idée de droit ; — elle est indépendante du régime juridique ; elle vaut même pour l'individu isolé, s'il en est. — La *rentabilité* est un attribut du *capital privé* ; — elle n'a lieu que là où le régime de droit met quelqu'un en état de se procurer ou d'acquérir un revenu *par le seul exercice*

A cette première idée fondamentale se rattache l'attitude de Rodbertus. L'analyse scientifique ne se sépare pas chez lui, de la volonté d'agir. — C'est que la science économique n'est pas une pure contemplation passive ; elle est science, sans doute, mais une science active ; par l'élaboration des idées justes, elle prépare l'action et la dirige : l'action efficace, l'action humaine, œuvre digne de la raison, a dans l'esprit même deux conditions : l'amour ou la volonté d'un Idéal que la conscience populaire appelle la Justice, — mais aussi la connaissance bien fondée de ce qui est, servant à déterminer ce qui peut être. La conduite de l'homme ainsi comprise n'est ni l'inertie accompagnée d'un sentiment de résignation ou de révolte impuissante, ni l'activité stérile, la marche aveugle vers l'impossible.

Outre sa vérité théorique, la distinction des deux éléments des phénomènes, — l'un proprement économique, l'autre juridique, — a une portée pratique. Elle permet de comprendre la cause véritable des maux dont souffre la société et de chercher les remèdes convenables. Certes, il y a des maux de nature proprement économique : par exemple, une population trop nombreuse sur un territoire trop étroit, — l'ignorance qui empêche une population de tirer de

qu'il fait de ses droits sur des choses (ou sur des hommes) ; un capital est plus ou moins *rentable*, selon que les circonstances mettent celui qui le possède en état d'en tirer une rente plus ou moins forte. La *rentabilité* se mesure par le TAUX (du profit, de la rente, de l'intérêt). Elle est indépendante de la *productivité*. Une industrie peu *productive* peut donner, le cas échéant, à celui qui y emploie ses capitaux, une *rente* très élevée. — La destruction (prêt usuraire à des prodigues, au grand turc) peut être l'occasion d'une *rentabilité* considérable. — On ne discutera utilement maint problème que quand les deux concepts de productivité et de rentabilité seront devenus familiers à tous les économistes.

son sol, fût-ce par le travail le plus acharné, des moyens de vivre suffisants, — des voies de communication et des moyens de transport mal proportionnés à l'abondance des produits de régions diverses, — une organisation du travail qui ne réponde pas à l'état de la technique industrielle, etc. — bref tout ce qui limite, restreint ou compromet la production. Mais ce ne sont pas là les maux dont souffre la société actuelle : la misère d'une partie considérable de la population, les crises industrielles, ou plutôt l'état chronique dont les crises proprement dites sont les symptômes aigus, ont leur cause profonde dans le *droit*, dans l'action des hommes les uns sur les autres, les individus poussant leurs exigences jusqu'aux extrêmes limites que le *droit* permet et ne pouvant rien obtenir les uns des autres, que dans les limites et sous les sanctions du *droit*. Les maux de cette sorte affectent surtout et directement la répartition. Le remède se trouvera donc soit dans des actes juridiques dont les individus prendront l'initiative en tirant du droit en vigueur un meilleur parti, soit dans des réformes du droit lui-même. On peut dire en ce sens que *les questions sociales sont des questions de droit.*

Comment attendre des indications à cet égard d'une science incomplète et boiteuse, qui feint d'ignorer de parti-pris ou qui nie expressément toute influence du droit sur la vie économique ?

A vrai dire les partisans extrêmes de l'anarchie, les théoriciens du laissez faire ne vont pas jusqu'à réclamer, comme ils le devraient, l'abolition du droit en vigueur. Oubliant qu'il est œuvre humaine, qu'il ne s'est lui-même établi et qu'il ne se maintient que par la volonté sociale, ils le tiennent pour quelque chose d'éternel et d'intangible, pour une nécessité de la nature. Mais, en dépit de leurs vaines paroles, — le droit subit et subira des modifications. La question n'est pas de savoir si le droit variera ou non; mais de savoir comment les changements se feront, sans le concours de la raison éclairée, sous la poussée aveugle des intérêts et des sentiments, ou selon les lumières de la raison?

Rodbertus estime que la raison éclairée, c'est-à-dire la science, doit gouverner l'évolution du droit. La science propre à cela, c'est l'économie bien comprise, prenant une claire conscience du double *élément*, économique et juridique, des phénomènes.

La seconde grande idée directrice, capable de renouveler entièrement la science économique est que l'objet de cette science a un caractère *social*. Il convient donc, pour en élaborer convenablement les concepts fondamentaux, de considérer la *société dans son ensemble* et d'envisager comme des parties de cet ensemble les groupes plus ou moins vastes distingués par leurs fonctions et leurs relations. On descendra de ces groupes à d'autres plus restreints et plus diversifiés, à définir encore par leur dépendance et leurs relations avec l'ensemble et avec les groupes supérieurs; et on ne considéra les individus qu'en dernier lieu et accidentellement. — C'est le contraire de la méthode suivie ordinairement, — quoique non pas consciemment et d'une façon cohérente. L'histoire banale de Robinson, d'où l'on tirerait les notions les plus claires et les plus simples des phénomènes économiques pour les appliquer ensuite, moyennant des corrections convenables, aux phénomènes sociaux qui se manifestent dans des groupes, est le schéma de cette méthode vicieuse. — C'est à elle encore qu'il convient d'imputer les confusions lamentables enfermées dans l'emploi du mot capital; — ce sont les particuliers qui ont formé pour leur usage cette idée ; un individu préoccupé uniquement du gouvernement de ses propres affaires est amené à distinguer et à nommer, autant que cela est nécessaire pour la pratique, les choses qui l'intéressent ; de son point de vue personnel, soucieux de régler sa comptabilité, pour la connaissance exacte de sa situation, il divise les hommes en hommes à qui il a affaire et étrangers, les choses en choses qui lui appartiennent et choses qui ne lui appartiennent pas, etc. ; il remarque parmi les choses qui lui appartiennent quelques-unes dont la possession lui est particulièrement précieuse parce qu'elles lui assurent une certaine suprématie sur les hommes qui en sont dépourvus, et par là le moyen de s'en procurer d'autres par des opérations telles que placement, faire valoir, location, prêt, etc. — Née là, dans le bureau d'un industriel ou d'un négociant, l'idée de *capital*, même alors que les économistes en font l'objet de leurs réflexions, garde quelque chose de son origine; on rattache l'idée de capital à celles d'épargne et d'accumulation. On verra, puisque c'est le propre objet de l'ouvrage que nous traduisons, comment la méthode de Rodbertus dissipe ces confusions.

Mettant d'emblée en évidence le *caractère social* des phénomènes économiques, Rodbertus donne à l'expression « division du travail » une force et une généralité que ne peut faire soupçonner le pauvre récit traditionnel de la fabrication des épingles. Sous le nom vieilli de « communisme » auquel on substituera, si l'on a peur des mots, l'appellation à la mode de « solidarité », il trace dans le premier chapitre un tableau de l'unité, des connexions et des interdépendances économiques, auquel nous ne connaissons rien d'équivalent. — Sans doute récemment on a élargi le sens du mot « division du travail », mais Rodbertus a devancé ces généralisations en considérant la solidarité économique elle-même comme un élément d'une plus vaste solidarité sociale. — Le tableau qu'il trace, *borné à la vie économique*, est sans doute un des morceaux achevés de son œuvre et semble devoir entrer définitivement en toute exposition doctrinale de la science. La production est une œuvre sociale et elle a pour contre partie la distribution du produit social. Le produit social, obtenu par la collaboration de tous les hommes qui travaillent, envisagé dans son ensemble, passe successivement par les mains de plusieurs classes ou séries de producteurs : la même masse prend successivement l'aspect de produit commencé ou primaire (Rohprodukt.), puis de produit moyen ou secondaire (Halbfabrikat, Fabrikat), jusqu'à ce que, entièrement achevé, il soit le revenu (Einkommen), c'est-à-dire l'ensemble des objets prêts pour la satisfaction directe des besoins des hommes (fertige Güter). — Cette *divisió summa* de la production sociale en phases, degrés ou sections successives, se continue par la division de la production de chaque degré en grandes industries, à chacune desquelles est attaché un groupe d'hommes (agriculteurs, éleveurs, forestiers et mineurs ; métallurgistes, menuisiers, tanneurs, bucherons, filateurs ; boulangers, cuisiniers, ébénistes, tailleurs). — Chaque industrie, à son tour, comprend des établissements séparés. — Enfin, dans chacun de ces établissements, usines ou ateliers, vient le morcellement des opérations diverses accomplies successivement et simultanément par des groupes de spécialistes.

On lira le détail et les conséquences dans l'ouvrage même. Appelons du moins l'attention sur celle-ci : « la répartition ne peut jamais consister en ceci que chaque producteur reçoive comme rémunération *son propre produit* ». Ainsi éclate sinon la fausseté, du moins l'extrême impropriété de l'expression favorite de Bastiat : la répartition a lieu par l'*échange* que les producteurs font de leurs produits respectifs. Outre que *échange* est un terme juridique supposant chez les échangistes la *propriété*, — l'objet réel de la répartition ce ne sont pas les produits quelconques, en tout état, mais seulement les produits *achevés*, les objets de consommation, le revenu.

Etre constamment préoccupé de démêler dans la complexité de phénomènes réels l'élément économique et l'élément juridique, envisager dans leur ensemble les phénomènes sociaux, — telles sont donc les deux grandes règles qui dirigent les analyses de Rodbertus.

De là sa théorie de la répartition du revenu social. Le revenu social, considéré comme un tout, se divise en parties, dont chacune échoit à une classe sociale. Le *droit* est le principe de cette division. C'est l'institution de la propriété du sol et du capital qui détermine d'abord la scission du revenu social total en deux parties : le *salaire* et la *rente*, et la scission de la population en deux grandes classes, celle des ouvriers qui ne possèdent rien au-delà des moyens d'existence (revenu) et celle des propriétaires. Le *droit* détermine derechef la scission de la rente en deux parties : la rente foncière et la rente du capital, et la scission correspondante de la classe des propriétaires en deux : celle des propriétaires fonciers et celle des capitalistes. Enfin des arrangements de droit caractérisent, dans des circonstances économiques convenables, les espèces de rente, qui naissent de la scission soit de la rente foncière, soit de la rente du capital : intérêt, profit, fermage.

De là autant de classes nouvelles : entrepreneurs, agriculteurs ou industriels.

Tout cela est défini par le droit, par le droit civil, lequel institue et règle la *propriété* dans ses sujets, et dans ses objets, dans le détail des droits élémentaires qui la constituent et dans ses modes d'acquisition, par le droit des obligations, par le droit public et administratif, par le droit commercial, par le droit criminel, par le droit fiscal, autant de formes du droit qui déterminent, limitent et modifient les effets de la *propriété*.

Le *droit*, qui cause la répartition générale en opérant la division du revenu social en ses ESPÈCES, contribue aussi à déterminer le *montant* de ses diverses parties et leur *grandeur* relative.

La théorie de la rente foncière, est une des parties les plus difficiles de la doctrine de Rodbertus. Elle n'a satisfait entièrement ni Lassalle, ni M. Adolf Wagner. On en trouvera l'exposé dans le présent volume. Elle donne à Rodbertus l'occasion d'expliquer une distinction de grande importance dont l'introduction systématique dans la science nous semble aussi urgente que la distinction des deux sens du mot capital et la distinction équivalente de la *productivité* et de la *rentabilité*. — Rodbertus est amené, pour les besoins de la critique de la théorie de Ricardo, à insister sur la distinction de la *rente en général* ou de la *rente prise absolument* et de la *rente différentielle*. La *rente en général* (rente foncière) se définit *pour la classe entière des propriétaires du sol considérée comme un individu unique* ; elle est la masse des rentes foncières afférentes à l'étendue totale du sol possédé par des particuliers. — La *rente différentielle* est le montant de la portion de la rente qui échoit à un moment donné à telles portions du sol situées en telles régions ou affectées à telles cultures particulières. — Il y a dans la rente des inégalités et des variations. Rapporter à des circonstances variables, telles que la différence de fertilité, la proximité des débouchés, les DIFFÉRENCES de la rente perçue par des classes ou par des individus, est tout autre chose qu'expliquer le montant général ou le niveau moyen général (tant par hectare) de la RENTE PRISE ABSOLUMENT.

Cette distinction doit être généralisée. L'épithète de DIFFÉRENTIEL qualifiera — pour la plus grande clarté de la discussion de maint problème — toutes les espèces de revenu, de même que la rente foncière. S'il y a les problèmes où l'on doit considérer le salaire, le profit, l'intérêt pris *en général et absolument*, — il y en a d'autres où ce qui est intéressant est le salaire, le profit, l'intérêt *différentiels*. Ce qui affecte la condition des *individus*, ce qu'ils ressentent vivement, c'est la grandeur et la variation du revenu *différentiel*. — On répond mal aux doléances des ouvrières à l'aiguille en prouvant que le salaire (en général) est en France assez élevé. A l'inverse, on passe à côté de la question, si pour établir que le salaire (en général) bénéficie autant et mieux que la rente (en général) de l'accroissement de la productivité, — on énumère certaines professions pour lesquelles le salaire a passé en peu d'années du simple au quadruple. Toutes ces discussions sont viciées par l'oubli de la distinction du *revenu en général* et du *revenu différentiel* (de quelque espèce qu'il soit).

C'est d'abord aux idées de *revenu en général* (salaire ou rente, etc.) qu'il faut s'attacher pour la description, la constatation et l'explication des maux très généraux et durables qui affectent une société : tels sont, selon Rodbertus, les deux fléaux de la misère des classes ouvrières et des crises commerciales générales. C'est à tort que les économistes tâchent de les rapporter à des causes bonnes pour expliquer les différences, les variations, les inégalités des salaires (selon les professions ou selon les individus) ou les embarras particuliers soit d'une industrie, soit de tels industriels.

Ces deux fléaux, constitutionnels, de notre monde économique actuel se rattachent, selon Rodbertus à un principe unique ; la façon dont la liberté absolue des transactions, c'est-à-dire le hasard des compétitions et des forces, sous le régime de la propriété opère la *division générale* du *revenu social* en rente (en général) et salaire (en général). Nous reviendrons là-dessus.

Elucider des concepts scientifiques -- énoncer, sous la forme de théorèmes ou de lois des thèses théoriques — ; juger pratiquement des faits, qualifier de MAUX, c'est-à-dire de choses dont on peut espérer et dont on doit vouloir l'abolition, certains effets qu'expliquent les lois ; Rodbertus s'en est-il tenu là ? — N'a-t-il point conçu, n'a-t-il point proposé de *remèdes ?* Quels sont selon lui les remèdes ?

On trouve ici conciliées les vues hardies du théoricien, la confiance de l'idéaliste et la prudente modération de l'homme pratique. Aussi Rodbertus, d'accord avec Lassalle par ex., tant qu'il s'agit de théorèmes d'économique et de critique philosophique du droit, ne consent-il pas à le suivre dans ses projets de réformes à accomplir immédiatement. Rodbertus n'a rien de l'agitateur et du révolutionnaire.

La cause réelle et profonde du mal dont souffre la société actuelle est le régime juridique de la propriété : la propriété privée du sol et du capital. Le remède radical et définitif sera dans l'abolition de ce régime de propriété. Rodbertus croit fermement que cette réforme du droit se fera. — Comment et par quelle préparation des conditions requises pour qu'elle ne soit pas la cause de maux plus grands? — C'est le secret de l'avenir.

Mais la suppression de la propriété de la terre et du capital ne peut être l'affaire du temps présent. Ce n'est pas que l'abolition, même sans rachat, de la propriété du sol et du capital, semble à Rodbertus contraire à la justice. — Cette abolition sans rachat immédiat causerait dans l'organisation de la production une crise formidable, un bouleversement dont souffrirait la société tout entière, et dont elle serait longtemps à se remettre. Le *rachat* n'est pas impossible et n'offre pas de difficultés pratiques insurmontables; en assurant aux ayants droit la rente à son montant actuel on éviterait la crise de la production. Mais la situation respective des classes (la *proportion* selon laquelle se fait entre elles le partage du revenu social) serait pour ainsi dire consolidée, et elle ne se modifierait que dans l'avenir, peu à peu; elle dépendrait des progrès à venir de la productivité. La raison décisive qui doit faire écarter la réalisation présente d'un nouveau régime de propriété, c'est qu'elle mettrait en péril la *civilisation* dans ce qu'elle a de plus élevé. — Faut-il acheter à ce prix plus de justice dans la répartition des biens matériels?

Quels sont donc les remèdes réalisables dans le présent? Rodbertus a combattu très énergiquement les illusions de Proudhon et de Lassalle. Ce n'est pas dans des associations coopératives de production, dans des *communes ouvrières* maîtresses chacune des moyens de production répondant à sa puissance de travail qu'il faut espérer. Elles ne se créeront pas facilement, si l'on compte pour la formation du capital sur l'économie des ouvriers, ou sur la libéralité des possédants. Si l'on veut que le capital leur soit fourni par l'Etat, elles pourront sans doute se créer. Mais les maux actuels seront déplacés, non supprimés. — La même production aveugle, la même concurrence entre groupes qu'entre individus aujourd'hui, causera les mêmes inégalités dans la distribution ; — avec cette aggravation que les ouvriers propriétaires, recevant désormais leur revenu à titre de profit industriel, le verront soumis à tous les aléas du profit. Ils seront exposés non seulement aux accidents qui affectent le salaire différentiel, mais encore à ceux qui causent les inégalités du profit ou de la rente.

La science, selon Rodbertus, donne sur les réformes pratiques des indications toutes différentes.

Il faut garder résolument l'institution de la propriété dans sa forme présente. Ce n'est d'ailleurs pas abolir la propriété que d'étendre le domaine public ou d'augmenter le nombre des industries d'Etat. La propriété n'est pas abolie dans les pays où l'Etat possède et exploite les chemins de fer, les mines, etc. — La propriété étant conservée, on peut enrayer les effets de la libre concurrence en ce qui concerne le montant du salaire par une *tarification* des salaires qui suivra les mouvements de la productivité. On pourra, pour l'établissement des tarifs, se servir avec avantage des moyens par lesquels, sous le régime de la communauté du sol et du capital, on calculerait le travail et on fixerait en travail la valeur des produits. (Sur ces moyens, sur la théorie du TRAVAIL NORMAL, mesure à la fois du salaire et de la valeur du produit, voir le chap. II du présent ouvrage et l'article *der Normalarbeistag* dans les *Gesammelte kleine Schriften* de Rodbertus publiés par Moritz Wirth, Berlin, Puttkammer et Mühlbrecht, 1899).

La *tarification* exige l'intervention de l'Etat. Mais cette intervention, bien loin d'être contraire au rôle de l'Etat, répond, selon Rodbertus, à ses obligations. C'est à l'Etat qu'appartient essentiellement la haute direction de la vie sociale économique ; l'institution de la propriété du sol et du capital a pour effet de déléguer à des particuliers des fonctions qui appartiennent en principe à l'Etat ; celui-ci ne fait donc que son devoir en corrigeant, par des mesures appropriées, un mal social qui résulte de l'imperfection et des lacunes du régime juridique par lui institué.

Sans attendre que l'Etat garantisse ainsi l'équitable répartition du revenu social — les ouvriers doivent prendre eux-mêmes en main leur propre cause et réclamer une part plus grande du produit social et une part croissante à mesure que le produit augmente. Qu'ils se concertent à ce sujet ; qu'ils établissent eux-mêmes un *tarif des salaires*, en se servant pour le calculer de l'unité de travail normal ; ce tarif une fois dressé, qu'ils en proposent l'adoption aux entrepreneurs de leur pays ; et que, sans exercer eux-mêmes aucune violence, ils cherchent l'appui de l'opinion publique pour imposer aux entrepreneurs l'adoption du tarif. Tels sont les conseils pratiques que Rodbertus voulait donner aux ouvriers dans une très curieuse Adresse au congrès ouvrier de Londres en 1862 (*Sendschreiben an den Arbeitercongress während der Londoner Industrie-ausstellung*, 1862, dans *Zur Beleuchtung d. soc. Frage*. Theil II, Berlin, 1885, tom III du *Nachlass.*). C'est la même réforme qu'il s'efforçait de faire connaître au public en publiant en 1871 l'article sur le *Normalarbeitstag* dans la *Berliner Revue*.

Rodbertus promettait de développer, comme couronnement de son dernier ouvrage, l'ensemble de ses projets de réforme. On en a trouvé dans ses papiers deux programmes (*Zur Bel. der soc. Frage*, Theil II, Berlin 1885, p. 247 à 263). Les mesures proprosées sont nombreuses et variées ; la *ta-*

rification, fondée sur la fixation de l'unité de travail normal, en est encore la pièce principale.

C'est que cette mesure tend à guérir le mal en s'attaquant à la cause. Insistons sur ce point.

III. — *La thèse maîtresse* ou le *grand problème.*

Nous voulons insister séparément sur cette théorie de Rodbertus qui a une importance toute particulière. Elle est, à ses yeux, la vérité capitale pour la preuve et l'élucidation de laquelle il s'est livré toute sa vie aux études les plus diverses. Sous le régime de la propriété individuelle et plus particulièrement sous le régime de droit en vigueur en Europe depuis la Révolution, — *la classe ouvrière ne profite pas dans la même proportion que la classe des propriétaires fonciers et des capitalistes de l'accroissement de la productivité ; le revenu des ouvriers ou salaire, considéré comme une fraction du revenu social, diminue, tandis que le revenu des propriétaires ou rente augmente.*

Tous les travaux de Rodbertus ont tendu à faire reconnaître ce mal, — à dégager les idées qui en permettent l'expression précise, à fixer le sens des mots pour dissiper les malentendus, — à exposer les preuves du fait, à en rechercher les causes et les effets, — à prévoir les remèdes lointains, à rechercher les remèdes immédiats.

L'importance du problème a été aperçue par Bastiat. — Il nie la réalité du mal que Rodbertus affirme ; ou plutôt il soutient la thèse inverse, mais le problème est posé par lui de la même manière, dans les mêmes termes, et le ton solennel qu'il prend pour annoncer la « loi » en marque bien la souveraine importance à ses yeux.

« Capitalistes et ouvriers, je me crois en mesure d'établir cette loi : « à mesure que les capitaux s'accumulent, le prélèvement *absolu* du capital dans le résultat total de la production augmente, et son prélèvement *proportionnel* diminue : le travail voit augmenter sa part *relative* et à plus forte raison sa part *absolue.* » Si cette loi est établie, il en résulte clairement l'harmonie des intérêts entre les travailleurs et ceux qui les emploient. » (*Harmonies économiques.* Paris, Guillaumin, 7e édition, p. 17.)

« Il faut reconnaître que la Providence, dans sa justice et dans sa bonté, a réservé, dans le progrès, une plus belle part au Travail qu'au Capital, un stimulant plus efficace, une récompense plus libérale à celui qui verse actuellement la sueur de son front qu'à celui qui vit sur la sueur de ses pères.

« En effet, étant admis que tout accroissement de capital est suivi d'un accroissement de bien-être général, j'ose poser comme inébranlable, quant à la distribution de ce bien-être l'axiome suivant :

« *A mesure que les capitaux s'accroissent, la part absolue des capitalistes dans les produits totaux augmente et leur part relative diminue. Au contraire les travailleurs voient augmenter leur part dans les deux sens.*

« Je ferai mieux comprendre ma pensée par des chiffres.

« Représentons les produits totaux de la société, à des époques successives, par les chiffres 1000, 2000, 3000, 4000, etc.

« Je dis que le prélèvement du capital descendra successivement de 50 °/₀ à 40, 35, 30 °/₀, et celui du travail s'élèvera par conséquent de 50 °/₀ à 60, 65, 70 °/₀. — De telle sorte néanmoins que la part absolue du capital soit toujours plus grande à chaque période, bien que sa part *relative* soit plus petite.

« Ainsi le partage se fera de la manière suivante :

	Produit total.	Part du capital.	Part du travail.
Première période	1000	500	500
Seconde période	2000	800	1 200
Troisième période	3000	1 050	1 950
Quatrième période	4000	1 200	2 800

« Telle est la grande, admirable, consolante, nécessaire et *inflexible*, loi du capital. » (*Harm. Econ.*, p. 250).

Otez l'emphase, les amas d'épithètes, et traduisez. La thèse de Bastiat est que :

Sous le régime de droit actuellement en vigueur, la productivité venant à s'accroître, la part du revenu social qui échoit aux ouvriers (salaire) augmente dans une plus forte proportion que celle qui échoit aux propriétaires ou capitalistes (rente).

C'est bien exactement l'inverse de la thèse de Rodbertus.

Certes, si Bastiat réussit à fournir la preuve de la « loi » ou de « l'axiome » qu'il proclame, — c'est vainement que Rodbertus aura accumulé pendant quarante années les observations, les comparaisons, les raisonnements, qu'il aura usé de toutes les ressources de la logique, interrogé la statistique, étudié l'histoire ; il sera permis de négliger tout cela. Sinon, l'étude des travaux de Rodbertus s'impose à quiconque a compris le problème et en admet, comme les deux maîtres, l'importance souveraine.

Or la démonstration de Bastiat est un des plus étonnants exemples de sophisme.

Elle se réduit en effet à ceci :

« Il faut prouver d'abord que la part *relative* du capital va diminuant sans cesse. Ce ne sera pas long, car cela revient à dire : *plus les capitaux abondent, plus l'intérêt baisse.* Or, c'est un point de fait incontestable et incontesté : Non seulement la science l'explique, mais il crève les yeux.... Quand l'intérêt descend de 20 % à 15, puis à 10, à 8, à 6, à 5, à 4, à 3 %, qu'est-ce que cela veut dire relativement à la question qui nous occupe ? Cela veut dire que le capital, pour son concours dans l'œuvre industrielle, à la réalisation du bien-être, se contente, ou, si l'on veut, est forcé de se contenter d'une part de plus en plus réduite à mesure qu'il s'accroît. Entrait-il pour un tiers dans la valeur du blé, des maisons, des lins, des navires, des canaux ? en d'autres termes, quand on vendait ces choses, revenait-il un tiers aux capitalistes et deux tiers aux travailleurs ? Peu à peu les capitalistes ne reçoivent plus qu'un quart, un cinquième, un sixième ; leur part *relative* va décroissant ; celle des travailleurs augmente dans la même proportion, et la prémière partie de ma démonstration est faite. » (*Harm. écon.*, p. 251).

Jamais les idées vagues et les termes équivoques ne causèrent un raisonnement plus fautif, ce que l'on appelle, en termes de l'école, ignorance du sujet.

Il s'agit de prouver que la part des capitalistes (la rente) devient une fraction moindre du revenu social. Bastiat établit que le *taux* (de l'intérêt ou de la rente) baisse ; ce qui est une toute autre question.

L'abaissement du *taux* est un phénomène tout différent de la diminution (relative) de la *rente*. Et les mouvements de ces deux choses n'ont pas lieu nécessairement dans le même sens.

Supposons les données suivantes, en milliards :

	Revenu social.	Salaire.	Rente.	Taux de l'intérêt.
Vers 1850	10	5	5	5 %
Vers 1900	25	10	15	3 %

Le montant absolu du salaire a augmenté ; il a doublé.

Le montant absolu de la rente a augmenté ; il a triplé.

La grandeur *relative* du salaire, c'est-à-dire, selon la définition acceptée par Bastiat, le rapport du salaire au revenu social, a diminué ; il a passé de $\frac{5}{10}$ ou 50 % à $\frac{10}{25}$ ou 40 %.

La grandeur *relative* de la rente, c'est-à-dire le rapport de la rente au revenu social, a augmenté ; il a passé de $\frac{5}{10}$ ou 50 % à $\frac{15}{25}$ ou 60 %.

Les variations du *taux* de l'intérêt (ou de la rente), qui se trouve avoir baissé de 5 % à 3 %, n'ont rien à faire dans la question.

Il est clair que tous les *développements* destinés à établir séparément soit que le salaire a effectivement doublé, soit que le taux de l'intérêt a effectivement baissé, ne remédieront en rien au vice de la démonstration. On substituera vainement aux quelques lignes de Bastiat un volume de six cents pages.

Le problème demeure et qui veut reprendre la thèse de Bastiat n'a pas le droit de négliger la discusssion de Rodbertus. On sera bien forcé de le suivre dans l'élucidation des concepts de produit, de salaire, de rente, de revenu social, de capital — ou de refaire sans lui, autrement et mieux que lui, le même travail. Comme il aimait à le répéter, c'est dans l'imperfection des idées générales qu'est la source cachée des erreurs : *in universalibus latet error*. Le remède ne peut se trouver que dans l'élaboration d'idées générales exactes : tel est le mérite éminent de Rodbertus.

IV. — *L'ouvrage « das Kapital » et sa place dans l'œuvre de Rodbertus.*

Pourquoi avons-nous pu détacher de l'ensemble des ouvrages de Rodbertus, et donner d'abord aux lecteurs français de préférence un écrit remontant à 1852, inachevé et publié seulement trente ans plus tard, dix ans après la mort de l'auteur?

L'objet de notre publication est de faire connaître les principales idées qui forment le système économique de Rodbertus.

Or, ces idées il les a exposées à maintes reprises, et principalement : 1° dès 1837, dans les *Forderungen der arbeitenden Klassen* ; 2° en 1842, dans *Zur Erkenntniss unserer staatswirthschaftlichen Zustände* ; 3° en 1850-51, dans les trois premières lettres à Kirchmann (*Soziale Briefe an von Kirchmann*).

Le premier de ces écrits fut adressé par l'auteur à la « Gazette d'Augsbourg ». Le journal en refusa l'insertion sous ce prétexte que le danger que l'on y signalait était purement imaginaire. L'ouvrage, enfermant déjà, il est vrai, l'expression très nette de quelques-unes des idées de Rodbertus, est un sommaire et un programme des travaux postérieurs. Il ne prend toute sa valeur et même en certains endroits n'est pleinement intelligible qu'à la lumière des développements fournis plus tard.

Le second, publié par Rodbertus lui-même, étude systématique du mal économique dont souffre la société actuelle, devait comprendre trois parties, la première consacrée aux principes fondamentaux propres à faire comprendre la nature du mal et ses causes, — la seconde aux manifestations principales du mal, paupérisme, crises commerciales etc., — la troisième aux remèdes. — La première partie, seule composée et publiée, est l'exposé de cinq propositions ou théorèmes : — I. Les seuls biens à proprement parler *économiques* sont les produits matériels du travail. — II. Le travail est la meilleure mesure de la valeur. — III. La rente est une partie du revenu social. Elle a deux causes, une cause économique : une productivité du travail telle que, l'entretien des travailleurs étant d'abord assuré, il y ait un excédent de produits, et une cause juridique : l'institution de la propriété individuelle du sol et du capital, — IV. Pour qu'il y ait rente foncière et rente du capital et que le capital soit constamment reconstitué il suffit que, moyennant une productivité convenable, la valeur des produits en représente le coût de production mesuré en travail. — V. La monnaie idéale, — réalisable dans le cas où la valeur des produits serait représentée par leur coût en travail, — consisterait en certificats de travail. Cette monnaie remplirait parfaitement son office de moyen de répartition et de mesure de la valeur — sans être elle-même une chose, un produit, comme la monnaie métallique — et sans supposer, comme notre monnaie de papier actuelle, l'existence d'une monnaie réelle métallique. — Le livre passa à peu près inaperçu : Aussi Rodbertus renonça-t-il à en donner la suite. L'essentiel des cinq dissertations est reproduit dans le volume dont nous donnons la traduction.

Le troisième ce sont les « lettres sociales à von Kirchmann ». Deux articles de cet économiste, l'un dans lequel il expliquait le paupérisme par une diminution de la productivité de l'agriculture, l'autre dans lequel il expliquait les crises commerciales par l'insuffisance de luxe, — donnèrent à Rodbertus l'occasion de reprendre l'exposition de ses propres vues et de poursuivre l'ouvrage commencé huit années auparavant. Pour combattre les opinions de Kirchmann, Rodbertus se trouva amené à exposer derechef les principes déjà contenus dans le *Zur Erkenntniss* de 1842. La troisième lettre est consacrée en particulier à la critique approfondie de la théorie de la rente foncière de Ricardo et au développement de la théorie de la rente propre à Rodbertus. Il y combat la doctrine de Kirchmann sur le paupérisme. (Exposé dans l'article de celui-ci : *Grundrente in ihrer socialen Beziehung*.) C'est l'objet de la *première controverse* entre eux.

Dans une quatrième lettre (c'est l'ouvrage même publié en 1885 par M. Wagner et Kozack sous le titre de *das Kapital*) Rodbertus aborde l'objet de sa *seconde controverse* avec Kirchmann : sur la nature et la cause des crises commerciales. — Ce sera en même temps que la réfutation de l'explication de Kirchmann (dans l'article : *die Tauschgesellschaft*.), l'exposition de théorie de Rodbertus lui-même.

Les deux explications, celle du paupérisme et celle des crises commerciales, se ramènent, selon Rodbertus, à un principe unique : savoir ce que nous avons appelé la *thèse maîtresse :* « Dans l'organisation économique actuelle l'accroissement de la productivité du travail entraîne la réduction du salaire de la classe ouvrière à une fraction de plus en plus petite du produit social. »

Une fois entré dans la discussion et après avoir nettement défini l'objet de la controverse, dégagé la position de Kirchmann dans le débat, Rodbertus se trouve obligé, pour la justification de sa propre manière de voir, de remonter encore une fois aux principes. Voilà de nouveau l'exposition du système économique réclamée pour l'élucidation de ce débat spécial. Une théorie définitive du capital, sous tous ses aspects, sera la première condition requise pour poursuivre utilement la discussion. Elle est indispensable pour discuter le rôle assigné par Kirchmann au luxe et à l'*épargne*. Le concept même d'*épargne* ne recevra que du concept de capital définitivement mis en lumière les éclaircissements nécessaires. Ainsi la théorie du capital, objet propre du présent volume, vient « *se greffer* » sur le problème du « partage du revenu social » entre les classes, considéré lui-même comme antécédent nécessaire du problème de la cause des crises commerciales. Le point d'insertion de la greffe se trouve dans les lignes suivantes. (V. p. 64.)

« *Je suis donc obligé,* avant de continuer l'examen de votre exemple, et particulièrement avant de discuter la question de savoir s'il exprime bien la nature de nos crises commerciales, et si elles sont causées réellement par l'épargne des capitalistes, je suis obligé, dis-je, de *rompre le fil de mon étude*, de commencer par élucider l'idée d'épargne, et, pour cela, d'*entreprendre une étude approfondie du capital.* Quand cette étude sera terminée, seulement alors je pourrai reprendre ma discussion.

Il faudra certainement *reprendre les choses d'un peu loin*, car non seulement le capital est le foyer de la question sociale, mais la nature ne peut en être comprise, si l'on ne pénètre à fond le principe de la vie économique, la division du travail ; or précisément sur ce point les économistes ont été extraordinairement superficiels. »

L'étude du capital amène ainsi Rodbertus à reprendre encore une fois l'exposition des concepts fondamentaux du système économique. Cette fois encore incomplète, elle nous offre cependant le *dernier état* de la pensée de Rodbertus.

Il reprend les idées déjà contenues dans les précédents ouvrages, — mais avec des additions. Par exemple il y fait état de certains ouvrages de Proudhon et de Bastiat.

Voilà pourquoi il nous a semblé que l'on pouvait commencer par là à faire connaissance avec Rodbertus.

Ajoutons que, et cela même est le propre jugement de Rodbertus, la confusion des deux sens du mot capital obscurcit toutes les questions débattues par les économistes, donne lieu aux pires sophismes et aux plus funestes malentendus, qu'il est urgent de débarrasser la science de cette confusion. Qu'est-ce que le capital? « Toutes les Académies de l'Europe devraient mettre ce sujet au concours », disait Rodbertus en 1867.

Y aurait-il aujourd'hui quelqu'un pour lui disputer le prix ?

En raison des explications qui précèdent, nous avons gardé le titre mis par les éditeurs allemands : le Capital ; et considérant cette dissertation sur le capital comme un ouvrage séparé, encore bien qu'elle soit un fragment pris dans un ensemble, nous nous sommes permis, afin de satisfaire les habitudes de l'œil du lecteur français, d'en numéroter les divisions sous les noms de PARTIES et CHAPITRES. — Nous avons donné le titre d'*introduction* au début, c'est-à-dire à l'exposition de l'objet de la controverse avec Kirchmann, précédée elle-même d'un retour sur la théorie de la rente, objet de la troisième lettre. Alors commence proprement, au point d'insertion que nous avons marqué, l'étude sur le capital. — Deux *parties* correspondent aux deux concepts de capital ou au deux sens du mot capital qu'il s'agit d'élucider. — La première est achevée. Nous n'avons de la seconde que quelques pages.

Si l'on avait la témérité de compléter cette partie, en se référant à quelques indications de l'auteur, on adopterait d'une manière ferme et l'on proposerait aux économistes de langue française d'adopter, pour la désignation des deux concepts les termes de *capital économique* et de *capital juridique*.

Le terme de *capital économique* remplacerait les expressions allemandes « Kapital an sich », « Nationalkapital » et les locutions françaises obscures ou équivoques qui sont un décalque littéral plutôt qu'une traduction de ceux-là.

Le terme de *capital juridique* serait employé pour désigner ce que Rodbertus entend par « Privatkapital ».

Cette terminologie fixée, on reprendrait, pour achever l'élucidation du concept de *capital juridique* les quatre questions auxquelles Rodbertus a fourni une réponse détaillée en ce qui concerne le *capital économique*.

De la signification nouvelle que prendraient ces quatre formules interrogatives, des modifications qu'il faudrait faire subir à leur énoncé et des réponses nouvelles auxquelles conduirait l'analyse exacte des phénomènes sociaux actuels ressortirait la nécessité de la distinction.

Cette distinction s'imposera assez sans doute, pour le plus grand bien des études économiques en France, à tout lecteur attentif du présent ouvrage. Le traducteur sera grandement récompensé de sa modeste besogne si elle contribue à ce résultat.

En somme, tout inachevé qu'il est, ce livre posthume nous semble propre à donner au lecteur une connaissance suffisante des fondements du système économique de Rodbertus.

Nous y avons joint la théorie de la répartition, en trente-cinq aphorismes numérotés, empruntée à la seconde lettre.

Emile CHATELAIN

BIBLIOGRAPHIE (1)

Œuvres de Rodbertus.

Une édition des œuvres complètes de Rodbertus fait défaut et serait indispensable. La plupart des petits traités politiques ont été réunis dans :

1. *Kleine Schriften*, éditées par MORITZ WIRTH. Berlin, 1890. Ce recueil contient : 1° *Die preussische Geldkrisis*, 1845 ; — 2° *Für den Credit des Grundbesitzers, Eine Bitte an die Landstände*, 1847 ; — 3° *Die neuesten Grundtaxen des Herrn v. Bülow-Cumerow*, 1847 ; — 4° *Mein Verhalten in dem Conflict zwischen Krone und Volk*, 1849 ; — 5° *Die Handelskrisen und die Hypothekennoth der Grundbesitzer*, 1858 ; — 6° *Erklärung*, 1861 ; — 7° *Seid deutsch*, 1861 ; — 8° *An Mazzini*, 1861 ; — 9° *Was sonst ?* 1861 ; — 10° *Offener Brief an das*

(1) Nous devons à l'obligeance de M. Charles Andler, et de son éditeur, M. F. Alcan, l'autorisation d'emprunter à son livre, déjà cité, la précieuse bibliographie suivante E. C.

Centralkomitee des deutschen Arbeitervereines zu Leipzig, 1863 ; — 11° *Der Normalarbeitstag*, 1871.

Il y faut ajouter :

2. *Zwei verschollene staatswirthschaftliche Abhandlungen*, éditées par Max Quarck, 1885. 1° Remarques de Rodbertus sur un projet d'assurance contre l'invalidité et la vieillesse ; — 2° *Der Normalarbeitstag*.
3. *Zur Frage und Geschichte des allgemeinen Wahlrechts*. Ein vergessener Aufsatz von Rodbertus. Édité par Moritz Wirth (*Deutsche Worte*, 1890).
4. *Sendschreiben an den Londoner Arbeiterkongress*, 1862, reproduit dans le *Nachlass* édité par Ad. Wagner et Th. Kozak, t. III.
5. *Zur Frage des Realkredits* (article dans la *Norddeutsche Allgemeine Zeitung*, n° 19, 1868).
6. *Für das Rentenprincip*. (Quatre articles dans la *Norddeutsche landwirthschaftliche Zeitung*, sept. et oct. 1870.)
7. *Reclamation Rodbertus, wegen Schutzzöllnerei* (dans *Augsburgische Allgemeine Zeitung*, 26 oct. 1875.)
8. Des fragments sur la *question sociale* édités (dans Rudolf Meyer. *Der Emancipationskampf des vierten Standes*, p. 56, 58).
9. *Briefe und sozialpolitische Aufsätze*, édités par Rudolf Meyer. Berlin, 1882. Ce recueil contient : 1° *Das Rodbertus'sche Programm* von 1871 ; — 2° *Die Centralisationsbestrebungen der Landschaften*, 1871 (?) ; — 3° *Communicationsmittel im klassischen Alterthum* ; — 4° *Physiokratie und Anthropokratie*, 1871 ; — 5° *Fortschreitende Klarung der Ansichten über die Rodbertus'sche Rententheorie*, 1871 ; — 6° *Ein Barnum des Alterthums*, 1871 ; — 7° *Der Normalarbeitstag*, 1871, déjà cité ; — 8° *Fragmente aus einem alten Manuskript* ; — 9° *Dr. Rodbertus über Strikes* ; — 10° *Ein pathologisches Symptom*, 1872 ; — 11° *Ein Riesenpolip* ; — 12° *Bericht über die Verhandlungen der Berliner Maiconferenz ländlicher Arbeitgeber*, 1872 ; — 13° *Eine Abwehr* ; — 14° *Freihandlerischer Cynismus*.

Il serait très important de réunir les articles historiques qui sont :

15. *Untersuchungen auf dem Gebiete der Nationalökonomie des klassischen Alterthums.* (Dans *Hildebrands Jahrbücher für Nationalökonomie und Statistik.* 1° *Zur Geschichte der agrarischen Entwickelung Roms unter den Kaisern ;* t. II. 1864 ; *Zur Geschichte der römischen Tributstenern seit Augustus.* 2° t. IV, V, 1865 ; t. VIII, 1867·
16. *Zur Frage des Sachwerths des Geldes im Alterthum* (dans *Hildebrands Jahrbücher*, t. XIV, XV, 1870).
17. *Was waren mediastini ?* (dans *Hildebrands Jahrbücher*, t. XX, 1873).
18. *Bedenken gegen den von den Topographen Roms angenommenen Tract der Aurelianischen Mauer.* Beitrag zur Untersuchung der Stärke der Bevölkerung des alten Rom (dans *Hildebrands Jahrbücher*, t. XXIII, 1874).
19. *Ein Versuch die Höhe des antiken Zinsfusses zu erklæren* (dans *Hildebrands Jahrbücher*, t. XLII, 1884).

Les œuvres capitales sont :

20. *Die Forderungen der arbeitenden Klasse*, 1837. Le plus ancien ouvrage de Rodbertus, édité pour la première fois dans le *Nachlass*, par Ad. Wagner et Th. Kozak, t. III.
21. *Zur Erkenntniss unserer staatswirthschaftlichen Zustände* (que nous citons : *Zustände*) Neu-Brandenburg, 1842. — L'ouvrage est inachevé. Il devait comprendre trois fascicules : 1° *Fünf Theoreme der Staatswirthschaft* ; 2° *Natur und Sitz des Uebels bei der heutigen Staatswirthschaft ;* 3° *Heilmittel.* — Le premier fascicule a seul paru.
22. *Soziale Briefe an von Kirchmann.* Berlin, 1850-51. — Il a paru, dans la 1re édition, trois lettres : 1° *Die soziale Bedeutung der Staatswirthschaft ;* — 2° *Kirchmanns soziale Theorie und die meinige ;* — 3° *Widerlegung der Ricardo'schen Lehre von der Grundrente und Begründung einer neuen Rententheorie.* — Rodbertus en a gardé dans ses papiers une quatrième, qu'on a crue longtemps perdue :

c'est celle qu'ont publiée M. Ad. Wagner et Th. Kozak dans le *Nachlass* de Rodbertus, t. II, 1885, sous le titre : 4° *Das Kapital*. — Sur la longue, acrimonieuse et injuste polémique, engagée par Rudolf Meyer contre les éditeurs des œuvres posthumes, voir leur réponse dans la préface de *Das Kapital*.

Rodbertus méditait une cinquième lettre sociale, qui aurait traité *De la propriété*. Elle n'a jamais été écrite. V. *Nachlass*, t. III, p. 112, note.

Nous citons la 2e et la 3e *Lettre sociale* d'après la réimpression qu'en a faite Rodbertus lui-même dans *Zur Beleuchtung der sozialen Frage*, t. I, 1875 ; et la 1re *Lettre sociale* d'après la réimpression contenue au t. II, posthume, du même ouvrage, édité par Ad. Wagner et Th. Kozak, *Nachlass*, t. III, 1885.

La 1re *Lettre sociale* a été réimprimée également par J. Zeller à la suite d'un écrit où ce théoricien a le tort de plagier un titre de Rodbertus : *Zur Erkenntniss unserer staatswirthschaftlichen Zustände*, Berlin, 1885.

23. *Zur Erklärung und Abhülfe der heutigen Creditnoth des Grundbesitzes*, t. I : *Die Ursachen der Noth*, Berlin, 1868 ; — t. II. *Zur Abhülfe*, Berlin, 1869. — Réimpression à Iéna, 1876. — Nous citons *Creditnoth* d'après la 2e édition stéréotype, sans date, mais conforme à l'éd. de 1869.

24. *Zur Beleuchtung der sozialen Frage*, Berlin, t. I, 1875. — 2e édition par Moritz Wirth, Berlin, 1890. Nous citerons *Zur Beleuchtung* d'après cette seconde édition. — Le tome I de l'ouvrage n'est qu'une réimpression textuelle de la 2e et de la 3e *Lettre sociale*. — Le tome II, posthume, n'est pas achevé. On y retrouve, enclavée, la 1re *Lettre sociale*. Le volume devait comprendre trois parties : 1° *Entwickelung der gegenwärtigen Volkswirthschaft* ; — 2° *Nothwendigkeit ihr durch Fortbildung zu einer Staatswirthschaft eine veranderte Richtung zu geben* ; — 3° *Mittel und Wege*. — La première section est seule complète, sauf la préface mutilée. Il y a des fragments de la continuation. — Ce volume forme le tome III du *Nachlass*.

25. *Aus dem literarischen Nachlass von Carl Rodbertus-Jagetzow*. Ce recueil comprend trois volumes, tous déjà cités ; 1° *Briefe von F. Lassalle an Carl Rodbertus*, éditées par H. SCHUMACHER de Zarchlin et AD. WAGNER. Berlin, 1878 ; — 2° *Das Kapital. 4ter Sozialer Brief an von Kirchmann*, édité par AD. WAGNER et TH. KOZAK, Berlin, 1884 ; — 3° *Zur Beleuchtung der sozialen Frage*, t. II. édité par les mêmes, Berlin, 1885.

Correspondance.

26. *Briefwechsel zwischen Rodbertus und dem Architekten Peters* ; édité par AD. WAGNER. *Rodbertus über den Normalarbeitstag* (dans *Tübinger Zeitschrift f. d. ges. Staatswissenschaft*, 1878).
27. *Briefliche Mittheilung von Rodbertus an Ad. Wagner;* éditées par AD. WAGNER. *Einiges von und über Rodbertus* (dans *Tübinger Zeitschrift*, 1878).
28. *Briefwechsel zwischen Rodbertus und dem Minister für landwirthschaftliche Angelegenheiten Dr. Friedenthal* (édité par O. BETA. *Die wirthschaftliche Nothwendigkeit und die politische Bedeutung einer deutschen Agrarverfassung*). Berlin, 1878.
29. Les lettres à RUDOLF MEYER, éditées par ce dernier dans *Briefe und sozialpolitische Aufsätze*, Berlin, 1882.

Les lettres à LASSALLE ne sont pas retrouvées.

Biographie.

1. WALTER ROGGE. *Parlamentarische Grössen*, t. II, p. 66-93, 1850, a tracé un malicieux portrait de Rodbertus politicien.
2. G. ADLER. *Rodbertus, der Begründer des wissenschaftlichen Sozialismus* (thèse), 1883. — 2e édition augmentée, 1884.
3. DIETZEL (H.). *Karl Rodbertus* (dans *Preussische Jahrbücher*, 1885).
4. DIETZEL (H.). *Karl Rodbertus. Darstellung seines Lebens und*

seiner Lehre. 2 vol. 1886-88. (Le 1er volume est tout biographique).

5. Diehl. Article *Rodbertus* dans le *Handwœrterbuch der Staatswissenschaften.*
6. Moritz-Wirth. Article *Rodbertus* dans la *Allgemeine deutsche Biographie.*

Critique.

a) Critique générale :

1. Wagner (Ad.). *Einiges von und über Rodbertus* (dans *Tübinger Zeitschrift*, 1878).
2. Kozak (Th.). *Rodbertus-Jagetzows sozialökonomische Ansichten*, 1882.
3. G. Adler. *Rodbertus, der Begründer des wissenschaftlichen Sozialismus*, 2e édit. 1884.
4. Wirth (Moritz). *Bismarck, Wagner, Rodbertus. Drei deutsche Meister*, 1883.
5. Bahr (Hermann). *Ueber Rodbertus*, 1884.
6. Emele (F.). *Der Sozialismus, Rodbertus-Jagetzow, dds Manchesterthum und der Staatssozialismus*, 1885.
7. Dietzel (H.). *Karl Rodbertus*, t. II. *Darstellung seiner Sozialphilosophie*, 1888.
8. Lexis. *Zur Kritik des Rodbertus ; schen Theorieen* (dans *Hildebrands Jahrbücher*, nouvelle série, t. IX, 1884).
9. Block (Maurice). *Les Progrès de la science économique*, 1890 (voir la table).
10. Diehl (Karl). *P. J. Proud'hon*, t. II. 1890, p. 307, sq.
11. Laveleye (E. de). *Rodbertus-Jagetzow and scientific socialism* (dans *Economic Review*, 1891).
12. Dawson (W.-H.). *German Socialism and Ferdinand Lassalle*, 1891, ch. III.

b) La valeur.

13. Engels (F.). *Marx und Rodbertus* (dans *Die Neue Zeit*, 1885).
14. — Préface au tome II du *Kapital* de Karl Marx, 1885.

15 ENGELS (F.). Préface à MARX. *Philosophie de la Misère*, traduction allemande, 1892.

16. EFFERZ (OTTO). *Arbeit und Boden*. 2e édit. 1890-91, *passim*.

c) La question foncière.

17. TRUNK. *Geschichte und Kritik der Lehre von der Grundrente* (dans *Hildebrands Jahrbücker*, t. IX, 1868).

18. CONRAD. *Die neueste Litteratur über landwirthschaftliches Creditwesen* (dans *Hildebrands Jahrbücher*, t. XI, 1868).

19. CONRAD. *Das Rentenprincip nach Rodbertus* (dans *Hildebrands Jahrbücher*, t. XIV, 1870).

20 SCHUMACHER (H.). de Zarchlin, *I. H. v. Thünen und Rodbertus. Kapitalisationsprincip oder Rentenprincip ?* 1870.

21. WAGNER (AD.). Préface au *Nachlass*, t. I, 1878.

22. SCHIPPEL (MAX). *Die Ricardo'sche Werththeorie und die Rodbertus; sche Grundrententheorie*, 1882.

23. ZUNS. *Einiges über Rodbertus*, 1883.

24. WEBER (MAX). *Die Agrargeschichte der Römer*, 1891, p. 241 sq.

d) Théorie du capital et de l'intérêt.

25. KNIES (CARL). *Der Credit*, 1879, t. II, p. 40-87.

26. PIESTORFF. *Die Lehre vom Unternehmergewinn*, 1875.

27. BŒHM-BAWERK (VON). *Geschichte und Kritik der Kapitalzinstheorieen*, t. I, ch. II, 1884, traduit en français par J. Bernard, Paris, 1902-1903.

28. G. ADLER. *Rodbertus*. « *Kapital* » (dans *Gegenwart*, 1884).

29. SCHIPPEL (Max). Compte rendu de la 4e *Lettre sociale* (dans *Tübinger Zeitschrift*, 1885).

e) Théorie du salaire.

30. WAGNER (AD.). *Rodbertus über den Normalarbeitstag* (dans *Tübinger Zeitschrift*, 1878).

31. ADICKES (F.). *Die Bestrebungen zur Förderung der Arbeiterversicherung in den Jahren 1848-49 nach Rodberus-Jagetzow* (dans *Tübinger Zeitschrift*, 1883)

32. Bahr (H.). *Rodbertus, Theorie der Absatz-Krisen*, 1884.

33. Menger (Anton). *Das Recht auf den vollen Arbeitsertrag*, 1891, ch. viii, 11, 13, traduit en français par Alfred Bonnet, Paris, 1900.

AVANT-PROPOS

de M. A. WAGNER

On reprend avec le présent ouvrage la publication des écrits laissés par Rodbertus. Elle fut interrompue après la publication des lettres de Lassalle à Rodbertus (1878), de l'avis commun de la famille de Rodbertus, de l'éditeur, de mon collaborateur d'alors H. Schumacher et de moi-même. Nous ne crûmes pas alors le moment opportun pour continuer. En outre une partie des manuscrits n'était pas encore matériellement préparée pour l'impression. Un travail pénible d'assemblage, de collation et de triage des matériaux et de brouillons divers était nécessaire, des parties importantes n'ayant pas été encore amenées au point voulu par Rodbertus. Non seulement il n'avait pas terminé l'introduction à la suite de l'ouvrage : « Pour l'éclaircissement de la question sociale » mais encore il n'était pas aussi avancé qu'il le supposait, quand la mort le frappa.

Des visites répétées à Jagetzow de M. Schumacher, de moi-même et tout récemment encore de M. le docteur Kozack permirent de passer en revue tout ce que Rodbertus avait laissé, et de l'examiner au point de vue du parti à en tirer pour la publication. Je n'ai pas eu le loisir de faire complètement cet examen moi-même.

Je me fis aider d'abord par quelques-uns de mes élèves, je trouvai ensuite dans M. le docteur Kozack le spécialiste le plus compétent à qui pût être confiée cette besogne longue et difficile. Je lui ai remis vers la fin de 1882 tout ce que j'avais entre les mains, en joignant à ce qu'avait rassemblé précédemment M. Schumacher, le résultat de mes recherches personnelles à Jagetzow en août 1882. M. le docteur Kozack en a entrepris la revision et l'examen avec une conscience scientifique et un soin qu'on ne peut assez louer. Il supporte la responsabilité de la correction de tout ce qui paraîtra désormais de Rodbertus, à lui seul en revient aussi l'honneur et le mérite.

M. le docteur Kozack a été amené à l'étude de Rodbertus par Hildebrand à Jena. Il a continué de s'en occuper à Berlin pendant l'été de 1878, puis ensuite à Halle. Je découvris chez lui dès 1878 une connaissance approfondie des ouvrages de Rodbertus, grâce à un travail dès lors achevé en manuscrit. Son excellent livre « les vues économiques de Rodbertus », *dont le premier volume a paru en 1882 et dont on peut attendre prochainement la suite, a pleinement confirmé mon premier jugement. Il était impossible de trouver un savant plus compétent pour cette publication. Aussi lui fus-je très reconnaissant quand il se déclara prêt à accéder à mes vœux et à entreprendre la publication du reste du trésor laissé par Rodbertus. Son introduction au présent volume fournit tous les autres éclaircissements désirables. Je n'ai rien à y ajouter. Je me réserve de présenter plus tard des observations sur l'héritage littéraire de Rodbertus et sur l'état dans lequel il se trouvait quand il parvint entre mes mains.*

Le jugement que j'ai cru pouvoir porter sur Rodbertus économiste, en le nommant « le Ricardo du socialisme économique » trouve sa parfaite justification dans le présent ouvrage sur le « Capital » — titre qui ne répond pas tout à fait au contenu, mais qu'il serait difficile de remplacer par un autre mieux approprié. — Rodbertus y déploie une puissance de pensée abstraite qui n'appartient qu'aux maîtres, et aux plus grands. Il se range à côté d'eux, et même, sur le terrain de l'économie politique, prend place à leur tête. Il remettra peut-être en honneur un côté un peu négligé par la science allemande contemporaine. Et quand cet ouvrage ne rendrait pas plus vraisemblable aux yeux du lecteur l'efficacité pratique des théories de Rodbertus en vue de « résoudre la question sociale », la valeur scientifique de ses travaux n'en souffre aucun amoindrissement.

Encore une remarque. Les publications ultérieures me donneront l'occasion de m'expliquer avec un peu plus de détail sur quelques écrits récents relatifs à Rodbertus, particulièrement sur les lettres de Rodbertus publiées par le docteur Rud. Meyer. Je me contente provisoirement de dire que Rodbertus peu de temps avant sa mort s'exprima plus clairement qu'il ne l'avait fait auparavant sur la personne de M. le docteur Meyer. C'est ce qui résulte d'une lettre qu'il m'adressait.

Dans les lettres de Lassalle p. 18, je prie de corriger une méprise. Dans la ligne 3 au bas il faut lire : « der Entgeltlichkeit in diejenige der Unentgeltlichkeit hinüberzuführen (durch Reduktion des Verkaufspreises) ».

M. le docteur Rud. Meyer, après l'apparition des lettres de Lassalle a cru pouvoir insinuer que nous (M. Schumacher et moi) aurions supprimé un passage qui selon lui fait connaître Lassalle, passage qu'il aurait lu autrefois dans les lettres de Lassalle à lui communiquées par Rodbertus. Ce passage se trouve aussi dans les lettres que nous avons publiées, mais à un autre endroit et pas dans les termes mêmes que se rappelle M. le docteur Meyer. On lit p. 46, lettre 5 : « Freilich darf man das dem Mob heute nicht sagen. » Quel motif aurions-nous pu avoir de supprimer ce passage ou d'autres semblables ? « Pour épargner Lassalle ? » — Le mot un peu différent et plus dur que le docteur Meyer met dans la bouche de Lassalle ne se trouve pas dans les lettres de ce dernier à Rodbertus. — Le nom propre omis et la modification insignifiante d'une expression trop grossière (v. p. XII de la préface aux lettres de Lassalle) n'ont absolument rien à voir avec la suppression tendancieuse que M. le docteur Meyer suppose. J'ai déjà remis les choses au point, dans la Gazette d'Augsbourg en 1878, alors que M. le docteur Meyer faisait, comme il a coutume, grand bruit de cette affaire; je répète ici ces explications parce que le docteur Meyer est revenu là-dessus.

Berlin 18 décembre 1883.

Dr *Adolphe* WAGNER

INTRODUCTION

de M. KOZACK

Notre éminent maître M. le professeur Ad. Wagner nous ayant prié de l'aider à publier les écrits laissés par Rodbertus, — nous livrons d'abord aux lecteurs un travail qui attend depuis trente ans sa publication : la quatrième lettre à von Kirchmann, qui aurait dû autrefois porter ce titre : « Le problème » — Plus Rodbertus attachait d'importance à cet ouvrage, plus il lui sembla pendant longtemps que de graves raisons en devaient faire différer la publication. — Selon lui le premier différend entre lui et von Kirchmann était le suivant : von Kirchmann soutenait que tous les travaux agricoles deviennent de moins en moins productifs, — que le prix des produits agricoles et des moyens d'existence s'élève continuellement, — que par suite la rente foncière monte sans cesse, tandis que la part des capitalistes et des ouvriers diminue, — et que par conséquent enfin le paupérisme atteint ces classes dont le revenu consiste pour la grande partie dans la valeur des produits agricoles et des moyens d'existence. — Rodbertus soutenait tout au contraire que la productivité des travaux agricoles va croissant, — que l'élévation du prix des produits agricoles, quand elle a lieu, s'explique par d'autres causes (que la diminution de la productivité) ; — il rattachait à de tout autres causes l'augmentation de la rente foncière; —

il soutenait de plus que la rente en général, *c'est-à-dire tout aussi bien le profit du capital que la rente foncière, augmente au détriment du salaire; — et il faisait consister le paupérisme non pas dans un renchérissement des objets qui composent le revenu (les moyens d'existence) des classes souffrantes, mais dans une diminution de leur revenu ou de leur part du produit, diminution qui accompagne précisément la baisse de prix des produits.*

Rodbertus, croyant avoir traité ce premier point dans sa troisième lettre sociale, avait l'intention de consacrer la quatrième (celle que nous publions présentement) surtout à son second différend avec Kirchmann au sujet de la cause des crises commerciales. *S'il est regrettable, dans l'intérêt de la science, que le présent ouvrage soit demeuré inachevé même en ce qui concerne cette seconde controverse, — il est bien plus regrettable encore que Rodbertus, malgré l'intention qu'il en avait exprimée, ait été empêché de mener jusqu'au bout, non seulement dans le présent écrit, mais aussi dans la seconde partie de l'ouvrage « Pour l'éclaircissement de la question sociale », que nous publierons dans le courant de 1884, la discussion d'un troisième problème.*

L'objet de ce troisième débat entre lui et Kirchmann est le suivant : « Je soutiens enfin que, sous le régime de la libre concurrence, les classes ouvrières sont exclues des fruits de la productivité croissante du travail, et je ne vois de guérison aux maux sociaux qui résultent de cela, que dans le redressement de cette répartition, dans la garantie assurée aux ouvriers qu'ils participeront désormais à l'accroissement du produit, — et je vois dans cette proposition la pensée fondamentale de ma théorie, la thèse centrale par rapport à laquelle tout le reste n'est qu'ouvrage accessoire et préparatoire, destiné à la faire comprendre et à en fournir les preuves; vous au contraire, vous soutenez que ce que je veux se réalise déjà aujourd'hui, que les classes ouvrières profitent dès maintenant, autant que les classes possédantes de l'accroissement de la productivité, et que par conséquent mon prétendu remède n'en est pas un » (*v. p. 57 de la sec. édit. de la troisième lettre sociale*). — *Rodbertus n'eût-il pas voulu conserver à la présente lettre ce titre : « Le problème », parce que la discussion de la dernière question manque, il eût pu en tout cas l'intituler : « Le capital. » — L'auteur, dans cette lettre consacrée uniquement au second débat entre lui et Kirchmann, veut répondre à cette question : si les crises commerciales sont causées par l'épargne des capitalistes ; et, en fait, pour éclaircir d'abord l'idée même de* l'épargne, *il entreprend une étude du* capital.

« *Une étude complète du* capital *sous tous ses aspects, et notamment en son développement historique devrait être mise au concours par toutes les académies de l'Europe ; car tant que l'énigme du capital ne sera pas résolue, le Sphinx moderne, que l'on appelle la question sociale ne disparaîtra pas dans l'abîme » disait Rodbertus en 1867. (Recherches sur les problèmes économiques dans l'antiquité classique, dans le t. VII des Hildebrand'sche Jahrbücher. p. 391, note 47).*

Précisément la même année paraissait la première édition du « Capital » de Marx, livre qui d'après Rodbertus, contenant à côté de parties magistrales des erreurs énormes, est « une attaque contre la société ». Pour repousser cette attaque « il faut protéger le capital non seulement contre le travail mais contre lui-même, et ce que l'on peut faire de mieux à cet effet est de considérer le rôle du capitaliste-entrepreneur comme une fonction publique qui lui est confiée au moyen de la propriété capitaliste, et son profit  *comme une forme de traitement, puisque nous ne connaissons encore pas d'autre organisation sociale. Or des traitements peuvent être réglementés et même réduits, s'ils prennent trop au salaire* » — « *D'où vient l'excédent de valeur (der Mehrwerth) qui échoit au capitaliste, c'est ce que j'ai montré dans ma troisième lettre, au fond comme Marx, mais bien plus brièvement et plus clairement. En somme le livre de Marx est moins une étude sur le capital qu'une polémique contre* la forme actuelle du capital, *confondue par lui avec le capital lui-même, — et de cette confusion résultent ses erreurs. Puis il ne distingue pas encore assez l'organisme de la division du travail et l'organisme de la propriété dans la société humaine, et ne démontre pas que ces deux organismes ne peuvent jamais coïncider dans les sujets, en d'autres termes que l'ouvrier (en raison de la* communauté du travail) *ne peut jamais devenir* propriétaire de son produit, — *que tout ce qu'il peut-être c'est un* ayant-droit à une part de revenu *équivalente à un partie de la* valeur de son produit » *(Lettres et articles de Rodbertus-Jagetzow, publiés par le docteur Rudolph Meyer, p.* III *s.) — Rodbertus n'a pu s'empêcher de désigner Marx (dans une lettre à J. Zeller. Zeitschrift für die gesammte Staatswissenschaft, 1879, 35*[me] *année, p. 219) comme un de ceux qui avaient utilisé sans le citer son livre de 1842 (zur Erkenntniss unsrer staatswirthschaftlichen Zustände). — Mais il reconnaît également la valeur de quelques pensées de Marx et, p. 99 des lettres à R. Meyer, il s'exprime encore comme il suit : « On ne dégagera pas avec précision la notion de capital, tant qu'on n'en examinera pas le contenu dans trois régimes sociaux différents (trois* Gesellschaftsformationen, *suivant l'expression excellente de Marx) : le régime antique où régnait la propriété de l'homme sur l'homme même, — le régime moderne de la propriété du sol et du capital, — et un régime idéal où la propriété n'aurait d'autre objet que le revenu. Si je me suis plongé depuis dix ans dans l'étude de l'antiquité, c'est uniquement pour apprendre ce que fut le capital, à tous les points de vue, dans l'antiquité. On ne s'instruit que par des comparaisons. Telle est la pensée fondamentale de mon « Capital ». Et voilà seulement en quoi il convient de donner raison à Marx. D'ailleurs il se trompe de deux façons — Premièrement il admet que la valeur = travail de tous les objets se réalise,* d'elle-même, *sous le régime actuel, tandis que cela ne peut-être que l'effet de* lois *spéciales. J'ai démontré dès 1842 (zur Erkenntniss unsrer staatswirthschaftlichen Zustände) que sans des lois spéciales il est impossible que le travail soit la mesure de la valeur. Secondement il considère ce fait social que l'ouvrier ne reçoit pas la valeur intégrale de son produit comme une* anomalie, *tandis que tel est l'*état normal des choses en toute société. *Il ne s'agit que de savoir si ce qu'il reçoit est trop peu. On peut démontrer également que la* propriété collective, *telle que la voudrait les démocrates socialistes d'aujourd'hui, c'est-à-dire la propriété des communes agraires et des coopératives de production, est une propriété du sol et du capital bien plus pernicieuse et conduisant à de bien plus grandes injustices sociales que la* propriété individuelle *du sol et du capital en vigueur actuellement. Les ouvriers sur ce point continuent de suivre Lassalle. Mais j'avais déjà montré à ce dernier (dans ma correspondance avec lui) à quelles absurdités et à quelles injustices aboutirait ce régime de propriété et (ce qui lui fut particulièrement désagréable) qu'il n'était pas l'inventeur de cette idée, qu'il l'avait empruntée à Proudhon (Idée générale de la révolution). Nous ne pouvons compter sur les coopératives de production : généralisées d'une façon notable, qui puisse produire quelque résultat, elles sont une absurdité. Il faut garder de toutes nos forces la division sociale des classes, Travail, Capital, Propriété foncière, et ne faire porter les remèdes que sur la* répartition *entre elles du produit du travail. C'est comme cela seulement qu'on évitera le bouleversement sans se fermer l'avenir.* »

Rodbertus, en raison de l'indifférence avec laquelle avait été accueilli l'ouvrage cité de 1842 n'avait pu lui donner la suite qui était primitivement dans son intention. Voilà pourquoi il ne crut pas que le public prît intérêt aux concepts abstraits discutés dans la présente lettre, p. ex. le concept de « temps d'ouvrage » (Werkzeit), et ne put se résoudre à faire à Lassalle des communications à ce sujet. — De plus, après avoir essayé d'élucider ce qui concerne la « journée de travail normal » dans l'article publié sous ce titre (Revue de Berlin de Meyer, 1871), dont le contenu est extrait du « Capital » — il se borna à discuter les concepts abstraits d'une façon tout intime avec des théoriciens, parce que « le public avec son étroitesse de vue et son naturel peureux, pourrait s'effaroucher » et qu'un très petit nombre de personnes se donneraient la peine de suivre de pareilles analyses (Lettre à l'architecte H. Peters, communiquée par A. Wagner dans la Zeitschrift f. d. ges. Staatsw., 1878, 38me année p. 360).

Peu de temps avant sa mort Rodbertus avait l'intention de refondre cette quatrième lettre. Il ne lui fut pas donné d'exécuter ce dessein. Mais le sentiment de respectueuse piété que nous devons au penseur nous interdit d'opérer nous-même aucune modification à son œuvre.

Outre la suite de l'ouvrage Zur Beleuchtung der socialen Frage on peut attendre la publication prochaine d'un petit article intitulé : « Essai d'explication de l'élévation du taux de l'intérêt dans l'antiquité ».

En ce qui touche le reste des écrits trouvés dans ce que Rodbertus nous a laissé, — notes, plans, brouillons, fragments difficiles à lire, parfois à peine déchiffrables (notes au crayon sur de petits morceaux de papier etc.) nous nous promettons de faire savoir, le moment venu, si quelque chose peut en être utilisé, et dans quelle mesure, pour la suite ou même la fin de « l'histoire des impôts chez les romains », — pour les « grandes lignes de la science sociale » ou d'autres ouvrages.

Halberstadt, décembre 1883.

Dr Théophile KOZACK.

LE CAPITAL

INTRODUCTION

I

RETOUR SUR LA THÉORIE DE LA RENTE

Je crois avoir démontré dans ma précédente lettre que, contrairement à votre opinion, le paupérisme ne peut être dû à l'improductivité croissante de l'agriculture. En effet, cet accroissement de l'improductivité n'a pas lieu ; c'est un fantôme imaginé par Ricardo pour expliquer, dans sa théorie de la rente, la hausse générale de la valeur du sol. Je crois avoir démontré, au contraire, par l'analyse de l'industrie agricole, par son histoire et par la statistique, que cette industrie tout aussi bien que l'industrie manufacturière et celle des transports devient de plus en plus productive, quoique non pas toujours dans la même proportion que les deux autres. J'ai montré aussi que la hausse de la rente et de la valeur du sol a lieu le plus souvent sans que le prix des produits agricoles augmente en même temps ou augmente dans la même mesure, et j'ai expliqué cette hausse par d'autres causes qu'une improductivité croissante du travail agricole.

J'ai dû remonter jusqu'aux lois fondamentales de la distribution du revenu social, telle qu'elle se fait actuellement, jusqu'au principe de la rente en général, et j'ai essayé d'établir pour cela une nouvelle théorie qui s'écarte sur bien des points de celles que l'on a proposées jusqu'ici.

La rente foncière, avaient dit presque tous les économistes, n'échoit aux propriétaires fonciers qu'en raison de leur propriété. De la propriété résulte un prix de monopole des produits agricoles et c'est de ce prix que découle la rente. Telle est l'explication des uns.

Non, répondent les autres ; c'est l'improductivité croissante de l'agriculture qui cause cette élévation du prix.

Les deux écoles s'accordent à dire que la rente foncière est élevée quand la valeur du produit et parce que la valeur du produit est élevée.

La suppression de la rente, ajoutent les derniers, n'aurait aucune influence sur l'abaissement du prix des produits.

Les opinions au sujet de la rente du capital (Kapitalrente) ont été de tout temps bien plus divergentes, plus incertaines et plus vagues.

Turgot dit : « Le profit du capital est une compensation dûe au capitaliste parce qu'il n'a pas placé son bien dans l'agriculture. »

Adam Smith dit : « Le profit du capital provient de la valeur que l'ouvrier industriel ajoute au produit agricole. »

L'école de Ricardo dit : « C'est une rémunération que reçoit le capitaliste pour avoir épargné le capital sur le produit du travail. »

Bastiat ajoute : « C'est une partie du produit du travail dont l'accroissement est dû à l'action du capital. »

Presque tous sont d'accord sur un point : tandis que la rente foncière devait son élévation à l'élévation de la valeur du produit, à l'inverse la valeur du produit est élevée parce que le profit du capital l'est. La suppression du profit du capital — telle est la conclusion plus ou moins explicite — entraînerait donc certainement un abaissement de la valeur du produit ; si, ajoutent les économistes, cette suppression n'arrêtait pas la capitalisation par l'épargne et par conséquent toute richesse sociale ; ou si les capitaux pouvaient, selon le rêve de Proudhon, s'obtenir sans intérêt.

Toutes ces théories me semblent au fond entachées du même vice. Elles ne distinguent pas nettement la cause générale de l'existence même de la rente (rente foncière et rente du capital) de celle qui la fait toucher par les ayant-droit.

Ma théorie s'écarte de celles-là sur des points importants.

Elle part elle aussi de ce principe, posé par les économistes anglais, que le revenu social pris dans son ensemble n'est que le fruit du travail social présent et passé, et que, si, toutes choses égales d'ailleurs, une nation est plus riche qu'une autre, la cause en est uniquement dans la productivité supérieure du travail chez la première.

Mais ma théorie ne fait que s'écarter davantage des autres dans l'explication des causes de la distribution du revenu social, telle qu'elle a lieu aujourd'hui.

Zachariae disait déjà de la rente foncière qu'elle est un prélèvement sur le salaire, lequel reviendrait tout entier à l'ouvrier si la terre n'appartenait à personne.

Je généralise ce principe et je dis que la rente du capital est elle aussi un prélèvement sur le salaire, lequel reviendrait tout entier à l'ouvrier si le capital n'appartenait à personne.

C'est la propriété du sol et du capital, c'est cette disposition du *droit* en vertu de laquelle la propriété du produit du travail est attribuée aux propriétaires fonciers et aux capitalistes et en vertu de laquelle l'ouvrier est forcé de se contenter d'une faible partie du produit de son travail, — c'est, dis-je, cette institution juridique qui seule opère la division du produit du travail social présent et passé en *salaire* et *rente*.

En outre, c'est la séparation des propriétaires des produits agricoles et manufacturés en deux classes, celle des propriétaires fonciers et celle des capitalistes, qui seule, dans des circonstances déterminées, opère la division de la rente en rente foncière et rente du capital. Les circonstances dont il s'agit sont d'une part un certain rapport entre la valeur du produit agricole (Rohprodukt.) et celle du produit manufacturé, — d'autre part, ce fait que dans le capital agricole il n'y a pas de valeur de matières premières, d'où il suit nécessairement que l'intérêt afférent au capital agricole ne peut absorber entièrement la part de la rente qui échoit au propriétaire du produit agricole.

Je conclus que la rente du capital et la rente foncière existent non par suite d'une augmentation de la valeur du produit, mais par suite de ce fait que le salaire du travail est réduit à une partie de la valeur totale du produit. Par conséquent la suppression de la rente du capital, pas plus que celle de la rente foncière, n'amènerait un abaissement de la valeur du produit ; elle ne ferait que restituer aux travailleurs la partie du produit de leur travail qui leur est soustraite par les deux espèces de la rente.

Quant à la question de savoir si cette suppression est

possible, je n'y répondrai que dans la présente lettre. Je répondrai, ceci soit dit d'avance, — contre Proudhon et les socialistes — que, tant qu'existe la propriété privée du capital, il est impossible de se le procurer sans intérêt; je répondrai — contre les économistes — que, si l'on supprime la propriété privée du capital, — la capitalisation par l'épargne disparaissant du même coup, — rien n'empêcherait cependant la société, même sans capital, — sans capital *en ce sens*, c'est-à-dire sans que le capital soit la propriété privée de certains individus — de continuer à s'enrichir. Bien entendu il faudrait dans ce cas une organisation particulière des relations (des Verkehrs), organisation dont je donnerai également dans cette lettre les traits essentiels.

Je suis parti, il est vrai, pour faire entendre ma théorie, de certaines hypothèses. J'ai admis que, au point de vue économique tout produit est exclusivement un produit du travail.

J'ai admis en outre que, sous le régime de la libre concurrence, non seulement la valeur de tout produit achevé et prêt pour la consommation (jedes fertigen Einkommensguts) tend (gravitirt) vers le travail qu'il a fallu pour l'exécuter, mais aussi que la valeur relative du produit agricole (Rohprodukt) et du produit manufacturé est réglée en gros, uniquement par la quantité de travail dépensée dans les deux départements de la production.

Or, je sais que vous me contestez cela, et notamment le second point. Si je n'en ai pas donné la preuve développée dans ma lettre précédente, c'est uniquement parce que je croyais cette hypothèse généralement admise, comme fondement de la plupart des théories des économistes. Qu'il me soit permis d'y revenir un instant.

Premièrement, je n'ai jamais pensé que, sous le régime actuel de la liberté des conventions, la valeur marchande (der Marktwerth) d'un objet achevé, d'un bien prêt pour la consommation immédiate (eines fertigen Guts) — remarquez bien que je ne parle que de produits achevés — coïncide toujours exactement avec sa valeur mesurée par le travail ou valeur normale. La valeur marchande tend ou gravite toujours vers la valeur normale, ou — si l'on ne veut pas de cette métaphore — varie toujours dans le même sens et dans un rapport correspondant avec le travail que coûte l'objet. Si dix ouvriers produisaient précédemment une certaine quantité d'objets, et que peu à peu huit, six, quatre, deux ouvriers suffisent pour en produire la même quantité, la valeur, sur le marché libre, oscillera autour des degrés de productivité exprimés par les nombres 10, 8, 6, 4, 2. — Le degré de productivité étant 10, elle sera tantôt 11, tantôt 10, tantôt 9 ; la productivité étant 8, elle sera 9, 8 ou 7 ; enfin la productivité étant 2, elle sera 3, 2 ou 1. Les fluctuations de la valeur seront peut-être encore plus grandes. Elle subira nécessairement des fluctuations, parce qu'elle n'aura pas été successivement *fixée* comme 10, 8, 6, 4, 2. A cause de la propriété de la terre et des capitaux, la production destinée aux besoins sociaux dépend d'entrepreneurs privés, lesquels disposent souverainement à leur gré, chacun pour une partie, du capital social, et ne saisissent pas l'ensemble des besoins sociaux. La valeur marchande ne peut en conséquence être fixée. Toutefois, non seulement elle *tendra* sûrement, en moyenne, vers la valeur normale, et par exemple, le degré de productivité étant 10, elle tendra toujours à revenir de 11 et de 9 à 10, mais encore plus sûrement elle suivra l'abaissement du travail de 10 à 2.

C'est une conséquence forcée de la libre concurrence, — même si l'on garde cette vieille opinion que la valeur de l'objet, bien loin de se décomposer en salaire et rente est composée du salaire et de la rente, et si l'on croit en conséquence qu'il faut considérer le salaire comme provenant du travail et la rente comme provenant du capital. En effet l'accroissement de productivité de 10 à 2, à travers tous les degrés intermédiaires, se traduit incontestablement aussi dans la somme des salaires ; si donc la somme des salaires à payer pour une certaine quantité de produit tombe de 10 à 2, la concurrence rendra sensible nécessairement ce mouvement dans la valeur marchande. — Quant à la rente du capital, l'autre élément de la valeur, il est généralement reconnu qu'elle est proportionnelle à la grandeur du capital requis pour la production. Mais il ne faut pas concevoir la production, sous le régime de la division du travail autrement qu'elle est en réalité. Elle se décompose, pour chaque objet, en différentes industries successives, dont celle qui suit emploie comme matière le produit de celle qui précède. Or, cette matière est précisément l'élément le plus considérable du capital de l'opération industrielle suivante. Le blé, produit de l'agriculture est la matière, c'est-à-dire la plus grande partie du capital de la meunerie ; la farine, produit de la meunerie est la matière ou la plus grande partie du capital de la boulangerie, etc. Mais au premier échelon de la production sociale prise dans son ensemble, c'est-à-dire dans toutes les industries primaires, il n'y a pas de *matière*. Supposez maintenant que, dans toutes les phases en lesquelles se décompose la production de l'objet, la quantité de travail nécessaire pour la même quantité de produit diminue, il est clair, même en admettant cette conception fausse des éléments de la valeur, que la valeur marchande de l'objet achevé (des fertigen Guts) baissera non seulement en raison de la diminution de la somme des *salaires*, mais aussi en raison de la diminution de la somme des *rentes* attribuées au capital. Et cela par la raison que, la production s'opérant ainsi, un amoindrissement de la quantité de travail entraîne nécessairement un amoindrissement du capital. En effet, si le cultivateur, pour obtenir la même quantité de blé, n'a plus besoin que de la moitié du travail qu'il fallait auparavant, la valeur de la matière ou du capital du meunier n'est plus que moitié de ce qu'elle était auparavant et par conséquent la même quantité de farine ne sera plus chargée, le taux de l'intérêt restant le même, que de la moitié de la rente attribuée auparavant au capital. Le même phénomène produit naturellement son effet par rapport au boulanger, et, si l'opération de la mouture exige à son tour encore moins de travail qu'auparavant, le phénomène en se reproduisant n'est plus seulement en proportion du salaire diminué pour la mouture, mais a lieu dans un rapport nouveau, renforcé et atteignant encore une fois la rente attribuée au capital. C'est là précisément ce que signifie le mot graviter.

Il est vrai que j'ai fait abstraction, en tout ceci, des *instruments*, de la charrue, du moulin, du four et que le cultivateur, le meunier, le boulanger perçoivent pourtant encore de ce chef une rente. Mais la partie du capital de beaucoup la plus considérable en toute industrie, c'est la matière.

Si donc il est vrai que la grandeur de cette partie du capital et celle du salaire diminue avec le travail nécessaire et que la rente calculée pour ces deux éléments diminue elle-même avec le travail nécessaire, la valeur marchande diminue rien que par cette raison, avec la quantité de travail nécessaire.

En outre, l'importance des instruments consiste précisément en ceci qu'ils épargnent du travail.

En règle générale, on n'emploie pas un instrument qui a coûté lui-même autant de travail qu'il supplée de travail immédiat tant qu'il dure ; et par conséquent, si le travail nécessaire pour produire un objet devient, selon l'hypothèse actuelle, moindre, cela peut signifier également ou bien que de moins bons instruments sont remplacés par de meilleurs, ou bien que la quantité de travail est moindre qu'auparavant. Dans tous les cas, il y a amoindrissement du capital, soit par abaissement du prix de l'instrument, soit par diminution du salaire, et par conséquent aussi un amoindrissement de la rente, et cet amoindrissement se fait sentir encore une fois à travers toute la série des opérations de la production. Voilà comment, selon moi, l'opinion ordinaire sur les éléments de la valeur et l'origine de la rente (Kapitalrente) se ramène forcément à reconnaître que la valeur marchande d'un objet entièrement fabriqué *tend* ou *gravite* vers la quantité de travail qui a été employée à le produire.

Secondement, mon opinion n'a jamais été que la valeur mesurée d'après le travail suffit, à chacun des stades dont se compose la fabrication d'un objet, et qui sont comme autant d'industries, pour fournir toujours exactement le profit usuel de toute industrie. Il est même impossible qu'il en soit ainsi étant donné : 1° la division de la production en opérations successives et 2° la loi de l'uniformité du profit du capital. On peut aisément en donner la preuve.

Supposez la production d'un objet divisée en quatre opérations successives, qui exigent autant de travail l'une que l'autre et forment des entreprises distinctes. Si dans chacune de ces opérations la valeur coïncidait avec la quantité de travail, il faudrait que la valeur du produit distinct de chaque opération fût égale à celle de l'autre. Mais le dernier entrepreneur, quoiqu'il n'occupât pas plus d'ouvriers que le premier ou le second, devrait pourtant porter davantage au compte du capital. De même, le second entrepreneur aurait moins à porter au compte du capital. En effet, dans la dernière entreprise la matière première nécessaire, qui serait déjà le produit de plus de travail que la matière première de la seconde aurait aussi une valeur plus grande d'autant. Mais par suite, si le produit de chacune des deux entreprises était évalué exactement d'après le coût de travail, supposé égal dans les deux, la différence de valeur représentant le profit du capital, donnerait un taux de profit trop bas dans la dernière entreprise, trop élevé dans le seconde. Or, en vertu de la concurrence, les profits doivent être égaux ; et par conséquent le principe que la valeur du produit, égale au travail qu'il coûte, suffit pour donner au capital la rente que nous connaissons est nécessairement mis en défaut par l'effet de la loi de l'uniformité des profits, en ce qui concerne chacune des entreprises particulières en lesquelles se divise aujourd'hui la production d'un seul et même objet. Bien loin d'avoir jamais été disposé à soutenir le contraire, je crois être le premier qui ait prouvé que la loi de l'école anglaise selon laquelle la valeur tend vers la quantité de travail subit dans ce cas une altération.

Ce que je soutiens c'est que, si la valeur marchande de l'objet entièrement fabriqué ne coïncide pas toujours exactement avec le travail qu'il a coûté, mais y *tend* (danach gravitirt) — de même la valeur mesurée d'après le travail, sans coïncider exactement avec les profits actuels à chaque degré de la production, *suffit, au total pour fournir* l'ENSEMBLE de *toutes les rentes, rentes foncières et profits de capitaux, attachés aujourd'hui à tous les degrés de la production d'un objet*. Il suffit donc, selon moi, que le produit social pris dans son ensemble ait une valeur mesurée uniquement par le travail nécessaire à sa production pour fournir toutes nos rentes actuelles, rentes foncières et rentes du capital ; il n'est pas besoin pour cela que rien vienne s'ajouter à la valeur du travail; il suffit de prélever quelque chose sur le salaire.

Dans ces termes généraux la proposition me paraît incontestable. Dans la lettre précédente j'ai démontré au moins que, pourvu que la valeur marchande soit égale à la valeur normale, le montant total de nos rentes *peut* se trouver. Bien plus on ne peut rien objecter à cette conclusion que, si le salaire est inférieur à la valeur normale, ce total des rentes s'obtient nécessairement; autrement en effet que deviendrait la différence?

Mais permettez-moi de reprendre le démonstration par le côté opposé et de rappeler le principe déjà établi par d'autres économistes qu'un simple surcroit de valeur (ein blosser Zuschlag zum Werth) ne pourrait absolument pas engendrer la rente.

La démonstration peut se faire brièvement.

Admettons un instant que la valeur normale ne suffise pas à former la rente du capital. — Il faudrait que la valeur du produit montât assez haut pour donner la rente à son taux ordinaire dans le pays considéré. Cette hausse de la valeur, remarquez-le bien, devrait être *universelle*, avoir lieu pour tous les produits, car pour tous les produits aujourd'hui il y a du capital. Mais précisément parce qu'il faudrait qu'il fût universel, cet accroissement de la valeur se détruirait dans son effet sur la formation de la rente du capital. S'il s'agit d'un entrepreneur particulier, un accroissement de la valeur (de *son* produit), tel que nous le supposons, aurait certainement pour effet de faire naître ou d'accroître à son profit la rente du capital. Si un cordonnier ne trouvait pas dans la valeur normale de son produit, déterminée par le travail, un profit pour son capital, un supplément de valeur le lui fournirait. Avec ce supplément de de valeur il pourrait acheter le pain, les vêtements, etc qui forment la réalité de sa rente.

Mais supposez que ce supplément de valeur soit *universel* et aussitôt cela devient impossible.

Par là, soit dit en passant, se confirme cette vérité qu'il ne faut pas chercher l'origine de la rente dans la valeur, mais dans la productivité. La valeur la plus considérable peut fort bien ne donner aucune rente ; c'est ce qui a lieu quand la productivité du travail est si faible que le produit suffit tout juste à l'entretien des travailleurs.

A l'inverse une valeur aussi faible qu'on voudrá peut fournir une rente fort élevée, si la productivité du travail est assez considérable pour qu'une très-petite partie du produit suffise à l'entretien des travailleurs.

En un mot la rente ne peut prendre naissance que grâce à une productivité suffisante — et le produit suffisant ne se distribue entre les ouvriers et les rentiers que *en valeur*.

Mais, s'il en est ainsi, cette circonstance que, en vertu de la loi de l'uniformité des profits, la valeur normale est incapable de fournir le profit au taux usuel à chacune des sections en lesquelles se divise la production d'un certain objet, — cette circonstance, dis-je, ne peut pas autoriser l'explication de la rente du capital uniquement par un supplément de valeur ajouté à la valeur normale. En effet, un supplément de valeur est absolument incapable, comme je viens de le démontrer de donner par lui-même la moindre rente. Tout ce que l'on peut admettre, c'est donc que la valeur marchande du produit de la dernière entreprise devra s'élever au-dessus de la valeur normale, mais qu'elle devra aussi tomber au-dessous dans l'entreprise précédente pour donner dans les deux cas un même profit. Mais alors le principe général que la valeur normale soit d'un objet particulier arrivé au terme de la fabrication, soit du produit social pris dans son ensemble suffit pour fournir ici toutes les rentes afférentes à tous les degrés de la production, là la somme de toute les rentes actuellement existantes au sein de la société — ce principe général est entièrement vrai.

Aussi, bien que je me sois toujours borné à soutenir que, sous le régime de la liberté des échanges, la valeur normale, ne fait qu'exercer une action régulatrice, une attraction sur la valeur marchande — d'autre part qu'elle suffit, à *prendre les choses dans l'ensemble seulement* à fournir toutes les rentes existantes, les rentes foncières aussi bien que les profits du capital, — je crois avoir le droit de trouver là le principe de ma théorie de la rente en général, aussi bien que le principe de la rente foncière en particulier.

Vous m'accorderez, en effet, que dans une théorie économique *où l'on suppose la pleine liberté des relations,* il ne s'agit que des principes généraux, des *lois fondamentales.* Dans l'océan tumultueux du marché actuel, il y a sans nul doute des phénomènes qui ne se ramènent pas à ces principes, mais qui sont dûs à des accidents, à des causes incidentes. Mais se contenter de constater ces mouvements superficiels et d'en découvrir les causes prochaines, ce serait comme si on voulait expliquer le phénomène général du flux et du reflux par les mouvements particuliers des vagues.

Mais des *lois fondamentales* des relations économiques, — *quand il s'agit de conventions libres* — ne peuvent être que des *lois de tendance* (Gravitationsgesetze), car ces relations ont pour unique cause la volonté des individus, et cette volonté à son tour est déterminée par l'intérêt économique, en faisant figurer sous le nom d'intérêt (Interesse) la nécessité elle-même (die Noth). Or, aujourd'hui le plus souvent chaque individu ne connaît ce qui est de son intérêt qu'*après* une expérience fâcheuse ; par exemple l'entrepreneur n'est averti de ce qu'exige son intérêt qu'après avoir porté sur le marché trop de marchandises. Comment pourrait-on dès lors saisir autre chose que certaines lois fondamentales, dont s'écarte presque continuellement le détail des faits particuliers, mais qui pourtant se manifestent d'une manière décisive et prépondérante dans l'ensemble ? — Pour que ces lois fondamentales fussent autre chose que des lois de tendance (gravitationsgesetze), il faudrait que le mouvement économique (der Verkehr) fût fixé (constituirt) dans ses conditions essentielles. — C'est ce que l'on a toujours implicitement admis jusqu'à présent dans tous les systèmes économiques. — La loi de l'uniformité des profits elle-même, cette loi dont les économistes tirent une série de conséquences, comme si c'était un fait toujours observé dans le détail de la réalité, — se vérifie dans le détail moins encore que le principe de la coïncidence de la valeur marchande avec la valeur normale ; elle est elle-même, plus encore que ce principe, une simple loi de tendance. Toutefois, comme tous les gains particuliers *tendent* à s'équilibrer, encore bien que dans la réalité ils s'élèvent continuellement au-dessus ou tombent au-dessous du niveau vers lequel ils tendent, les économistes ont eu raison de faire de cette loi un principe régulateur de la distribution des profits capitalistes. Pourquoi n'aurai-je pas à mon tour, tout aussi bien le droit de prendre la loi de gravitation de la valeur pour base de mes recherches?

Mais j'ai eu d'autres raisons encore d'agir ainsi.

S'il est vrai que, dans une théorie économique qui suppose la liberté des transactions, il ne peut être question que de lois de tendance, — il est encore plus intéressant de découvrir ces lois dans leur ordre naturel et leur action mutuelle, comme aussi dans leurs manifestations les plus pures et les plus simples. La loi de la *rente en général*, la loi fondamentale en vertu de laquelle, là où il y a division du travail, la rente *existe* et *s'accroît*, précède naturellement la loi en vertu de laquelle cette rente se partage entre *propriétaires fonciers* et *capitalistes ;* et cette dernière à son tour précède naturellement la loi en vertu de laquelle la rente foncière ou la rente du capital se distribuent entre les *individus* composant ces deux classes. Il faut également, si l'on veut trouver l'expression d'une loi dans toute sa pureté, la débarrasser de tous les *accidents*, c'est-à-dire de l'influence des lois que l'on aura à étudier plus tard, et ramener ainsi les choses à leur expression la plus simple. La logique non seulement permet, mais exige, me semble-t-il, que l'on procède ainsi.

Conformément à cette règle, il faut donc, pour trouver d'abord le principe de la rente en général, le principe de la *division du* PRODUIT DU TRAVAIL *en* SALAIRE *et* RENTE, faire abstraction des causes qui amènent la scission de la rente en général en rente foncière et rente du capital. Il faut donc négliger cette circonstance qu'aujourd'hui le produit agricole (Rohprodukt) passe aux mains d'un autre, le propriétaire du capital, lequel poursuit la transformation ultérieure du produit. Il faut supposer la propriété du sol et celle du capital encore indivises dans les mêmes mains, et mettre en regard des propriétaires — propriétaires fonciers et capitalistes tout à la fois — les ouvriers qui sous leurs ordres travaillent à la production tant du premier que du second degré. — En effet pour résoudre la question de savoir d'où vient que le *produit du travail* se divise, quant à son montant ou à sa valeur, et qu'il est attribué pour une part à certaines personnes que l'on ne peut considérer comme des travailleurs, les causes qui déterminent la division ultérieure de cette part en rente foncière et rente du capital sont évidemment d'ordre secondaire, et, si on les fait intervenir dans la solution du premier problème, elles ne pourront que l'obscurcir.

Pour trouver ensuite le principe de la division de la rente en rente foncière et rente du capital, il faut cette fois faire abstraction des causes qui déterminent la distribution de la rente foncière entre les différents propriétaires fonciers et celle de la rente du capital entre les différents capitalistes. Il faut donc négliger, en ce qui concerne la rente foncière, soit les différences qui tiennent à la nature du sol et à la distance des débouchés, soit le fait de la division du territoire national entre plusieurs propriétaires ; et, en ce qui concerne la rente du capital, soit l'existence de plusieurs industries indépendantes, dont les opérations se succèdent et par lesquelles passe aujourd'hui le produit agricole (Rohprodukt), soit la division du capital social entre plusieurs capitalistes. Il faut ou bien, en supposant la pluralité des propriétaires fonciers et des capitalistes, admettre que le sol est partout de la même qualité et que toutes les industries qui se succèdent pour amener le produit à son entier achèvement n'en font qu'une, ou bien, en supposant des différences dans la qualité du sol et la diversité des industries, mettre en regard un propriétaire foncier unique et un capitaliste unique. En effet, dans la recherche du principe de la division de la rente en rente foncière et rente du capital, les causes de la distribution inégale de la rente foncière entre les propriétaires et celle de la distribution inégale de la rente du capital entre les capitalistes me semblent être encore d'ordre secondaire.

Ces causes arrivent au troisième rang.

Elles expliquent les modifications que subissent les principes fondamentaux dans les aspects multiples de la réalité.

L'histoire, qui est le plus rigoureux des logiciens, a-t-elle opéré autrement ? — Vous trouvez à l'origine la rente, sans distinction de ses différentes espèces, réunie dans la main d'un seul parce que le sol et le capital tout ensemble lui appartiennent. — Plus tard et au plein jour de l'histoire la rente, la rente en général, se divise en rente foncière et rente du capital précisément parce que la propriété du sol et la propriété du capital se séparent. — Enfin, ce n'est qu'à une époque récente, depuis que la culture occupe à peu près tout le territoire des nations civilisées, depuis que la propriété du sol est partagée entre un nombre croissant de propriétaires, depuis aussi que la fabrication d'un objet est décomposée en un nombre toujours croissant d'industries indépendantes exercées par des capitalistes différents, — ce n'est, dis-je, qu'à cette époque toute récente que la différence de qualité du sol et la diversité des opérations industrielles successives apparaissent au premier plan.

Cela me paraît donc bien clair :

Dans une théorie de la rente il faut analyser d'abord le principe de la division du *produit du travail* en salaire et rente ou la loi de la rente en général ; puis le principe de la division de la rente foncière et rente du capital ou la loi tant de la rente foncière que de la rente du capital ; et enfin seulement le principe de la distribution de ces deux sortes de rente entre les individus des deux classes.

Mais si le sujet exige que l'on suive cet ordre pour le traiter, si ce qui fonde la distribution des deux sortes de rente entre les individus, si la division du sol et la différence de fertilité d'une part et d'autre part la division du capital et la pluralité des degrés de la production industrielle ne trouvent qu'au troisième rang leur place et leur signification, la question se pose de savoir *quelle valeur* on doit prendre pour fondement des deux premières divisions.

Je crois qu'on a bien le droit de partir de la *valeur normale*, et cela non seulement parce que, à l'origine et avant qu'il y ait aucune transaction chacun estime la valeur *d'après la peine et le travail que le produit a coûté*, non seulement parce que cette valeur, au temps même des transactions les plus perfectionnées, alors qu'une série d'autres lois manifestent leur influence, continue d'exercer une attraction incessante et décisive, mais aussi parce que tous les éléments qui plus tard et dans un état de choses plus compliqué l'altèrent, tels que la division du sol et du capital entre plusieurs propriétaires et plusieurs capitalistes, la productivité inégale des portions du sol, la diversité des opérations industrielles successives, tout cela ne trouve sa place que plus tard et n'a de sens que plus tard. Ce n'est pas assez dire qu'on en a le droit; je crois qu'on ne peut faire autrement. Et cela précisément parce que la valeur normale, en ce qui concerne l'explication de la rente en général aussi bien que de la rente foncière et de la rente du capital est *la plus indifférente*. Seule la valeur normale n'introduit subrepticement rien de ce qui ne peut s'expliquer que par elle, et c'est ce que fait, au contraire, toute valeur dans laquelle est compris déjà d'avance un élément qui dépend de la rente.

C'est seulement quand on a expliqué le principe de la rente en général et les principes particuliers des deux sortes de rente, quand on les a expliqués dans la situation simple déjà définie et en prenant pour base la valeur normale, c'est seulement quand le principe de la division des deux sortes de rente entre les individus de chaque classe, quand les causes de cette division — inégale productivité du sol et multiplicité des industries — ont été exposées à leur tour, c'est seulement quand il s'agit de montrer comment ces causes nouvelles modifient les principes précédemment exposés, qu'il y a lieu d'expliquer comment elles altèrent aussi la valeur normale *dans le détail des cas particuliers*. Mais, tout de même qu'elles *ne détruisent pas* ces principes, elles n'éliminent pas davantage la valeur normale en général c'est-à-dire *pour le produit social pris dans son ensemble*, et elles n'empêchent pas non plus qu'on la prenne pour règle, aussi bien dans le détail que dans l'ensemble, pour un état de choses plus simple.

Voilà pourquoi aussi la marche contraire suivie par la plupart des économistes dans l'explication de la rente du capital et par Ricardo dans l'explication de la rente foncière me semble une faute de logique de grande conséquence.

Les uns abordent l'explication des phénomènes de l'échange (Verkehr) en se servant d'emblée de la loi de l'*uniformité des profits*, tandis qu'ils auraient dû se demander d'abord *d'où provient* en général le profit du capital opposé à la rente foncière et *d'où provient* la rente même, dont ce sont là les deux sortes, opposée au salaire. Ils opèrent avec une loi tertiaire avant de posséder la loi secondaire ou même la loi primaire.

De même Ricardo, en partant comme il fait de la division du sol entre différents propriétaires, des différences de qualité du sol et de la distance des débouchés, commence évidemment par ce qui fait la *différence* des rentes foncières entre elles avant d'avoir expliqué la rente foncière en général et dans son ensemble.

Toutes ces théories sont à rebours de l'ordre naturel des choses.

Cette faute de logique se paie, et cela de deux façons.

En premier lieu toutes ces théories sont forcées, pour expliquer les rentes, de supposer d'avance comme principe un supplément de valeur (Zusatzwerth). Mais, pourrais-je répondre, il n'est vraiment pas bien difficile d'expliquer les rentes, si l'on fait entrer d'avance dans la valeur ce que l'on ne devrait expliquer que par elle. — Puis on s'imagine pouvoir donner l'explication des cas les plus compliqués qu'offre le phénomène de la rente, mais on n'apporte pas même un commencement d'explication des cas les plus simples. Par exemple ces théories qui croient pouvoir expliquer la rente dans l'état actuel de la division des industries, dans les suppositions les plus différentes, ne réussissent pas à l'expliquer pour le cas où une industrie unique se trouve en regard de l'agriculture et où le produit agricole (Rohprodukt) et le produit manufacturé s'évaluent effectivement d'après la quantité de travail. Pourtant cette hypothèse n'a rien d'inconcevable.

C'est ainsi que la théorie de Ricardo, laquelle prétend expliquer immédiatement l'*inégalité* ou la *différence* de nos rentes foncières actuelles, jusqu'au point où la rente s'évanouit, est absolument incapable de résoudre ce problème plus simple : Pourquoi dans une île — ou sur une planète — dont le sol est partout d'une égale fertilité, et qui est censée sans communication avec l'extérieur, mais sur laquelle, en raison de l'accroissement de la population, la valeur du produit agricole a atteint la valeur normale, où par conséquent, il n'y a pas de prix de monopole, pourquoi, dis-je, dans cette île, où il n'y a pas de différence de fertilité, y a-t-il pourtant une rente foncière? — problème, qui, vous vous le rappelez, a déjà éveillé les doutes de Thünen au sujet de la vérité de la théorie de Ricardo.

Donc, bien que la valeur marchande ne fasse que *tendre* vers la valeur normale, bien que cette loi de tendance soit modifiée par l'inégale fertilité du sol et la pluralité des industries successives, on est parfaitement en droit de s'appuyer sur la valeur normale pour établir une théorie de la *rente en général*. C'est encore particulièrement vrai s'il s'agit d'une théorie de la *rente foncière*. En effet, si l'on ne veut pas revenir à la théorie des physiocrates — laquelle soutient *a priori* que le travail agricole a une productivité qui dépasse celle de tous les autres précisément de la valeur de la rente foncière ; si l'on n'accepte pas non plus la doctrine de Say qui considère la rente foncière comme la rémunération du « service productif de la terre » et qui, par conséquent, par un cercle vicieux lamentable donne pour unique fondement à la rente foncière elle-même, on n'avait plus, selon les théories proposées jusqu'à présent, que le choix ou d'expliquer la rente foncière par un prix de monopole du produit agricole, ou de la nier absolument comme fait Bastiat. Si on l'explique par un *prix de monopole*, on a à choisir derechef entre deux explications. On admet que cette surélévation du prix d'où naîtrait la rente est l'effet d'un monopole *de droit* ou d'un monopole *naturel*.

L'école anglaise d'autrefois avec Smith et Buchanan prend le premier parti. Elle dit que le sol est limité et qu'il est objet de propriété privée ; voilà pourquoi le prix du produit agricole s'élève assez pour fournir la rente foncière. L'école de Ricardo se prononce dans le second sens ; elle soutient que la rente foncière n'est perçue que par le propriétaire du *sol plus fertile*, c'est-à-dire par le détenteur du monopole naturel, lequel, sous le régime de la propriété du sol et du capital, consiste dans cette *fertilité supérieure*.

Pour nier la rente foncière en général, il faut se contenter d'analyses superficielles comme celles de Bastiat. Les propriétaires fonciers qui savourent les douceurs très réelles de la rente savent très bien que ce n'est pas un *fantôme*. Je reviendrai là-dessus. La théorie du prix de monopole du produit agricole n'est d'ailleurs pas plus satisfaisante. Mais quelle preuve plus sensible de la fausseté de cette théorie peut-on donner que de démontrer qu'il suffit d'admettre la valeur normale pour que la rente foncière existe ?

Il est certain que *les rentes foncières actuellement existantes* ne s'expliquent pas toujours uniquement par la valeur normale. En fait elles sont *en partie* le résultat d'un monopole. Là où la législation est intervenue en leur faveur, elles sont le résultat d'un monopole juridique ; là où un monopole naturel ou de fait existe au profit de tel propriétaire individuel par suite de la différence de fertilité du sol et de la distance des débouchés, elles sont le résultat de ce monopole naturel — et peut-être, si ces éléments ont acquis une grande importance, en sont-elles pour leur plus grande partie les effets. — Mais du moment que l'on peut démontrer que, même sans prix de monopole, ou en ne tenant compte que de la valeur normale, la rente foncière réussit à s'établir, il n'en faut certainement pas chercher l'explication dans le prix de monopole. Le véritable principe de la rente foncière, lequel peut toujours subir dans la réalité des modifications, se dégage alors d'une autre façon. On voit clairement alors que la rente foncière n'est en réalité rien autre chose *qu'une partie de la rente en général*, une *partie* de cette partie du *produit social* que la propriété privée du sol et du capital soustrait aux ouvriers, — une *partie* qui apparaît comme une sorte de rente *particulière* et séparée uniquement parce que dans la production agricole il n'y a rien à compter comme valeur de matière première. C'est une erreur de comptabilité et rien de plus qui a pu faire voir dans la rente foncière une branche de revenu différente *par essence* de la rente du capital.

Cette explication de la rente foncière acquiert la plus grande clarté si l'on suit un instant la théorie de Ricardo elle-même.

En effet, bien que la théorie de Ricardo ne trouve pas sa confirmation dans l'histoire, la rente du capital n'ayant précédé nulle part la rente foncière, les *deux* éléments de la rente ne faisant qu'un à l'origine aux mains du possesseur du sol, elle peut toutefois rencontrer une réalisation momentanée dans les *colonies modernes* fondées par des États dans lesquels la distinction de la rente foncière et de la rente du capital existe déjà. Voici toutes les conditions nécessaires pour cela : un sol de fertilité inégale, une liberté de cultiver illimitée, un capital qui puisse s'accroître à volonté et enfin, condition la plus difficile à trouver, une disposition aussi forte à immobiliser à perpétuité le capital, au taux d'intérêt ordinaire, en rente, qu'à le garder, au même taux, à l'état de capital disponible (bewegliches). Supposons ces conditions réunies et réalisées. Au début de la colonisation la *rente foncière* serait effectivement réduite à zéro et la rente tout entière devrait être considérée comme rente du capital.

Seulement il faut alors que la *valeur du* PRODUIT AGRICOLE, *tombe en même temps au-dessous de la valeur normale.* Cela est évident si, en regard de la production agricole, on suppose que la production industrielle consiste elle-même en une industrie unique exercée par un seul propriétaire. Mais cela est nécessairement vrai aussi, si l'on conçoit la production industrielle divisée en plusieurs industries successives qui s'exercent indépendamment l'une de l'autre. Car on ne saurait admettre que le produit agricole conservât la valeur normale et qu'il ne fournît cependant pas de rente foncière, parce que la valeur des produits manufacturés, à cause de la matière première qu'il faut faire entrer ici en ligne de compte, s'élèverait à un point tel que cette valeur ne fournirait que l'intérêt ordinaire pour le capital consacré à la production agricole.

En d'autres termes, si la production se divise en trois sections dont le travail — travail immédiat aussi bien que travail employé à la production des instruments — se monte à 10 pour chacune, il est impossible d'admettre que, quoique la valeur du produit agricole ne soit que de 10, c'est-à-dire la valeur normale, il n'y ait pas de rente foncière mais seulement une rente du capital, parce que la valeur du premier produit manufacturé serait de 15 et celle du second de 20; parce que la valeur du produit complet devrait s'élever à 45, tandis qu'elle ne peut naturellement être que 30. Cela est inadmissible parce que admettre cela ce serait affirmer implicitement qu'une valeur additionnelle purement nominale peut donner une rente du capital, chose impossible. Il n'y a donc pas d'autre conclusion que celle-ci : si au début de la colonisation il n'y a pas de rente foncière, c'est que le produit agricole est tombé au-dessous de la valeur normale, ou que, pour nous servir du même exemple, la valeur du produit agricole est d'environ 5 seulement, celle du premier produit manufacturé étant de 10 environ et celle du second de 15 envion, si bien que la valeur du produit complet dans son ensemble ne fait que tendre vers la valeur normale 30.

Maintenant, que la population de la colonie augmente et que la valeur du produit agricole s'élève ! Il est certain que cette élévation peut atteindre la valeur normale et en tout cas la rente foncière commence selon Ricardo avec cette élévation. Je rappelle aussi que dans son livre même, il explique à plusieurs reprises avec la plus grande clarté *comment la rente foncière, en tant que part du produit, ne peut naître ou s'élever sans que la rente du capital tombe en proportion.*

Je vous le demande, mon honoré ami, *d'où provient donc la rente foncière quand la valeur du produit agricole, inférieure d'abord à la valeur normale, commence à s'élever et atteint peut-être enfin la valeur normale?* — Sans doute, si la valeur s'élève davantage, le supplément qui vient de ce chef accroître la rente foncière est l'effet d'une insuffisance momentanée ou d'un monopole.

La rente foncière, dans notre hypothèse, vient-elle simplement de l'élévation de la valeur? — Mais dans la production manufacturière jamais un accroissement de valeur ne fournit de rente ; et, si vous vouliez tout d'un coup supposer dans la production agricole une matière première, comme dans l'industrie manufacturière, l'accroissement de valeur dû à cela serait absorbé par la nécessité de fournir un supplément de rente de capital.

Dira-t-on qu'elle vient *du passage d'un meilleur terrain à un plus mauvais* ? — Ce serait prendre l'effet pour la cause.

Elle ne vient évidemment que de ce fait que, la production agricole n'ayant pas à compter la valeur d'une matière première, le possesseur du produit agricole, pourvu que la valeur soit seulement égale à la valeur normale, perçoit plus de rente que n'en exige, au taux usuel, le capital employé dans la production agricole, — et qu'il perçoit cet excédent précisément en qualité de propriétaire du sol — c'est-à-dire soit sous la forme de rente foncière, profit ou fermage selon qu'il exploite lui-même ou non, soit sous la forme de valeur du capital (valeur vénale du fonds de terre) (1).

(1) Une théorie exacte de la rente est de la plus grande importance pratique. Elle peut seule mettre en garde contre les fautes en matière d'impôt. — Par exemple une théorie qui nie l'existence de la rente foncière devra rejeter tout impôt foncier, c'est-à-dire tout impôt frappant la rente foncière ; conclusion que n'a pas manqué de tirer immédiatement la *N. pr. Zeitung*. — La théorie de Ricardo conduit nécessairement à l'impôt frappant la propriété foncière exclusivement sans toucher à la propriété du capital. Mais l'objection des propriétaires fonciers prétendant que cet impôt exclusif leur prend une partie de leur fortune en capital est irréfutable. Cette objection n'est écartée que si la rente du capital est frappée aussi bien que la rente foncière ; seulement alors l'impôt foncier ne fait rien perdre de la valeur vénale du fonds. La théorie a démontré cela depuis longtemps ; il n'y a que les hommes pratiques qui l'ignorent. — Au contraire, une bonne théorie de la rente, en démontrant que la rente foncière et la rente du capital sont de nature identique conduirait à un impôt frappant également les deux ; elle conduirait au seul principe équitable en matière d'impôt aujourd'hui, au principe du *pré-impôt sur la propriété* (Vorausbesteuerung des Besitzes). En effet une théorie exacte de la rente démontre en même temps que tout accroissement du revenu social aujourd'hui ne profite qu'aux possesseurs de rente. D'autre part on peut démontrer aussi que tous

Excusez-moi si je suis encore revenu sur la loi de gravitation de la valeur. Si j'écrivais en Angleterre cela n'eût pas été nécessaire. Dans ce pays le principe que la valeur marchande tend ou gravite vers la valeur réelle (c'est le nom que les économistes anglais donnent à la valeur normale) ne trouve guère de contradicteurs.

II

DE LA CAUSE DES CRISES COMMERCIALES

J'arrive à notre seconde controverse déjà formulée dans ma précédente lettre. J'ai à démontrer que les crises commerciales *n'ont pas pour cause* la modicité du salaire, c'est-à-dire la modicité de la part du produit que reçoivent les ouvriers.

Remarquez bien qu'il ne s'agit pas cette fois de rechercher les causes du *paupérisme*, mais les causes des *crises commerciales*. Il est certain que, à productivité égale, le

les services publics défrayés par l'impôt profitent aujourd'hui pour la plus grande partie aux seuls possesseurs de rente. Mais si la propriété a une primauté dans les avantages, une part privilégiée dans la distribution du revenu social et dans le bénéfice des services publics, il lui faut aussi en bonne justice sa primauté dans les charges, autrement dit, il faut qu'elle soit frappée d'un préimpôt. Un impôt unique sur le revenu, qui devrait être progressif, ne serait pas une application suffisante de cette règle, sans parler de tous les autres inconvénients d'un impôt de cette sorte. La règle ne serait observée que par un impôt sur la rente foncière et la rente du capital. Dans le cas seulement où ce préimpôt sur la propriété ne suffirait pas à couvrir les dépenses publiques, un impôt sur les revenus, lequel alors n'aurait pas besoin d'être progressif, devrait procurer la différence.

sort des classes ouvrières est d'autant plus misérable que leur part dans le partage du produit social est plus modique — et je ne suis pas de ces théoriciens qui se font les défenseurs de l'humilité des salaires. Je me borne à soutenir que les crises commerciales n'ont pas pour cause la modicité du salaire.

Vous expliquez votre manière de voir par un exemple dans lequel vous croyez ramener la distribution du produit social à sa forme la plus simple. Je vous laisse la parole.

« Supposons, dites-vous, pour simplifier la démonstration, que les habitants d'une localité se procurent tout le nécessaire en le produisant eux-mêmes, et qu'ils ne produisent que trois sortes d'articles. Les uns pourvoient au vêtement, les seconds à l'alimentation, à l'éclairage et au chauffage, les troisièmes à l'habitation, au mobilier et à l'outillage. Dans chacune de ces trois branches d'industrie il y a un entrepreneur qui fournit le capital et les matières premières et trois cents ouvriers qui fournissent le travail. Le salaire est tel que les ouvriers reçoivent à ce titre la moitié du produit annuel tandis que l'entrepreneur garde l'autre moitié à titre d'intérêt et de profit. Il y a donc dans cette localité neuf cent trois habitants qui produisent eux-mêmes de quoi suffire à tous leurs besoins ; l'entrepreneur de l'industrie du vêtement est en état de produire avec ses trois cents ouvriers tout ce qu'il faut aux neuf cent trois habitants ; de même l'entrepreneur qui dirige la production des aliments, du combustible, des moyens d'éclairage et autres matières brutes peut obtenir du sol avec ses trois cents ouvriers tout ce qu'il faut aux neuf cent trois habitants en fait de denrées alimentaires et autres substances ; il en est de même de l'entrepreneur chargé de fournir l'habitation et les instruments, il peut avec ses trois cents ouvriers suffire à tous les besoins des neuf cent trois habitants en fait de réparations et de constructions neuves, fournir le mobilier et les ustensiles nécessaires à l'entretien du logement et aux soins du ménage. Cette localité renferme donc toutes les conditions du bien-être pour l'ensemble de ses habitants. Aussi tout le monde se met-il au travail avec entrain et de bonne humeur. Mais au bout de quelques jours tout change ; les neuf cents ouvriers n'ont plus que le strict nécessaire en fait de vêtement, de nourriture et de logement, et les trois entrepreneurs ont leurs magasins remplis de vêtements et de produits agricoles ; ils ont des logements vides ; ils se plaignent du manque de débouchés et les ouvriers en retour se plaignent de la malsatisfaction de leurs besoins, exactement comme cela se passe aujourd'hui dans le monde réel. D'où cela vient-il dans une localité où les forces productives et les moyens de production sont employés dans une proportion si juste et si bien organisés qu'on ne peut rien souhaiter de mieux eu égard au nombre des habitants et à leurs besoins ? On voit que dans cette localité la cause du mal n'est pas, comme Say et Rau le croient, dans cette circonstance qu'une industrie produit trop et une autre pas assez, ni dans cette autre circonstance que les moyens de production manquent. Non, les moyens sont en quantité telle et la répartition entre les entreprises particulières en est si juste que les neuf cent trois habitants pourraient être tous nourris, vêtus et logés confortablement. L'obstacle qui fait que, malgré tout, ils ne sont ni bien logés, ni bien vêtus, ni bien nourris réside uniquement dans le mode de distribution des produits ; la distribution ne se fait pas également entre tous. Les entrepreneurs gardent pour eux la moitié à titre d'intérêt et de profit et ne cèdent que la moitié aux ouvriers. Il est clair que l'ouvrier du vêtement ne peut dès lors se procurer par l'échange de sa part que la moitié des produits en nourriture, logément, etc. ; il est clair aussi que les entrepreneurs ne peuvent se débarrasser de leur autre moitié parce que aucun ouvrier n'a plus de produit à leur donner en échange. Les entrepreneurs ne savent que devenir avec leurs provisions ; les ouvriers ne savent que devenir avec leur faim et leur nudité. »

« Le partage inégal qui cause tout à la fois cette surabondance et cette misère, image fidèle de la réalité, n'est qu'un autre nom pour désigner l'intérêt du capital et le salaire du travail. »

« La cause unique du mal dans la localité en question est donc que l'entrepreneur ne partage pas avec ses ouvriers sur un pied d'égalité ; c'est qu'il prélève une partie des produits sous la forme d'intérêt avant de procéder au partage. Si toutes les parts étaient égales, sans déchet, chaque ouvrier du vêtement serait en état de s'habiller lui-même avec un tiers de son produit, de se procurer avec le second tiers abondance de nourriture, de combustible et de luminaire et avec le dernier tiers un logement sain et commode. Les ouvriers des deux autres branches d'industrie seraient dans une situation toute pareille, et les habitants seraient tous à l'aise et satisfaits ; ils seraient bien nourris, bien vêtus, bien logés sans travailler pour cela une minute de plus que sous le régime où l'entrepreneur garde pour lui la moitié du produit à titre d'intérêt. Ce village nous démontre que la loi de Say ne suffit pas ; que l'écoulement des produits n'est pas assuré par l'existence seule d'autres produits, qu'il y a dans le problème un autre élément tenant à la façon dont les produits sont répartis entre ceux qui prennent part à la production. »

« Il reste toutefois, dites-vous encore, deux autres différences entre le village en question et le monde actuel, différences qui pourraient être de plus grande conséquence que celles dont nous avons parlé : c'est le *luxe* et le *com-*

merce extérieur, deux choses qui se touchent de très près au point de vue du problème que nous examinons. »

Dans cette localité imaginaire les marchandises s'accumulaient chez les entrepreneurs, parce qu'ils étaient impuissants à consommer eux-mêmes cette moitié du produit total en vêtements, comestibles, logement, meubles, qu'ils percevaient comme intérêt, et parce que les neuf cents ouvriers qui seuls auraient pu consommer tout cela n'avaient pas les moyens de l'acheter. Or, on peut dire que ce superflu disparaîtra immédiatement dès que la moitié du nombre total des ouvriers, au lieu de fabriquer des objets d'usage commun comme ceux-là, fabriqueront des articles de luxe qui exigent plus de capital et plus de travail, dès que par conséquent ces quatre cent cinquante ouvriers ne produiront pas plus de marchandises que les trois entrepreneurs n'en peuvent consommer. C'est la nature même des objets de luxe de permettre aux consommateurs d'absorber plus de capital et de travail que cela n'est possible avec les articles communs.

Si les trois entrepreneurs prennent ce parti, voici comment les choses se passeront : au lieu de trois cents ouvriers, cent cinquante seulement seront employés dans l'industrie du vêtement ; ces cent ciquante continueront de produire autant d'habits que la population en usait auparavant : la suppression du travail des cent cinquante autres entraînera seulement la suppression des vêtements en excès, de ceux que les entrepreneurs gardaient à titre d'intérêt et qui s'accumulaient entre leurs mains, parce qu'ils ne pouvaient consommer eux mêmes sous cette forme l'intérêt de leur capital. En conséquence l'entrepreneur se décide à employer ces cent cinquante ouvriers et le capital avec lequel ils travaillaient jusque là à la fabrication d'objets de luxe ; par exemple il fait exécuter des broderies, des dentelles, des équipages somptueux. De cette façon l'entrepreneur, au lieu d'un excès de vêtements ordinaires sans emploi, reçoit maintenant des vêtements précieux, des étoffes, des équipages etc., le tout en quantité telle que les trois entrepreneurs peuvent aisément en faire usage à eux seuls. Il trouve le salaire de ces cent cinquante ouvriers en articles de luxe dans les vêtements que les cent cinquante autres, demeurés ouvriers en vêtement comme auparavant, doivent lui céder.

« Si le second et le troisième entrepreneurs en font autant, les neuf cents ouvriers continueront de vivre dans le même dénuement qu'auparavant ; mais les trois entrepreneurs, pour avoir tourné la production du côté des objets de luxe seront débarrassés désormais de l'ennui de vivre d'une façon commune, encombrés de masses de marchandises invendables ; ils pourront consommer eux-mêmes les produits des quatre cent cinquante ouvriers en articles de luxe et éviter par conséquent l'engorgement de marchandises sans acquéreur. »

Or, dans la réalité, il y a du luxe, beaucoup de luxe, et vous demandez avec raison : « Comment se fait-il que malgré le luxe le plus raffiné il y ait un engorgement de produits de toute sorte, objets d'usage commun et articles de luxe ? » Et vous répliquez : « La seule réponse possible est que dans la réalité l'engorgement a pour cause uniquement l'insuffisance du luxe ; en d'autres termes la cause du mal est :

Que les capitalistes, c'est-à-dire ceux qui ont les moyens de consommer consomment encore trop peu. »

Cette thèse qui, vous le remarquez vous-même, est en contradiction avec les opinions reçues en économie politique et d'après lesquelles l'*épargne* est la principale condition du bien-être des peuples, — cette thèse, dis-je, vous tâchez de la démontrer comme il suit.

Vous reprenez l'exemple qui vous a servi à faire voir que

le luxe des trois entrepreneurs supprimait la surproduction, puis vous continuez ainsi :

« Supposons maintenant le cas estimé par les économistes le plus désirable, le cas de la consommation reproductive. Les entrepreneurs disent : nous ne voulons pas manger nos revenus jusqu'au dernier sou dans la magnificence et le luxe, nous allons les replacer productivement. Qu'est-ce que cela veut dire ? — Cela veut dire fonder de nouvelles entreprises, par le moyen desquelles on créera de nouveau des produits dont la rente pourra fournir des intérêts pour le capital résultant de l'épargne des revenus non consommés des trois entrepreneurs et placé par eux. *Les trois entrepreneurs prennent donc la résolution de ne consommer eux-mêmes que le produit de cent ouvriers, c'est-à-dire de restreindre considérablement leur luxe et d'employer le travail des trois cent cinquante autres ouvriers, avec le capital correspondant, à de nouvelles productions.* »

C'est moi qui souligne cette phrase parce que c'est là que selon moi est cachée l'erreur.

Vous poursuivez : « Maintenant se pose la question : à quel genre de production doivent être employés ces fonds ? Les trois entrepreneurs n'ont le choix qu'entre deux partis : 1° produire encore une fois des objets d'usage commun ou 2° produire des articles de luxe. Ils choisissent d'abord le premier parti. La première année est employée à l'installation des nouvelles industries, à la création de nouveaux ateliers pour les tailleurs, les cordonniers etc, au défrichement de nouveaux terrains pour les céréales et les matières brutes, à l'ouverture de nouvelles carrières, à la création de nouvelles machines destinées à la fabrication des ustensiles de ménage. La seconde année, les installations achevées, les trois cent cinquante ouvriers sont occupés à la fabrication des nouvelles marchandises. Mais bientôt les trois entrepreneurs s'aperçoivent avec effroi qu'ils sont retombés tout simplement dans la funeste situation du premier cas ; en effet il n'y a personne qui puisse leur acheter la masse de marchandises communes produites par les nouvelles industries. Les neuf cents ouvriers, avec leur maigre salaire ne peuvent acheter que le produit des quatre cent cinquante qui sont restés attachés à leurs anciennes occupations ; ce que les trois cent cinquante ouvriers du nouveau régime ont produit, quelqu'envie qu'ils (les neuf cent) aient d'en faire usage, leur est inaccessible, ils n'ont pas le moyen de l'acheter. Mais les trois entrepreneurs ne veulent pas non plus se l'acheter mutuellement par la raison qu'ils ne peuvent consommer eux-mêmes ces marchandises communes. »

« Alors les trois entrepreneurs, pleins d'ennui, donnent à leur consommation reproductive, à l'emploi des nouveaux capitaux la seconde direction. Ils créent des industries de luxe. Au bout de la première année les installations sont terminées ; la seconde année le travail est en train. A la fin de l'année les trois entrepreneurs voient avec stupeur qu'ils n'ont fait que retomber dans le second cas ; personne ne peut leur acheter les marchandises de luxe qu'eux-mêmes l'un à l'autre, et ils ne le veulent pas précisément parce que leur intention est d'*épargner* non de *consommer*, et les cent ouvriers suffisent à leur fournir un luxe modéré. Nous voyons donc que, dans le cas simplifié de la localité supposée, cette fameuse consommation reproductive dont les économistes font tant de bruit est absolument incapable d'améliorer l'état social, d'amener aucun progrés, La population après comme avant se trouve en cette alternative : ou bien il faut que les trois entrepreneurs consomment leurs revenus jusqu'au dernier sou dans l'opulence et dans le luxe, et alors les neuf cents ouvriers arrivent tous au moins à vivre, si misérable que soit leur existence ; ou bien le luxe faiblit, l'on s'avise d'*épargner* et alors voilà les débouchés fermés, les marchandises qui s'entassent, et une partie des ouvriers sans travail, par conséquent sans moyen de vivre. ».

DU VÉRITABLE CARACTÈRE DES CRISES COMMERCIALES

Dans votre village fictif comme dans nos crises commerciales on trouve deux choses : d'une part la *misère* ou le manque du nécessaire chez la classe ouvrière, d'autre part la *surabondance des marchandises* chez les entrepreneurs. Mais il me semble que votre village, à ce double égard, représente mal nos crises commerciales.

Remarquez d'abord que dans votre village la *misère des ouvriers* ne vient pas de l'obstruction des débouchés mais uniquement de la modicité excessive du salaire. Si les ouvriers manquent de pain, ce n'est pas en conséquence de l'engorgement et parce que les capitalistes suspendent leur exploitation pendant un certain temps, jusqu'à ce que les marchandises en excès aient trouvé à s'écouler ; s'ils manquent de pain c'est parce qu'ils touchent un salaire trop faible. Aussi la misère subsisterait-elle comme auparavant quand la crise prendrait fin, c'est-à-dire si les capitalistes produisaient au lieu des marchandises communes surabondantes d'autres objets qu'ils pussent consommer eux-mêmes ; car la modicité de la part des ouvriers dans le produit ne recevrait par là aucun changement. A l'inverse, quoique cette part demeurât aussi faible qu'auparavant et qu'elle continuât à n'être que la moitié du produit, la misère cesserait pourvu que, la productivité venant à s'accroître, le partage se fît toujours dans la même proportion.

Ce n'est pas tout. Vous avez beau être sur ce sujet l'adversaire de Ricardo et de Say, vous avez la même idée qu'eux de l'engorgement ou obstruction des débouchés.

« Les produits, dit Ricardo, sont toujours achetés par des produits ou par des services; l'argent n'est que l'intermédiaire de l'échange. On peut avoir produit trop de certaines marchandises déterminées et il peut y en avoir une telle surabondance sur le marché, que le capital employé à les produire ne trouve pas sa rémunération ; mais cela ne peut arriver pour toutes les marchandises ; la demande de blé est limitée par le nombre des bouches, la demande de souliers et de vêtements par le nombre des personnes qui veulent en porter; mais quand une société ou une partie d'une société aurait autant de blé, de chaussures, de vêtements qu'elle peut ou qu'elle veut en consommer, on n'en peut dire autant de tous les biens produits par la nature ou par l'industrie. Les uns boiraient plus de vin s'ils pouvaient s'en procurer; d'autres, qui ont assez de vin, seraient bien aises d'augmenter leur mobilier ou d'en améliorer la qualité; d'autres encore voudraient embellir leurs propriétés à la campagne ou agrandir leurs maisons. Tous ces vœux sont naturels au cœur de l'homme; pour les satisfaire il ne manque que les moyens, et il n'y a qu'une extension de la production qui puisse fournir ces moyens. »

Say s'exprime de la même façon, et plus nettement encore, vous le savez. (Dans ses lettres à Malthus.)

« Quand il semble y avoir trop d'une marchandise sur le marché, dit-il, ce n'est pas que l'on ait produit *trop de celle-là*, c'est que l'on a *trop peu d'autres* marchandises. Les produits ne s'achètent qu'avec des produits, mais il y a encore assez de dénuement pour que l'on souhaite que les produits en apparence surabondants puissent être achetés par d'autres produits. Mais on ne peut jamais créer trop de *tous* les produits, car le champ des besoins de l'homme est infini et les fonds surabondants, s'il y en a, se tourneront vers de nouveaux besoins quand les besoins actuels seront satisfaits. »

Vous placez tous les trois, vous, Ricardo et Say, le criterium de l'engorgement en ceci : *on ne trouve pas à vendre les produits parce que l'on en a produit* AU DELA DE LA DEMANDE, — au delà de la demande *limitée par une puissance d'achat* DÉTERMINÉE, chez les uns, — au delà du *besoin physique* chez les autres.

Tel est évidemment le caractère de l'engorgement dans votre village. Les trois capitalistes continuent de produire des marchandises communes, quand les ouvriers *ne peuvent plus* et qu'eux-mêmes *ne veulent plus* en acheter. Tel est évidemment aussi le caractère de l'engorgement dans la pensée de Say et de Ricardo. On peut bien, une fois ou l'autre, pensent-ils, produire d'une certaine marchandise au delà de la demande, mais on ne peut jamais produire trop de toutes les marchandises à la fois, car on passerait alors à la production d'autres marchandises et le champ des besoins de l'homme est illimité.

Vous ne vous distinguez des deux autres économistes que sur un point : c'est que dans votre village se réalise ce que les deux autres croient impossible, c'est que vous supposez justement que la production ne se tourne pas vers de nouvelles marchandises, mais qu'au contraire, en dépit de la satisfaction du besoin, elle persiste à fournir des marchandises communes. Tous les trois, vous placez le caractère propre de ce qu'on appelle crises commerciales dans cette véritable *surproduction* de marchandises déterminées, dans la production d'une quantité de marchandises qui dépasse l'*envie efficace* que l'on en a ; mais vous croyez, vous, à la réalité de cette surproduction et vous en cherchez l'explication, tandis que Say et Ricardo en contestent le danger et presque l'existence.

Quant à moi, il me semble évident que cet engorgement

ne vient pas de la modicité de la part des ouvriers dans le produit, mais uniquement de la sottise ou de l'erreur des capitalistes. Veuillez remarquer que, la part des ouvriers aura beau être aussi faible, leur misère aussi grande que l'on voudra, l'engorgement cesse dès que les capitalistes reviennent de leur sottise ou de leur erreur et fabriquent, au lieu des marchandises communes que personne ne peut plus ou ne veut plus acheter, d'autres objets qu'ils consomment eux-mêmes. De même, la part des ouvriers pourra être aussi forte que l'on voudra, si les capitalistes retombent dans la même sottise ou dans la même erreur, le même engorgement se reproduit. En ce qui concerne cette espèce d'engorgement, il me semble que Ricardo et Say ont raison, et mon sentiment ne diffère du leur que lorsqu'ils considèrent une surproduction *générale*, comme une chose dont on ne doit pas s'épouvanter.

Dans votre village le mal consiste donc en ceci : que les ouvriers sont misérables parce qu'ils reçoivent un salaire trop faible ; les entrepreneurs souffrent de l'engorgement parce qu'ils persistent à produire des marchandises dont la *demande efficace* est satisfaite. — Mais ni la misère des ouvriers ne vient, là, de l'engorgement, comme dans nos crises commerciales, ni l'engorgement chez les entrepreneurs ne vient, comme vous le soutenez, de la modicité du salaire.

Or, dans les crises commerciales du monde réel les choses se passent tout autrement.

Avant tout, — dans ces crises — la *misère* des classes ouvrières naît uniquement de l'engorgement même et non de la modicité du salaire.

En règle générale toutes les crises commerciales ont été précédées d'une période de salaires relativement élevés. Je l'ai démontré tout au long dans ma première lettre. C'est l'engorgement seul qui force les entrepreneurs à suspendre en tout ou en partie leur exploitation, et, en conséquence de cette suspension les ouvriers ou bien sont sans salaire, ou bien font baisser mutuellement leurs salaires à un tel degré qu'ils compromettent leur vie.

Que l'engorgement cesse, la misère des travailleurs cesse; qu'il dure, elle dure, leur part du produit aura beau être aussi élevée qu'on voudra.

Et puis l'*engorgement* qui se produit dans nos crises commerciales est aussi, selon moi, d'une autre nature que dans votre village et il provient d'une autre cause.

Dans votre village, l'engorgement venait d'une faute ou d'une erreur des capitalistes qui continuaient à créer des marchandises quand la *demande efficace* en était déjà satisfaite. — Je ne veux pas prétendre que cette espèce d'engorgement ne se produise pas aussi dans la réalité. Aujourd'hui, l'étendue du marché est immense, les besoins et les branches de la production sont nombreux, la productivité est considérable, les indices de la demande obscurs et trompeurs, les entrepreneurs ignorent mutuellement l'étendue de leur production; — il est donc fort possible que les entrepreneurs se trompent dans l'estimation de la demande ou du besoin relatif à certaines marchandises et qu'ils en sursaturent le marché. Cela est possible et cela doit arriver d'autant plus facilement que d'une part le marché s'étend davantage, que des pays neufs entrent en relations commerciales avec le vieux monde, et que, d'autre part, l'activité des forces productives s'élève, — car la demande devient par là plus difficile à connaître et plus facile à dépasser. Mais pour éviter les engorgements de cette sorte, il faudrait renverser complètement le régime actuel de la propriété. Il faudrait que tous les fonds productifs fussent dans la main d'une administration publique unique, laquelle dresserait annuellement un état exact de tous les besoins sociaux, et individuels et n'emploierait le sol et le capital à la production que conformément à cet état. Je n'examine pas un si pareil régime est possible, mais ce serait à coup sûr le seul moyen d'empêcher les engorgements de cette espèce. Tout autre moyen, que l'on s'y prenne comme on voudra, serait inefficace. Car tant que le capital social sera entre les moins d'entrepreneurs privés, il ne pourra jamais y avoir sur l'état du marché une vue d'ensemble, qui seule pourrait préserver d'une méprise de ce genre ; et cette vue d'ensemble manquera nécessairement de plus en plus à mesure que la productivité des industries privées s'accroît et s'étend.

Les engorgements ou embarras de la circulation qui deviennent en grossissant les crises commerciales actuelles me semblent être d'une autre nature et avoir une source plus profonde.

L'influence que chaque individu exerce sur le marché des marchandises de toute sorte, le poids dont il renforce pour son compte la *demande* de ces marchandises, la force avec laquelle il en provoque la production autant qu'il dépend de lui et avec laquelle il procure un débouché aux produits fabriqués, — cette influence, dis-je, est déterminée aujourd'hui non par la quantité des produits qu'il crée, ou par le degré de sa productivité, mais uniquement par la *grandeur* de ce qui lui revient ou de *la part qui lui est faite* dans la *valeur* du produit. Ce qui est vrai des individus est également vrai des classes. Elles n'influent sur le marché qu'en raison de la grandeur de la part qui leur est faite dans le produit social. C'est en proportion de cette part qu'elles exercent par leur demande une action sur le marché, qu'elles provoquent la production, qu'elles ouvrent des débouchés aux produits et qu'elles satisfont leurs propres besoins.

Telle est la grandeur de cette part, telle est aussi la

force avec laquelle chacun peut agir sur la demande et par conséquent sur la production.

Or, c'est sur la grandeur de ces parts que les entrepreneurs doivent régler l'étendue des productions particulières. Si l'étendue de la production demeure au-dessous de la grandeur des parts, la demande, déterminée par les parts de produit existantes fera bientôt monter la production. Si, au contraire, l'étendue des productions particulières dépasse la grandeur des parts existantes, alors a lieu cette surproduction que la propriété du sol et du capital entraînera de temps en temps inévitablement. Enfin, si l'étendue des productions particulières correspond exactement à la grandeur des parts de produit existantes, les entrepreneurs ont bien rempli leur tâche et la production sociale est en parfait équilibre avec le besoin social tel que la distribution sociale le consacre.

Supposons maintenant que les entrepreneurs cherchent à se maintenir dans les limites de ces parts, mais que ces parts elles-mêmes diminuent peu à peu, avec une force imperceptible mais irrésistible, chez le plus grand nombre des membres de la société, chez les ouvriers. Supposons que, en même temps que la productivité de ces classes grandit, leur part diminue continuellement dans la même proportion. Que se passera-t-il ?

Heureusement pour la société, la productivité ne cessera pas de s'accroître, tant que l'esprit humain conservera sa liberté et par conséquent sa puissance de progrès. Elle est en train de s'accroître continuellement parmi nous.

Demandons-nous donc ce qui doit arriver, *si la productivité fait lentement, mais invinciblement de continuels progrès aux mains des entrepreneurs, et que pendant ce temps-là la part qui revient à la partie la plus considérable de la société suive avec la même force lente mais invincible une marche inverse, — si le sol manque ainsi sous les pieds des entrepreneurs, sans leur faute, à leur insu, continuellement.*

Il est clair que si les choses se passaient réellement ainsi, les effets de cette loi seraient en contradiction de la façon la plus tranchée avec les résultats que Say et Ricardo espèrent de l'extension de la production. Si l'énergie avec laquelle la plus grande partie des membres de la société agit sur la demande, provoque la production, ouvre les débouchés et satisfait ses besoins les plus urgents, si, dis-je, cette énergie, dans la réalité, diminue sans cesse à mesure que la productivité grandit, on est bien forcé d'admettre la possibilité d'une autre espèce d'engorgement que celui de Ricardo et de Say ; — et cet autre engorgement, il n'y a pas de nouvel accroissement de la productivité qui puisse y mettre fin ; — ajoutons que la surproduction *universelle,* au sujet de laquelle Say et Ricardo cherchent à nous rassurer en disant que les besoins de l'homme sont infinis, est impossible. Il arrivera, au contraire, que les forces productives dépasseront le débouché offert alors que les entrepreneurs seront encore autorisés à croire qu'ils ne l'ont pas encore atteint. Tout accroissement de la productivité rétrécira, bien loin de l'élargir, l'étendue des débouchés, ou du moins les laissera tels quels, et jamais, si merveilleux que soit le degré de productivité auquel on parvienne, un bien-être universel ne pourra se répandre sur toutes les classes de la société.

Cependant les économistes semblent ne s'être guère inquiétés d'une telle éventualité ; ils ont mieux aimé se bercer de ce refrain que tout revient au même en définitive que si chacun produisait pour lui-même et que le revenu de chacun coïncidât avec son produit.

Admettons — disent-ils — que le revenu quotidien d'un homme représente une valeur fixe de un thaler et que l'argent soit un étalon invariable de la valeur. Cela posé, que la productivité croisse tant qu'on voudra, que les produits deviennent en conséquence aussi bon marché qu'on voudra, il ne peut jamais sortir de là aucun mal pour la société, il n'en peut résulter qu'une *expansion* de plus en plus générale de la richesse. En effet, quoique, à raison du bon marché croissant des marchandises, il entre un *quantum* toujours plus grand de produit dans cette sorte de *récipient de valeur* (Werthgefäss) qu'on appelle un thaler, quoique chaque besoin soit satisfait par une quantité déterminée de produit, quoique, par conséquent, ce *récipient de valeur* soit bien loin de renfermer aujourd'hui autant de produit que chacun voudrait en prendre sur le marché pour la satisfaction de ses besoins, — l'accroissement de la productivité n'aurait d'autre résultat que l'accroissement de la richesse. Car les besoins de l'homme sont légion ; les forces productives devenues superflues dans les productions antérieures ne feraient que s'appliquer à la satisfaction de nouveaux besoins et par conséquent ne manqueraient jamais de maintenir constamment plein ce *récipient*, ne manqueraient jamais de fournir un contenu de plus en plus riche aux parts de valeur actuelles.

Mais TOUS les économistes jusqu'à présent, à l'exception de von Thünen, ont oublié d'examiner la question préliminaire de savoir si, dans l'ordre de choses actuel, et notamment sous le régime de la liberté des transactions étendu au salaire, il est vrai que, la productivité croissant, les parts de chacun gardent aussi réellement leur grandeur actuelle. Avec l'organisation ou plutôt la désorganisation présente, ces parts ne deviennent-elles pas, pour le plus grand nombre des hommes, pour les classes ouvrières, de *plus en plus petites* à mesure que la productivité s'accroît? Ce *récipent de valeur* de un thaler ne se contracte-t-il pas lui-même à mesure que les marchandises coûtent moins de façon à devenir une mesure de plus en plus petite, 3/4 de thaler, 1/2 thaler, 1/4 de thaler? Par suite, les parts de la plupart des gens ne renferment-elles pas toujours à peu près *le même quantum de produit*, ne satisfont-elles pas toujours à peu près *le même* nombre de besoins, — les moyens de satisfaction prenant selon les modes un aspect un peu différent? — Les capitalistes, en prenant pour base de la production la grandeur des parts telle qu'elle est jusqu'à présent, et ne pouvant pas d'ailleurs prendre une autre base en vue de généraliser la richesse, ne produisent-ils pas cependant toujours au-delà du débouché prévu d'après la grandeur actuelle des parts et ne causent-ils pas ainsi une malsatisfaction permanente, qui devient crise ou engorgement d'un nouveau genre, sans que ce soit leur faute, et avant que le besoin des produits ait été satisfait chez le plus grand nombre des hommes? Les forces productives ne deviennent-elles pas toujours surabondantes, ne se tournent-elles pas toujours vers la satisfaction de nouveaux besoins avant d'être allées jusqu'à la satisfaction du besoin social général, avant d'avoir par là répandu la richesse dans la société tout entière? — Ce déplacement des forces productives devenues de plus en plus vite surabondantes dans les anciennnes branches de la production, et leur transfert à des branches de production nouvelles, n'est-il pas plus difficile, vu qu'elles n'ont à travailler maintenant que pour la minorité, que pour les gens dont les parts non seulement ne deviennent pas plus petites, mais grandissent de tout ce dont diminuent les parts de la majorité? En un mot cela n'a-t-il pas pour effet d'élargir de jour en jour dans la société ce déchirement fatal qui se manifeste d'une part par le paupérisme et les crises commerciales avec leur cortège de souffrances physiques et morales, d'autre part par une accumulation de richesse de plus en plus monstrueuse, avec son cortège non moins désastreux de vices, quand la *proportion* dans la jouissance des effets du progrès matériel est ainsi troublée au détriment des classes laborieuses?

Les économistes, dis-je, n'ont pas seulement oublié d'examiner cette question préliminaire, ils ont supposé tacitement que les parts de tous ceux qui participent à la division du travail demeurent les mêmes; et la foule a été trompée par l'*argent*, forme sous laquelle les parts sont effectuées, l'argent, qui, comme un verre trouble et mal taillé donne trop souvent aux choses économiques un aspect tout à fait faux et les fait paraître tout autres qu'elles ne sont en réalité.

Ce nouveau genre d'engorgement ne peut pas non plus, cela est évident, être dû à la *modicité* de la part des classes ouvrières. Supposez cette part assez petite pour permettre tout juste à ceux qui la reçoivent de ne pas mourir de faim, mais supposez en même temps qu'elle représente une *même fraction fixe* du produit social, et faites croître alors la productivité, — vous aurez alors le *récipient de valeur* fixe susceptible de recevoir un contenu (en produit) de plus en plus grand, vous aurez alors l'accroissement continuel du bien-être des classes ouvrières elles-mêmes. L'espèce d'engorgement qui a lieu dans votre village fictif, l'engorgement qui est dû à la faute des capitalistes, pourra encore se produire assurément; mais l'autre, celui de nos crises commerciales cesse nécessairement; cet autre est celui qui se produit précisément quand les capitalistes veulent remplir leur devoir en ce qui concerne la diffusion de la richesse.

Imaginez, en revanche, la part des classes ouvrières aussi grande que vous voudrez, mais supposez que cette part devienne une fraction de plus en plus faible du produit social à mesure que la productivité s'accroît, elle pourra bien, jusqu'au jour où elle sera ramenée à sa petitesse d'aujourd'hui, protéger les intéressés contre l'excès des privations, car la quantité de produit qu'elle contient sera encore plus grande qu'aujourd'hui ; mais elle entraînera pourtant, dès qu'elle se mettra à décroître, cette malsatisfaction croissante qui aboutit à nos crises commerciales, — phénomène qui s'accomplit sans qu'il y ait de la faute des capitalistes, tout simplement parce que les capitalistes règlent l'étendue de la production sur la grandeur donnée des parts.

Nos crises commerciales diffèrent donc de ce qui arrive dans votre village, tant au point de vue de la *misère* des ouvriers que de l'*engorgement* des marchandises, — et encore tant au point de vue de la *cause* de l'engorgement que des *moyens d'y remédier*.

Dans votre village — récapitulons brièvement encore une fois — la *misère des ouvriers* a pour cause la faiblesse des salaires et non l'engorgement ou l'obstruction du marché. Dans nos crises commerciales elle est dûe à l'engorgement et non à la faiblesse du salaire.

Dans votre village, la misère subsisterait alors même que les entrepreneurs se mettraient à fabriquer d'autres marchandises, c'est-à-dire alors même que l'engorgement du marché prendrait fin, puisque les salaires resteraient selon votre hypothèse aussi bas qu'auparavant. Dans nos crises commerciales il suffirait que l'engorgement du marché prît fin pour que la misère disparût, puisque les ouvriers ne chômeraient plus.

Dans votre village la misère cesserait, quelle que fût la modicité de la part des ouvriers, pourvu que, la productivité augmentant, cette part restât la même fraction du produit, pourvu qu'elle restât par exemple, après comme avant, la moitié du produit. Les souffrances qui accompagnent nos crises commerciales auraient encore lieu, quelle que fût la grandeur de la part des ouvriers, si cette part ne demeurait pas une même fraction du produit, quand la productivité augmente, et que, par suite, l'engorgement du marché amenât le chômage.

Venons aux causes de l'engorgement. Dans votre village il est dû à la faute des capitalistes qui persistent à fabriquer des objets que les uns ne peuvent pas et que les autres ne veulent pas acheter; il n'est pas dû à la modicité de la part des ouvriers. Dans nos crises commerciales l'engorgement vient de ce que la part des ouvriers baisse tandis que la productivité augmente, elle ne vient pas d'un faux calcul des entrepreneurs.

Dans votre village l'engorgement persisterait, si élevée que fût la part des classes ouvrières, si les entrepreneurs recommençaient à produire au delà de la demande. Dans nos crises commerciales l'engorgement cesserait, si faible que fût la part des classes ouvrières, des classes les plus nombreuses, pourvu que cette part pût rester au même taux, c'est-à-dire être toujours la même fraction du produit, tandis que la productivité irait en augmentant.

Dans votre village l'engorgement cesserait si les capitalistes dirigeaient la production du côté de marchandises qu'ils pussent consommer eux-mêmes. Dans nos crises commerciales, il aurait lieu même alors que ce changement aurait lieu dans la production, si la part du plus grand nombre diminuait tandis que la productivité augmente.

En un mot, nos crises commerciales ne sont la faute d'aucune classe de la société ; elles sont le résultat propre et inévitable du régime de la liberté des relations économiques, abandonnées à elles-mêmes. Elles sont les phases aiguës d'un mal chronique, dont la cause est ce vice radical de notre organisation économique actuelle, que, la productivité pouvant croître en telle proportion que l'on voudra, toutes les parts du produit social qui consistent en salaires décroissent peu à peu dans la même proportion. De là dans notre société, en même temps qu'un continuel accroissement de la productivité, une continuelle malsatisfaction (malaise et mécontentement), de là ce mal chronique de la difficulté de trouver des débouchés et de la lutte incessante du travail aux prises avec la misère. Quand le mal s'est traîné quelques années doucement, silencieusement, les crises éclatent ; la productivité des industries en marche atteint tout d'un coup une telle disproportion avec les parts du produit distribué entre les individus qu'il faut que les ouvriers souffrent pendant des mois de la faim et des privations et que les capitalistes voient périr une grande partie de leurs capitaux, pour adoucir, sans plus, la violence de l'attaque et retomber dans le vieil état de langueur et de mal chronique. Dans ma première lettre j'ai montré par des preuves tirées de l'histoire des crises qu'elles surviennent toujours après un accroissement considérable de la *productivité*.

Sur ce point d'ailleurs vous accordez vous-même que l'engorgement, dans votre village, n'est pas dû à la modicité de la part des ouvriers, mais à d'autres causes ; car vous expliquez fort bien que, pour faire cesser l'engorgement, il n'y a pas besoin de modifier cette part, qu'il suffirait que les capitalistes s'adonnassent au luxe.

Mais vous apercevez immédiatement un autre danger. Vous expliquez que, dès que, grâce au luxe, un rapport convenable sera établi entre la production et les débouchés, l'*épargne* pratiquée par les capitalistes pourra venir de nouveau tout gâter. Vous soutenez que l'épargne ou l'accumulation de nouveaux capitaux ramènera nécessairement l'engorgement d'autrefois, et produira le même effet que si les capitalistes employaient mal leurs fonds et voulaient produire plus d'objets de consommation que la société n'en demande.

Vous supposez que les trois capitalistes prennent la résolution « de ne pas manger leurs revenus jusqu'au dernier sou en choses de luxe, mais de *les placer à nouveau d'une façon productive* », et ce n'est pas autre chose selon vous que fonder de nouvelles entreprises de toute sorte, lesquelles donneront à nouveau des produits dont la vente fournira *les intérêts pour le capital* épargné sur les revenus non consommés des trois entrepreneurs et placés par eux. Incontestablement ce « *placer* A NOUVEAU *d'une façon productive* », ce « fonder *de nouvelles* entreprises de toute sorte » ne peut signifier qu'une chose : *augmenter* les placements productifs antérieurs du montant des nouveaux.

Seulement en réalité vos capitalistes n'agissent pas conformément à cette résolution; car vous expliquez leur opération en donnant cet exemple que les trois entrepreneurs « ne consomment plus désormais eux-mêmes que le produit de cent ouvriers et consacrent la force des trois cent cinquante autres *avec le capital que ces ouvriers emploient* à la création de nouvelles affaires. »

En cherchant à expliquer par là les prétendues conséquences de l'épargne, vous arrivez à ce résultat que, dans une des hypothèses, celle où les nouveaux établissements produisent une fois encore des marchandises communes, on retrouve l'engorgement primitif, — et que dans la seconde hypothèse, celle ou l'on produit des articles de luxe, ces articles eux-mêmes ne trouvent pas d'acquéreur précisément par ce fait que les trois capitalistes ne veulent pas consommer leurs revenus, mais qu'ils veulent en tirer par l'épargne de nouveaux capitaux.

Il me semble, toutefois, mon honoré ami, que dans cette description vous n'avez expliqué ni la nature de nos crises commerciales, ni le véritable rôle de l'épargne, ni enfin une connexion causale de l'épargne véritable avec nos crises commerciales.

Dans un des deux cas, dans celui où les capitalistes produisent à nouveau des marchandises communes, évidemment on voit se répéter l'engorgement primitif de votre village. Ce phénomène n'a rien de commun avec nos crises commerciales ; c'est ce que j'ai déjà fait comprendre. Mais il en est de même dans le second cas, dans celui où les capitalistes ne veulent plus consommer les articles de luxe qu'ils produisent quand même. Cet engorgement est dû à une sottise plus grande encore, s'il est possible, des capitalistes. En effet pourquoi produire encore des marchandises dont personne ne veut ? Et comment écouler des marchandises dont personne ne veut ? Dans ce cas encore, le produit social fût-il même partagé d'une façon plus favorable aux ouvriers, les capitalistes persistant dans la même folie, l'écoulement des produits subirait nécessairement le même arrêt. Contre des engorgements de cette nature il n'y a absolument aucun remède. Supposez la société pourvue de forces productives aussi puissantes que vous voudrez, supposez la distribution du produit social aussi équitable que possible, mais admettez en même temps que les consommateurs prennent tout d'un coup la résolution de ne plus user des objets propres à satisfaire certains besoins et que les entrepreneurs continuent néanmoins à en fabriquer, les marchandises seront produites inutilement. Pour qui s'impose à soi-même des privations, il va de soi qu'il n'y a pas de richesse. Diogène aurait eu des millions qu'il n'en aurait pas moins vécu pauvrement. Ainsi l'engorgement du second cas n'a rien non plus de commun avec nos crises commerciales.

Mais je soutiens encore quelque chose de plus. Je soutiens que dans les deux cas les capitalistes de votre village n'*épargnent* pas, que l'opération décrite pour vous n'a rien de commun avec l'épargne telle qu'elle a lieu dans notre société actuelle.

Que font donc, à proprement parler, vos trois capitalistes ?

Dans le premier cas, ils ne font que retirer une partie du capital *précédemment employé* des productions où on l'employait et le placer dans de nouvelles, dans lesquelles on crée de nouveau des marchandises communes répondant à des besoins déjà satisfaits. En effet vous dites expressément que *les forces des trois cent cinquante ouvriers restants avec le capital employé par eux* sont consacrés aux nouvelles productions. Rendons-nous bien compte que cela revient au fond à ceci : les trois capitalistes renoncent aux profits qu'ils tiraient de l'ancien emploi de leur capital et cherchent à les rattraper en l'employant autrement. En effet, s'ils consacrent à de nouvelles entreprises *les ouvriers occupés auparavant à n'importe quoi* et *le capital que ces ouvriers employaient*, naturellement avec les anciennes entreprises disparaissent aussi les profits qu'on en tirait. Remarquez en outre que par cette opération, appelée par vous épargne, le capital du village n'est pas accru le moins du monde et que, par conséquent, les profits des capitalistes ne sont pas non plus augmentés. Tout ce qu'il y a de réel au fond dans l'opération décrite par vous le voici : les capitalistes disent : « Nous ne voulons pas continuer plus longtemps une partie de ce que nous avons fait jusqu'à présent, et, partant, nous allons employer à autre chose les ouvriers et les capitaux que nous employions à cela. »

Dans le second cas ils n'*épargnent* pas davantage. Cette fois ils continuent de produire des articles de luxe et les laissent périr sans en faire usage. Ils forment le propos de passer du luxe à l'ascétisme.

Mais, je vous le demande, mon honoré ami, l'opération de vos capitalistes, dans un cas comme dans l'autre, est-elle l'*épargne* ? Dans le premier cas, est-ce *épargner* que non pas accroître, mais simplement placer autrement le capital existant déjà? Est-ce épargner que de placer le capital préexistant d'une façon si désavantageuse que les épargneurs, au lieu de produire des marchandises d'une certaine valeur comme auparavant, ne produisent plus que des marchandises dont le besoin est déjà amplement satisfait ? — Dans le second cas, est-ce *épargner* que de laisser périr les produits sans en faire usage, en d'autres termes de jeter à l'eau son revenu ? Telle est de toute évidence l'opération de vos capitalistes. La seule question est de savoir si cette opération est ce que l'on appelle dans le monde économique actuel l'épargne. Assurément non. Epargner signifie précisément le contraire de tout cela.

Epargner sur ses profits, c'est aujourd'hui *augmenter* sa fortune ou son capital (Kapitalvermögen) sans que par là le capital préexistant soit placé autrement ou anéanti. C'est continuer ses anciennes entreprises pour y en adjoindre de nouvelles. Aujourd'hui l'homme qui *épargne* tire de ses anciens capitaux les profits qu'il en tirait auparavant ; son but est de tirer des nouveaux capitaux des profits nouveaux et supplémentaires. Il se peut que, pour une cause ou pour une autre, il ne réussisse pas, il se peut qu'il n'ait pas bien calculé, il se peut que les nouvelles affaires ne soient pas si lucratives qu'il croyait, mais il ne réduit jamais son intention en épargnant, à placer ses anciens capitaux d'une façon improductive et à conserver ainsi tout au plus sa fortune dans l'état où elle était. Celui-là même qui ne veut pas placer à nouveau ses épargnes, mais seulement les entasser comme les avares de la plus sotte espèce, ajoute du moins de nouvelles valeurs à celles qu'il possédait déjà, il grossit du moins sa *fortune*, s'il est assez sot pour ne pas grossir ses *revenus*. — Vous voyez que l'épargne des gens de votre village diffère du tout au tout de l'épargne au sein de la société actuelle.

Toutefois je vous accorde, — et la science vous devra de la reconnaissance pour avoir appelé de nouveau l'attention sur ce point — que les économistes méconnaissent le rôle de l'épargne et le surfont. Ils ne comprennent pas la plupart du temps la vraie nature de cette opération. Ils lui attribuent une *importance absolue* tandis qu'elle n'en a qu'une *relative.* Ils expliquent notamment *la nécessité de l'épargne par la nature du capital, tandis qu'ils auraient dû l'expliquer par l'existence de la* PROPRIÉTÉ *des capitaux.* En conséquence ils reconnaissent cette nécessité pour tous les états sociaux concevables, ceux du moins qui tendent au bien-être et à la civilisation, — tandis qu'ils n'auraient dû la reconnaître que pour un état social dans lequel existe la *propriété des capitaux,* c'est-à-dire, dans lequel les hommes sont divisés en deux classes, les uns travaillant et le produit du travail appartenant aux autres. L'argumentation de Mill rapportée précédemment, argumentation destinée à montrer la nécessité absolue de l'épargne (on peut parfaitement l'employer contre vous qui doutez même de l'utilité de l'épargne de *la part des capitalistes*) s'écroule devant cette question :

Qu'arriverait-il si les ouvriers aussi, dans le cas où ils n'augmentent pas du même train que le capital, se mettaient à épargner ?

Cela est inévitable. Il faudra bien que le dernier mot de l'économie politique soit non pas : « travaille et prive-toi » mais « travaille et jouis du fruit de ton travail ».

Si les économistes sont tombés dans cette erreur sur la nécessité absolue ou l'utilité absolue de l'épargne, c'est uniquement parce qu'ils ont identifié ou pris l'une pour l'autre trois idées très différentes, les idées de *productivité,* de *capital* et de *propriété du capital.* Confusion d'autant plus fâcheuse qu'elle a donné lieu à l'erreur funeste qui voit dans l'accroissement du capital d'un pays l'unique moyen d'améliorer la condition des classes ouvrières.

Je suis donc obligé, avant de continuer l'examen de

votre exemple, et particulièrement avant de discuter la question de savoir s'il exprime bien la nature de nos crises commerciales et si elles sont causées réellement par l'épargne des capitalistes, je suis obligé, dis-je, de rompre le fil de mon étude, de commencer par élucider l'idée d'*épargne* et, pour cela, d'entreprendre une étude approfondie du capital. Quand cette étude sera terminée, seulement alors je pourrai reprendre ma discussion.

Il faudra certainement remonter un peu haut, car non seulement le capital est le foyer de la question sociale, mais la nature ne peut en être comprise si l'on ne pénètre à fond le principe de la vie économique, la division du travail ; or précisément sur ce point les économistes ont été extraordinairement superficiels.

Du reste, dans ces lettres, je ne veux livrer que des résultats scientifiques. Le lecteur intelligent ne me reprochera donc pas de traiter des sujets peu pratiques, ou de ne pas me mettre en les traitant à la portée de tout le monde. Si j'ai raison tout viendra en son temps : on me comprendra et les conséquences pratiques suivront.

PREMIÈRE PARTIE

Je veux répondre à quatre questions :

1° En quoi consiste le capital ?

2° Comment naît et grandit le capital ?

3° Comment se reconstitue le capital ?

4° Quel est le rapport du capital et du revenu ?

Bastiat dans ses *Harmonies économiques*, au début du chapitre sur le capital s'exprime ainsi :

« Les lois économiques agissent sur le même principe, qu'il s'agisse d'une nombreuse agglomération d'hommes, de deux individus, ou même d'un seul, condamné par les circonstances à vivre dans l'isolement. L'individu, s'il pouvait vivre quelque temps isolé, serait à la fois capitaliste, entrepreneur, ouvrier, producteur et consommateur. Toute l'évolution économique s'accomplirait en lui. En observant chacun des éléments qui la composent : le besoin, l'effort, la satisfaction, l'utilité gratuite et l'utilité onéreuse, il se ferait une idée du mécanisme tout entier, quoique réduit à sa plus grande simplicité. »

Cela est faux, radicalement faux.

En premier lieu, il peut bien y avoir, dans le cas d'un individu isolé des idées économiques et une évolution économique, mais il ne peut y avoir ni idée, ni évolution qui relève de l'économie politique, et c'est pourtant de cela uniquement que traite Bastiat. L'économie politique ne commence qu'avec la division du travail et la division du travail exclut l'isolement.

En second lieu la vie économique d'une société prend une forme et un développement tout différents si le travail et la possession du capital ne sont pas séparés, c'est-à-dire, comme je l'expliquerai plus loin, sous un régime où le sol et le capital sont communs et où chacun a la propriété de la valeur du produit de son travail, — ou s'ils sont séparés, c'est-à-dire sous le régime actuel de la propriété du sol et du capital.

En troisième lieu enfin, le capital lui-même, selon que le travail et la possession du capital sont réunis ou séparés prend des formes différentes à tous les points de vue auxquels je veux l'étudier.

Je montrerai donc, avant tout autre chose, comment l'objet de l'économie politique ne se montre que là où il y a division du travail ; j'analyserai ensuite dans ses traits les plus essentiels la différence d'un régime économique où la propriété du sol et du capital existe et d'un régime économique où la propriété du sol et capital n'existe pas ; alors seulement je ferai aux quatre questions concernant le capital des réponses appropriées aux différents régimes économiques. La comparaison rendra peut-être clair ce que les traités d'économie politique ont laissé malheureusement dans l'obscurité.

CHAPITRE PREMIER

LA DIVISION DU TRAVAIL PRINCIPE FONDAMENTAL DE L'ÉCONOMIE POLITIQUE

Faites-vous une idée claire de l'état d'isolement économique et vous verrez qu'il n'y a pas là d'objet pour l'économie politique.

Il faut entendre par isolement économique la vie que mènerait un individu seul, sans aucune relation économique avec d'autres, produisant seul et pour lui seul les moyens de satisfaire ses besoins. Une situation économique comme celle-là est la négation pure et simple de la division du travail, et partant aussi de l'échange qui n'est qu'une forme du partage du produit, le partage du produit présupposant déjà lui-même la division du travail (1). En réalité l'échange a déjà pour fondement un état de choses dans lequel les individus produisent les uns pour les autres, et non plus chacun pour soi seul, ce qui est la négation de l'isolement économique. En d'autres termes l'isolement

(1) Il y a en ceci une confusion que l'on trouve par exemple chez Bastiat. Il dit d'ordinaire *échange* au lieu de *division du travail,* prenant ainsi la partie pour le tout, l'acte de la distribution pour l'ensemble des phénomènes économiques, et même une simple forme accidentelle de la distribution, la forme individualiste de l'échange, pour l'ensemble complexe des relations économiques.

économique c'est, au point de vue économique l'*individualisme* parfait.

Dans cet état on trouve, sans doute, certaines *idées économiques*, celles de besoin, moyen de satisfaction, travail, produit, capital dans un certain sens de ce mot, revenu, consommation, estimation du produit d'après ce qu'il coûte (le travail), estimation du produit d'après la satisfaction qu'il procure.

On y trouve aussi certaines *fonctions économiques* dont l'exercice est nécessaire : des fonctions qui se rapportent à la *production*, et dont la règle suprême sera de créer avec aussi peu de travail que possible, le plus de produit possible ; — et des fonctions qui se rapportent à la consommation et dont la règle suprême sera de satisfaire avec le moins de produit possible le plus de besoin possible.

Il y aura donc déjà une *production* et une *consommation*, deux choses comprises dans l'idée d'une *économie* en général, c'est-à-dire d'une *administration des produits du travail*. Mais il ne peut y avoir, dans l'état d'isolement économique ni d'autres *idées* ni d'autres *fonctions* que celles-là.

En particulier on ne peut rencontrer dans cet état ni les idées de *besoin social*, de *production sociale*, de *produit social*, de *capital social*, de *revenu social*, ni celles de *distribution* et de *circulation*, de *valeur* et de *monnaie*. Toutes ces idées sont en raison du caractère individuel de l'état supposé également impossibles et inutiles ; elles dépassent par leur nature même le domaine de l'économie individuelle.

De même, il n'est pas besoin d'autres fonctions que celles mentionnées tout à l'heure et relatives à la production et à la consommation pour atteindre le but final de toute économie. Par exemple, il n'est pas besoin d'une fonction spéciale ayant pour objet *d'abord de connaître les besoins et ensuite de maintenir la production au niveau des besoins connus;* ni d'une fonction spéciale ayant pour objet *d'élever la production au niveau des moyens de production existants;* ni d'une fonction spéciale ayant pour objet de veiller à *la répartition entre les producteurs* ou simplement de veiller *à ce que chaque individu reçoive réellement son produit.* Ce sont là sans doute des conditions nécessaires pour que la fin économique soit parfaitement atteinte. En effet, à quoi servirait à l'individu de créer le plus de produit avec le moins de travail possible, si le produit créé n'était pas propre à satisfaire ses besoins? A quel point son bien-être ne serait-il pas amoindri, si la quantité de produit ne répondait pas à ses moyens de production, à son travail disponible? Quelle peine perdue en produisant, si son produit lui échappait, qu'un obstacle quelconque lui en ôtât la jouissance? — Mais dans l'état d'isolement économique toutes ces conditions se trouvent d'elles-mêmes remplies, soit par un pur acte de la volonté de l'individu, soit par les circonstances mêmes. L'homme isolé qui ne produit que pour lui-même possède la connaissance immédiate de ses besoins; il a seul la possession et la disposition immédiate des moyens de production existants; enfin il demeure continuellement par le fait même en possession de tous ses produits. Sa production correspondra, par conséquent, d'elle-même à ses besoins et à ses moyens de production, son revenu sera toujours de lui-même égal à son produit. Des fonctions économiques spéciales tendant à réaliser ces diverses conditions sont donc tout à la fois impossibles et inutiles.

Il suit de là encore que, dans l'état d'isolement économique tous les phénomènes sont enfermés dans les deux domaines de la production et de la consommation. Pourvu que l'individu fasse ce qu'il faut en ces deux sphères, son activité économique répond complètement à sa fin, il obtient le maximum de satisfaction économique. Le domaine de la production confine immédiatement à celui de la consommation. Il suffit que les produits soient amenés dans l'un à leur achèvement pour se trouver d'eux-mêmes dans l'autre. Il n'y a pour ainsi dire plus entre eux d'intervalle que les produits aient à franchir et qui forme un troisième domaine, un troisième ordre de phénomènes économiques.

AVEC LA DIVISION DU TRAVAIL TOUT CHANGE COMPLÈTEMENT.

La division du travail établit entre les individus une COMMUNAUTÉ (Gemeinschaft).

Cette communauté (ou solidarité) imprime à toutes les idées économiques qui appartiennent déjà à l'état d'isolement un CARACTÈRE NOUVEAU, *qui les fait sortir du champ de l'économie individuelle bornée à la production et à la consommation.*

Elle introduit des idées économiques NOUVELLES *sans analogues dans l'état d'isolement.*

Enfin elle requiert, en vue de sa propre organisation, toute une SÉRIE DE NOUVELLES FONCTIONS, *lesquelles réunies à ces nouvelles idées forment un ensemble nouveau, un troisième système économique, un système* SOCIAL. *Ce troisième système économique, né de la* COMMUNAUTÉ *établie entre les individus par la division du travail, d'un caractère essentiellement* SOCIAL *ou* COMMUNAUTAIRE, *sans dénégation possible, — voilà l'objet de* l'ÉCONOMIE POLITIQUE.

Je vais maintenant donner la preuve de ces thèses. Si je réussis, la manière habituelle de concevoir notre science pourrait éprouver une modification essentielle.

Cependant, je suis obligé de remarquer encore auparavant que le concept de la division du travail doit être entendu autrement qu'il ne l'est par Adam Smith au début de son célèbre ouvrage.

Les économistes, leur illustre maître en tête, non seulement ont toujours mis en lumière le côté *individualiste* de ce phénomène, non seulement ils l'ont toujours conçu comme quelque chose de restreint à l'enceinte d'*une manufacture* et à *un groupe* d'*opérations techniques*, mais ils n'en ont fait ressortir que les effets sur la *production*.

Ainsi en premier lieu (prédominance du point de vue individualiste) ils ont défini la division du travail, le régime dans lequel chaque individu ne produit qu'une espèce de choses ou n'accomplit qu'un seul acte de production. — En second lieu (point de vue tout local et technologique) ils n'ont eu présente à l'esprit que la division du travail à l'intérieur d'une manufacture. En troisième lieu (préoccupation exclusive de la production) ils n'ont appelé l'attention que sur le merveilleux accroissement de la production comme effet essentiel de la division du travail. Cette conception se montre bien dans le célèbre exemple de la fabrication des épingles. La division du travail, prise en ce sens, a donné tout ce qu'elle peut, quand les individus ont produit tous ensemble tant de fois plus d'épingles.

Si les économistes s'en sont tenus à cette conception étroite, sans grand intérêt, étrangère à l'idée de l'unité sociale, cela tient à deux circonstances. La première est que la science économique naquit au XVIIIe siècle, époque d'individualisme qui a marqué de son empreinte presque tous les concepts sociaux alors élaborés. La seconde est que l'idée de l'unité sociale dans l'ordre économique ne s'est réalisée d'abord que dans l'idée de la *richesse sociale*, sans qu'on y fît entrer assez la considération de la façon dont cette richesse *est distribuée*. L'économie politique, comme tous les êtres, est venue au monde mal conformée ; individualiste là où elle devait être sociale ou communautaire et inversement.

Mais l'essence de la division du travail n'est pas dans son aspect individuel, elle est dans son aspect social ou collectif (Kommunismus). Le véritable nom de la division du travail devrait être COMMUNION ou COMMUNAUTÉ *du travail.*

Cette communauté du travail ne se manifeste pas complètement dans l'étroite enceinte d'une manufacture et dans le cercle restreint des opérations de la technique industrielle ; — elle se manifeste dans la vaste étendue de la terre tout entière *dès que les hommes ont entre eux quelque relation d'ordre économique*, c'est-à-dire dès qu'ils vivent à quelque égard sous le régime de la division du travail. La *division du travail* MONDIALE, dont Gioja a, le premier, mis l'idée en lumière, voilà la véritable division du travail.

Enfin ce n'est pas l'accroissement de la production, l'augmentation de la richesse nationale qui forme pour ainsi dire l'autre moitié essentielle de l'idée qui nous occupe, mais *la façon dont le produit du travail commun* EST DISTRIBUÉ. La division du travail pourrait tout aussi bien s'appeler *la division du* PRODUIT DU TRAVAIL, cette idée n'étant que le complément nécessaire de la première.

En ce sens, la division du travail est donc quelque chose de bien autrement important que le phénomène dont on donne un exemple en racontant la fabrication des épingles. En ce nouveau sens elle est le lien qui fait d'une *agglomération d'individus* une SOCIÉTÉ *économique*, comme la *morale* et le *droit* en font une *société morale* (éthique) comme la langue et la conscience populaire (Volksbewustsein) en font une *société intellectuelle*. La division du travail en ce sens supérieur, est un des éléments fondamentaux de la vie sociale, elle est cette communion économique par laquelle *chacun travaille pour tous et tous pour chacun*. Cette règle de la suprême *solidarité* en est le dernier principe.

Permettez-moi de considérer rapidement comment cette

communion du travail se manifeste dans les phénomènes économiques.

On imagine d'ordinaire les choses comme si chacun produisait un certain objet d'un bout à l'autre, et qu'il l'échangeât ensuite contre les choses dont il a besoin. Cette façon de se représenter les choses n'est pas seulement incomplète, elle est incorrecte. Non seulement elle ne donne pas une idée complète de la connexion intime établie par la division du travail, mais elle prend la division du travail précisément par le côté opposé, par le côté individuel.

Si l'on veut se faire une idée complète et correcte, il faut, avant tout, écarter de l'idée de la division du travail tout ce qui n'est pas essentiel, notamment la distinction des ouvriers et des propriétaires du sol et du capital. Si énormes que soient aujourd'hui les effets historiques et pratiques de cette distinction, elle est pourtant quelque chose de purement accessoire dans l'idée que nous élucidons. A cet égard les propriétaires ne sont que les directeurs des entreprises particulières de production, ce qu'ils étaient effectivement avant que l'énorme élévation de la rente foncière et l'accumulation des capitaux leur permît de mettre à leur place d'autres directeurs choisis parmi les ouvriers les plus diligents, et de les rémunérer par la cession d'une partie de la rente, tout en ayant eux-mêmes assez du reste.

Et puis, la production sociale prise dans son ensemble ne se divise pas en des productions de *différents objets* par des producteurs différents ; elle forme une suite de productions par lesquelles différentes classes de producteurs concourent l'une après l'autre, à la création *des mêmes objets*. Ainsi la classe des producteurs de *produit brut* (industries agricoles, industries extractives) conduit la création des produits jusqu'à un certain point ; la classe suivante, une classe intermédiaire de producteurs (industries moyennes,

Halbfabrikanten) poussent les produits jusqu'à un autre point; celle des Fabrikanten jusqu'à un autre encore; une autre classe y met la dernière main et en fait des objets immédiatement disponibles pour la consommation. Peu importe en combien de degrés la production est scindée, peu importe que le nombre n'en soit pas le même pour tous les produits; cette production scindée ou par échelons est le premier fondement de la division du travail.

Quoique les opérations de production ne puissent avoir lieu pour un même produit que l'une après l'autre, cependant *toutes* les productions scindées se font *continuellement* et *toutes en même temps*. C'est là un autre élément essentiel de la division du travail. Expliquons-nous. D'abord, dans chacune des sections successives ou des phases de la production, aussitôt que le travail a terminé une certaine quantité de produits, il en commence une nouvelle quantité. Par exemple, quand les filateurs ont fini de filer une certaine quantité de laine, c'est le tour d'une nouvelle quantité. Secondement, en même temps que les producteurs du premier degré (Rohproducenten) travaillent, ceux du second degré (Halbfabrikanten) travaillent également de leur côté; par exemple en même temps que les filateurs produisent une certaine quantité de fil, les cultivateurs produisent de leur côté une nouvelle quantité de laine. Et ainsi de suite à travers tous les degrés de la production. Naturellement le produit qui passe ainsi à un stade nouveau de la production est nécessairement celui que les producteurs du degré précédent ont créé pendant la période précédente. De là ces deux conséquences : d'abord la masse entière du produit est dans un continuel mouvement, elle est poussée pour ainsi dire en avant, jusqu'au moment où elle tombe dans la consommation ; et puis, le produit de chaque degré renferme en lui les produits de tous les degrés précédents et par conséquent le produit amené à son complet achèvement dans la dernière phase de la production représente le travail, le travail simultané de toutes les sections de la production d'un bout à l'autre.

Cette division de la production en degrés successifs ou sections est croisée par une autre.

Les différentes classes de producteurs ou les occupations des différents degrés successifs se divisent de nouveau en un certain nombre de classes ou d'occupations différentes. La production primaire (Rohproduktion) se divise en agriculture, mines, etc. Il en est de même des autres sections (*ou* DEGRÉS) de la production : chacune comprend plusieurs branches d'industries ou *industries* d'ESPÈCE différente (Produktionsfächer).

La division du travail est poussée plus loin encore.

Chaque industrie (Produktionsfach) se divise en groupes industriels distincts, en *entreprises* distinctes, comme cela s'appelle aujourd'hui ; et dans celles-ci le travail est derechef divisé, c'est-à-dire que des ouvriers différents exécutent par fraction le produit industriel spécial. Par exemple l'agriculture, qui forme une branche particulière de la production primaire se divise en une foule d'exploitations agricoles distinctes, dans chacune desquelles encore un certain nombres d'ouvriers agricoles se partagent le travail.

Je vous le demande, mon honoré ami, quel est donc le véritable caractère de toutes ces *divisions* comme on dit ? — N'est-ce pas la mise en commun ou la COMMUNAUTÉ du du travail ? — Si la division la plus vaste en grandes sections successives (degrés ou phases) a pour effet de faire passer la masse entière du produit par les mains de *tous* et cause ainsi la communauté du travail sous sa forme la plus vaste, la division du travail dans ses dernières ramifications, par exemple, dans les fabriques où un ouvrier ne fait qu'aiguiser continuellement des épingles, n'est encore là qu'une mise en commun du travail, une *communauté* de travail. D'un seul mot c'est du communisme, non pas il est vrai un communisme juridique, mais un communisme de fait, — non le communisme quant au produit, mais le communisme quant à la production; pourquoi écarter pour désigner une chose l'expression qui la signifie le mieux? (1)

Tels sont les traits essentiels de la division du travail ou du moins de la première moitié de cette idée. Quels sont ceux de l'autre moitié, c'est-à-dire de la *division du produit du travail*, de ce que l'on appelle la *répartition* ou *distribution*?

Il est clair qu'ici le côté individuel doit ressortir davantage, car il s'agit en définitive de la satisfaction des besoins des *individus* comme tels.

Mais cela n'a pas lieu, sur ce point même, dans la mesure que l'on a supposé.

Avant tout, il n'y a jamais que la moindre partie de la *masse des produits actuellement existants* qui soit objet de *répartition* DÉFINITIVE, — à savoir cette partie qui vient d'arriver à son entier achèvement dans la dernière phase de la production. Quant à tout le reste du produit, il a beau passer et repasser des mains d'ouvriers dans les mains d'autres ouvriers, ou comme aujourd'hui, dans les mains d'autres propriétaires, il demeure sans cesse en réalité objet de communauté, c'est-à-dire de travail commun.

En outre, cette partie de la masse entière du produit qui devient objet de répartition définitive ne se partage

(1) La limitation actuelle de la notion de communisme à un état de chose dans lequel une autorité publique distribue arbitrairement les produits, est une faute qui a déjà eu de fâcheuses conséquences théoriques et qui peut avoir aussi des effets dangereux dans la pratique.

jamais entre les individus seulement; une part en est distribuée entre les individus, mais une autre part est attribuée à la *société* même EN TANT QUE SOCIÉTÉ, représentée soit par l'état, soit par la commune. Cela revient à dire que de cette partie de la masse des produits qui est prête pour la répartition une grande partie encore reste *commune*. Il s'agit ici de communauté au sens *juridique* du mot. Ce n'est pas tout. La plupart des produits répartis entre les individus demeurent encore en réalité dans une sorte de communauté quant à l'usage.

Enfin la part qui revient aux individus mêmes en tant qu'individus se partage non seulement entre ceux qui participent à la division du travail dans l'ordre matériel, la seule que j'aie eue en vue jusqu'à présent, mais encore entre tous ceux qui participent à cette autre division du travail la plus vaste et la plus universelle, vaste empire dont la division économique du travail n'est qu'une province; et encore le partage ne se fait pas seulement entre tous les participants à cette division universelle du travail comme *individus*, il se fait entre eux d'une part et la *société* même d'autre part. Par exemple, ce n'est pas seulement l'ouvrier qui aiguise continuellement des épingles qui prétend une part dans la répartition de la portion des produits destinée aux individus, c'est aussi quiconque participe à la production *scientifique* ou *artistique* ou bien quiconque est chargé à titre permanent ou temporaire d'un emploi ou d'un service social (Amt). En effet, dans la division universelle du travail au sens le plus vaste, les derniers sont tout autant que le premier des coopérateurs; et si les producteurs des objets matériels jouissent du fruit du travail des savants et des artistes et par là seulement sont en état de s'adonner exclusivement à la production des objets matériels, en revanche les savants et les artistes ne peuvent s'adonner exclusivement à la production des trésors de la science et de l'art que parce qu'ils ont leur part dans la jouissance des produits matériels (1).

Si tous sont appelés à la *jouissance* de tout, la *production* des moyens de jouissance demeure toujours l'affaire spéciale de quelques-uns. Et ce ne sont pas seulement les individus qui prétendent avoir part à cette répartition universelle; la société même, en tant que société, a des besoins pour la satisfaction desquels elle aussi peut prétendre avoir une part de l'ensemble du produit.

Ainsi, ce n'est jamais que la moindre portion du produit résultant du travail commun, qui arrive à la distribution définitive au sein de la société. De cette portion même une partie considérable et de plus en plus grande demeure commune à la société tout entière. Et de la partie qui est destinée à l'usage des individus eux-mêmes une part est encore attribuée à tous ceux qui n'ont pas coopéré immédiatement à sa production.

J'ai fait abstraction naturellement en tout ceci des causes qui déterminent la *grandeur* des parts à prétendre par les différents intéressés.

Ces causes ont leur racine dans le *droit en vigueur*. Le

(1) Cette relation a donné lieu à une extension erronée des limites de l'économie politique. Comme il y a une division universelle du travail dont la division économique du travail n'est qu'une partie, comme les producteurs de biens matériels travaillent pour les producteurs de biens immatériels et réciproquement, comme l'on peut donner à un genre de travail comme à l'autre le NOM de production, on a voulu étendre le domaine de l'économie politique aussi loin que la division universelle du travail et faire des biens immatériels des biens économiques. Mais l'économie politique ne concerne précisément que cette partie de la division universelle du travail que forme la division du travail en vue de la production matérielle; et bien que son domaine comprenne par conséquent ceux des produits matériels qui vont aux producteurs de biens immatériels, il ne comprend cependant pas les services que ces derniers rendent en retour.

droit public détermine la quotité de la partie du produit total destinée à la répartition définitive qui doit rester juridiquement bien commun de la société tout entière. Le droit privé, le droit relatif à la propriété renferme en partie les causes d'où dépend la grandeur des parts à prétendre par les individus. Toutefois la grandeur de ces parts est déterminée partiellement aussi par le droit public, par exemple en ce qui touche les appointements des fonctionnaires. De même il arrive parfois que le droit privé (das Eigenthumsrecht) détermine, dans la réalité, ce qui doit rester à l'état de bien commun; c'est ce qui arrive, par exemple, dans le cas d'établissements publics entretenus par des particuliers.

J'ai fait abstraction également de la forme sous laquelle ces prétentions se réalisent, des voies et moyens par lesquels les intéressés reçoivent leurs parts. Cela est l'affaire des *fonctions économiques* dont il sera question plus loin, fonctions qui, par suite de l'existence de la propriété du sol et du capital, sont pour la plupart exercées par des particuliers — quoique dès aujourd'hui certains organes sociaux, par exemple le ministre des finances, les exercent en partie.

Mais ni les causes qui déterminent la grandeur des parts à prétendre, ni la manière dont ces parts sont effectivement obtenues ne changent rien à ce fait que dans la division *du produit du travail*, dans la *répartition*, apparaît au premier plan le caractère de *communauté*. La division des *fruits du travail* est, elle aussi, si l'on considère les choses telles qu'elles sont en réalité, pour la plus grande partie une *communauté* des fruits du travail, un communisme (1).

(1) Il ne faut donc pas avoir une si grande terreur du communisme. Les *faux* systèmes communistes peuvent seuls être dangereux. Nous vivons en plein communisme, le communisme est

Cette communauté économique établie entre les individus, dans l'espace et dans le temps, par la division du travail, ne manque pas d'imprimer à toutes les notions économiques qui s'offrent déjà dans l'état d'isolement un caractère communiste ou social, qui les fait sortir du domaine de l'économie individuelle bornée à la production et à la consommation.

A côté, ou plutôt au-dessus du besoin individuel, de la production individuelle, du produit, du capital, du revenu individuels etc., on trouve les idées de besoin social, de production sociale, de produit, de capital, de revenu social.

Ces termes, signifient tout autre chose que la simple agglomération des besoins, des productions, des produits, des capitaux, des revenus individuels ; tout de même que la *société* établie par la division du travail est tout autre chose qu'une pluralité d'individus économiques juxtaposés.

La simple *somme* des besoins, des productions etc., d'une *somme* d'individus à l'état d'isolement économique serait une simple agglomération de besoins, de productions, de produits etc., individuels. Tandis que les idées de besoin social, de produit social etc., enferment toutes le même caractère de communauté impliqué dans la division du travail en général ; ces termes signifient eux aussi une *communauté* du besoin, une communauté de la production etc. — Par exemple l'idée de *besoin social* comprend, outre les besoins individuels (1), les besoins de la so-

l'*essence* de toute *société*. Nous connaissons toujours en dernier lieu ce qui nous est le plus proche, — et nous-mêmes par conséquent les derniers.

(1) Les besoins réellement individuels forment une partie bien plus petite et les besoins communs une partie bien plus grande du besoin social qu'on ne le croit ordinairement. Que l'on fasse attention seulement à ceci que les besoins communs ne sont pas seulement les besoins de l'Etat, mais encore ceux de la commune

ciété en tant que société, lesquels se mêlent aux premiers, les déterminent et les modifient de mille manières, si bien que l'idée de besoin social a une unité organique qui ne

et même ceux de la famille en tant que famille. Par exemple les besoins relatifs à l'éducation des plus jeunes membres de la famille sont des besoins sociaux — soit que la société (Etat ou famille) y pourvoie, soit encore que la société (Etat on commune) y pourvoie par voie de contrainte, soit qu'elle en laisse le soin à la bonne volonté du chef de famille. Ces différences dans la façon de pourvoir aux besoins ne change rien à la nature des besoins. La question pratique est de savoir si c'est la société elle-même en tant que société qui doit veiller à la satisfaction des besoins de cette nature, — si c'est par voie de contrainte qu'elle doit le faire, —, et enfin, dans ce cas, si c'est un groupe social plus ou moins vaste que cela regarde. Je crois que pour la solution de ce problème pratique il faut considérer si la non-satisfaction de ces besoins nuit à la société, et, dans ce cas, si le mal frappe un groupe social plus ou moins vaste. Mais, la question fût-elle tranchée en ce sens que la satisfaction doit s'opérer par voie de contrainte et qu'elle incombe au groupe social le plus vaste (l'état), il n'est pas dit pour cela que l'organisation et la fonction centrale, nécessaire à cet effet, doive appartenir à une autorité autonome, indépendante soit des autorités à qui appartiennent les autres pouvoirs, soit de la volonté nationale. Au contraire un des problèmes politiques les plus considérables, sur le continent, est non seulement de réunir le pouvoir exécutif aux autres pouvoirs, mais aussi de le subordonner, ainsi réuni, à la volonté nationale. Et tel est le sens légitime des réclamations tendant au selfgouvernement.

Mais ce serait un second malheur pour la société que de vouloir pour cela supprimer la centralisation, se débarrasser de l'unité de gouvernement et revenir à l'émiettement, pour ainsi dire, de la *volonté nationale* en *volontés communales* particulières. — Centralisation ne signifie en réalité qu'unité de la volonté nationale. Et ce n'est pas de la centralisation que sont nés, sur le continent, le despotisme et l'arbitraire policier; c'est plutôt des fausses théories de Montesquieu, de Mounier et de Lally Tollendal sur la *séparation des pouvoirs*. Ces théories faisaient du pouvoir exécutif un élément politique indépendant et, par surcroît, le faisaient résider dans une personne unique, laquelle avait réuni auparavant en elle-même tous les pouvoirs et par conséquent restait capable de les usurper. — En Angleterre, dans ce pays que l'on aime à citer en exemple au continent, la

permet pas d'en faire une simple somme arithmétique. La somme des besoins d'un certain nombre d'unités économiques isolées (d'individus) ne donnerait aucune lumière

centralisation est plus grande qu'en n'importe quel pays au point de vue de la législation, des contributions, etc. Par exemple une commune ne peut se donner à elle-même une constitution ou s'imposer à elle-même de nouveaux impôts. Cela ne peut se faire que par la volonté centrale, par la volonté nationale du peuple anglais tout entier, volonté concentrée dans le parlement ou plutôt dans le roi et le parlement réunis. De même l'exécution des lois, l'administration est plus concentrée en Angleterre que n'importe où. Qu'il me suffise de citer l'organisation anglaise de l'assistance et les commissions parlementaires. Mais il n'y a pas en Angleterre de séparation des pouvoirs ; le pouvoir exécutif réside dans le parlement aussi bien que le pouvoir législatif, ou plutôt les trois pouvoirs résident ensemble dans les trois éléments de la puissance publique : le roi, les lords et les communes. Un de ces éléments n'a pas un de ces pouvoirs et un autre l'autre, mais chaque élément les a tous les trois, la chambres des communes, il est vrai, dans une mesure de plus en plus prépondérante. Aussi y a-t-il en Angleterre centralisation *et* selfgovernment ; ce qui veut dire que le peuple anglais se gouverne lui-même, mais non que les communes anglaises se gouvernent elles-mêmes.

C'est avec intention qu'en employant partout les expressions : communauté, communisme, j'ai appelé la chose de son vrai nom. Il est indigne d'hommes sérieux de se renvoyer le reproche de communisme. — Quand le parti de la *Gazette de la Croix* se sert du communisme comme d'un épouvantail pour ramener par la peur la société à *son* idéal politique, cela veut dire tout simplement qu'il préfère le COMMUNISME du Moyen-Age à un autre. Qu'est-ce par exemple que la *propriété foncière non-libre* (unfreies Grundeigenthum) sinon la propriété foncière assujettie à *des fins communistes*, savoir l'entretien non seulement de la famille mais aussi subsidiairement des ouvriers, réduits dès lors nécessairement à la condition des serfs ? — Toute la différence est que le communisme du Moyen-Age se réalise en de moindres sphères et ne peut tourner qu'à l'avantage d'un petit nombre de personnes, tandis que le communisme que les idées libérales cherchent sans l'avoir trouvé, prétend s'étendre à tous et faire participer tout le monde à ses bienfaits. Seul l'individualisme pur, celui qui ne sait voir que des arbres et qui ne voit pas la forêt — celui qui n'a jamais pu concevoir la nature et l'impor-

sur le besoin social d'une société dont les membres en nombre égal seraient unis par la division du travail. — Par exemple encore le *produit social* grâce à la division du

tance ni de la division du travail, ni de l'ordre moral, ni de la conscience sociale, — seul, dis-je, l'individualisme *pur* a le droit de crier des deux côtés au communisme, mais sans avoir le droit d'en faire un grief à personne. En effet, les partis communistes (communisme du passé, communisme de l'avenir) disputent au moins entre eux sur le plus ou moins de vérité, mais l'individualisme nie toute la vérité.

La vérité est que la *Société* ne commence que là ou le *communisme* vient limiter l'individualisme, que le *communisme* est précisément l'*essence* de toute société, enfin que le cours de l'histoire n'est que l'*expansion du communisme.* Cette conception ne porte aucune atteinte ni à la *liberté* ni à l'*égalité;* bien loin de là cette expansion du communisme entraîne nécessairement plus de liberté et plus d'égalité. — A l'inverse plus le communisme se resserre et se contracte en des groupes plus petits et plus cohérents, moins il y a de liberté et d'égalité pour l'individu ; si bien qu'au dernier terme, dans l'individualisme absolu, l'individu ne serait plus que la *bête* sans liberté ni égalité, le quadrupède de Rousseau. C'est ce que prouve l'histoire tout entière.

Voilà pourquoi dans tous les grands mouvements historiques la question la plus profonde, la question essentielle a toujours été de chercher jusqu'à quel point le communisme peut être élargi sans risque de manquer les avantages nouveaux attendus de son expansion et de perdre par surcroit les avantages déjà obtenus dans les sphères moins vastes. Mais le degré de l'expansion dépend de plusieurs conditions : de la division du travail, de l'ordre moral, de l'élévation et de l'unité de la conscience sociale.

Ainsi, les deux termes opposés du problème social n'étant pas la liberté et la contrainte, mais l'individu et la société, — l'antagonisme des partis actuels consiste aussi essentiellement dans une lutte entre le *communisme du Moyen-Age* et le *communisme moderne.* Cette lutte n'a de raison d'être qu'entre deux systèmes *communistes.* Quand elle se fait au nom d'un autre principe ou sous une autre forme, comme cela a lieu de temps en temps, ce ne sont que des épisodes de tactique, des positions particulières occupées par les combattants, des escarmouches préparant la grande bataille. En particulier les systèmes individualistes qui ont prévalu et qui prévalent encore en partie dans tous les domaines de la vie sociale, religion, droit, morale, économie, ensei-

travail est un produit *commun*, tel qu'il y a une part du travail de tous dans le produit de chacun et une part du travail de chacun dans le produit de tous, ou que selon, l'expression si juste de Proudhon, le produit de chacun est frappé en naissant de l'hypothèque de tous et le produit de tous de l'hypothèque de chacun. De même encore le capital social est tout autre chose que la somme des capitaux individuels. Il prend lui aussi la forme d'une unité organique, sous laquelle il appartient en réalité à tous, de

gnement, ne sont que des leviers destinés uniquement à soulever pour le faire tomber le communisme restreint du Moyen-Age. Quel meilleur point d'appui eût-on pu trouver à cet effet que l'*homme*, l'*individu* en général? — Se placer à ce point de vue c'était en effet supprimer en principe toute *domination* de l'homme par l'homme pour toute la surface de la terre et toute *inégalité*, au moins toute inégalité qui ne tient pas à la différence des dons naturels. — Que l'individualisme prétende avoir une autre raison d'être que le servir d'*instrument*, qu'il prétende être la vérité absolue, c'est le monde à l'envers. Voilà pourquoi, bien que les idées de la majorité aient encore aujourd'hui une tournure individiualiste, il n'y a qu'une poignée d'individualistes purs. Le « sens commun » a beau subir l'influence des idées régnantes, il ne se laissera jamais entraîner jusqu'à une conséquence dont la réfutation est faite partout.

D'un autre côté de Flotte a eu certainement raison de dire que la formule du nouveau communisme n'est pas trouvée. La conscience populaire rejette — faut-il dire rejette encore ou rejette absolument, je ne veux pas examiner — le communisme de l'*égalité*. Elle ne veut que l'*égalité des droits* (Gleichberechtigung). Mais comme on ne connaît pas encore l'organisation qui réaliserait l'égalité des droits — ni en ce qui concerne le droit de propriété ni en économie politique, le peuple recule d'effroi comme devant le néant, quand l'individualisme, dans son rôle passager, menace de régler son compte au communisme du Moyen-Age, ou même de mettre ses propres excès à la place des liens sociaux. — En revanche le peuple se rejette aussi facilement dans les bras de l'individualisme quand le communisme du Moyen-Age semble menacer les biens les plus récemment conquis et les plus chers, *les fondements du communisme de* L'AVENIR, la liberté et l'égalité des droits.

sorte que les *capitaux privés* actuels ne sont que la *distribution idéale de sa valeur* entre les capitalistes. C'est précisément sur cette idée que je reviendrai longuement.

Voilà pourquoi aussi l'épithète de « national » exprime incomplètement le caractère de ces idées. Il faut bien se garder de penser au sens que List par exemple donne à ce terme. List a redonné au mot une signification individualiste. La nation est opposée à la nation. L'expression qui convient le mieux à l'idée est plutôt *besoin social* etc., (Gesellschaftsbedürfniss) et si l'épithète de « national » a prévalu (chez les écrivains allemands) c'est que, de même que la *société* ne s'est développée que dans la *nation*, de même l'économie sociale n'a été étudiée d'abord que dans la nation. Mais avec ce caractère communiste qu'elles doivent à la division du travail, les idées économiques dépassent évidemment, par leur nature comme par leur étendue, le domaine de l'économie individuelle, c'est-à-dire le domaine de la production et de la consommation. Le besoin d'un individu vivant isolément peut bien donner une idée de la SOMME *des besoins d'un certain nombre d'individus vivant isolément*, il ne peut donner la moindre idée d'un *besoi social*, du besoin d'une SOCIÉTÉ réelle. De même le produit social, le capital social ne peuvent jamais faire l'objet, même partiellement, d'une économie individuelle, car ce sont des choses absolument différentes de la somme des produits ou de la somme des capitaux de plusieurs individus.

Cette communauté, qui fait l'essence de la division du travail, aux idées ci-dessus expliquées en ajoute d'autres qui n'ont pas d'analogues dans l'état d'isolement économique.

En effet, les hommes qui ont part à cette communauté étant dispersés dans l'espace et se livrant à la production en des endroits différents, la répartition du produit commun devant être aussi, par conséquent, une distribution dans l'espace, — la *circulation* des produits s'ensuit, c'est-à-dire ce mouvement intérieur du produit social incessant et dans tous les sens, mouvement absolument inconcevable dans l'état d'isolement économique.

La circulation des produits enferme à son tour trois des plus importantes idées économiques qui puissent caractériser la division du travail, les idées de *valeur*, de *monnaie* et de *crédit*.

Chacun collabore au produit social et chacun aussi, par conséquent, doit recevoir pour sa collaboration une portion de la partie du produit social destinée à être distribuée. Il faut donc qu'il y ait une *comparaison* de ce qu'il apporte à la masse, c'est-à dire de la plus minime partie du produit total avec les choses qu'il doit recevoir pour son apport, c'est à-dire avec les objets propres à satisfaire tous les besoins possibles. Cette comparaison est essentiellement une estimation de tous les produits particuliers et de tous les fragments de produits entre eux *au point de vue du plus grand bien général*, une estimation *de leur équivalence à ce point de vue*, de leur VALEUR. La valeur, que l'on a appelée valeur d'échange à cause de la forme primitive sous laquelle elle s'est montrée, n'est que l'équivalence d'un produit avec d'autres, quand il a une *valeur* d'*usage* SOCIALE. La notion de valeur n'a pas de place dans l'économie individuelle, où les produits ne peuvent être estimés que d'après le *travail qu'ils coûtent* à l'individu ou d'après la *satisfaction qu'ils lui procurent*, bien que les économistes aient parfois commis la faute de confondre ces dernières estimations avec la valeur. (1).

(1) Bastiat qui s'élève si fort contre l'idée de faire résider la valeur dans la *satisfaction individuelle*, la confond d'autant plus avec le coût de production. Mais les deux estimations d'après le coût de production et d'après l'équivalence des produits entre eux

A côté de la *valeur* apparaît, comme résultat de la circulation la MONNAIE, ce que l'on appelle moyen de circulation.

Si tous ont collaboré au produit social, et que tous aussi doivent y trouver la récompense de leur collaboration, si de plus une comparaison préalable de la collaboration individuelle avec la portion à recevoir ou une *évaluation* des produits les uns par rapport aux autres est nécessaire, — la *répartition* est une *véritable liquidation des droits* (Ansprüche) *particuliers de tous sur le produit commun, et une liquidation basée sur la valeur*. Au fond, par conséquent, rien n'empêcherait de se représenter cette liquidation comme une comptabilité générale dans laquelle chaque participant aurait son compte dont le doit et l'avoir seraient énoncés en *valeur*. Le moyen de circulation serait alors transformé en un simple passage d'écriture ; la monnaie serait pour ainsi dire sublimée jusqu'à n'être plus que la forme suprême du crédit public. Quand on n'en est pas encore arrivé là ou si l'on ne peut y arriver, il faut que le moyen de liquidation soit d'une autre nature et prenne la forme de monnaie.

S'il était possible de fixer la valeur du produit d'après le travail qu'il a coûté, on peut encore imaginer une monnaie qui consisterait pour ainsi dire dans les feuillets détachés du grand livre général, dans une quittance écrite sur un chiffon de papier. Chacun recevrait ainsi un reçu de la valeur produite par lui, et ce reçu deviendrait en ses mains un bon pour une valeur égale, qu'il réaliserait sur la partie du produit social destinée à la répartition. Je reviendrai encore dans le cours de cette lettre sur cette espèce de monnaie.

ou d'après la satisfaction *sociale* diffèrent essentiellement l'une de l'autre. Ce n'est qu'un des problèmes de notre temps — peut être le plus important — de faire coïncider la valeur avec le coût de production.

Toutefois, si, pour n'importe quelle raison, la valeur ne peut *pas* ou ne peut *pas encore* être fixée — il faut que la monnaie traîne avec elle la valeur qu'elle doit liquider, il faut qu'elle soit elle-même un équivalent, un gage, une garantie, c'est-à-dire qu'elle consiste elle-même en une *chose* qui ait de la valeur, comme l'or ou l'argent. Elle ne peut plus alors que dans des circonstances particulières et d'une façon toute partielle être suppléée par des bons de monnaie, par notre monnaie de papier actuelle.

La troisième idée qui ne fait son apparition qu'avec la circulation est celle de *crédit*. Le crédit est l'assurance que l'on a que la compensation d'une valeur livrée n'a pas besoin de se faire immédiatement, qu'elle se fera plus tard. Le crédit supplée la monnaie métallique, l'argent, le capital argent et par suite aussi en partie le « *capital privé* » (Privatkapital), le capital ainsi entendu devant toujours passer par la forme de capital argent. Je reviendrai là-dessus également.

C'est ainsi que la communauté qui résulte de la division du travail transforme les idées économiques empruntées à l'état d'isolement et à ces idées transformées en ajoute de nouvelles.

Elle entraîne, en outre, une série de fonctions économiques nouvelles qui n'appartiennent ni à l'ordre de la production ni à l'ordre de la consommation. Dans l'état d'isolement économique chaque producteur a par lui-même une pleine connaissance des besoins à satisfaire et par conséquent sa volonté seule suffit pour ajuster la production aux besoins; sous le régime de la division du travail, il s'agit de la *satisfaction du besoin social*. Mais il n'y a pas un seul producteur qui possède par lui-même et immédiatement la connaissance du besoin social. Il y a donc continuellement quelque chose à faire, une fonction à exercer, pour acquérir cette connaissance. En outre, dans l'état d'isolement le producteur a seul la pleine et entière disposition des moyens de production existants, de sa force et de son capital, et par conséquent la grandeur de son produit correspondra toujours d'elle-même aux moyens qu'il est prêt à employer. Mais, avec la division du travail, chacun n'accomplissant qu'un travail partiel et les moyens de production consistant d'une part dans la coopération du travail social, d'autre part dans le fruit du travail en commun, c'est-à-dire dans le capital social, aucun producteur ne se trouve plus naturellement en possession de ces moyens — Enfin, dans le premier état, chaque producteur demeure du commencement à la fin en possession de son produit et par suite perçoit toujours par la force des choses un revenu égal à son produit; mais dans l'état social où tous ont collaboré à un produit commun, personne ne peut plus obtenir le revenu auquel il a droit que moyennant une *répartition*.

Il faut pourtant absolument que ces diverses conditions soient remplies, sous le régime de la division du travail aussi bien que dans l'état d'isolement, pour que la fin suprême économique soit atteinte. Chaque individu ou chaque groupe particulier aura beau, dans l'ordre de la production, créer beaucoup de produit avec peu de travail, dans l'ordre de la consommation, satisfaire beaucoup de besoin avec peu de produit, si en même temps la production sociale n'est pas maintenue au niveau du besoin social et des moyens de production sociaux prêts à produire, si le revenu social ne satisfait pas toutes les exigences légitimes particulières, il n'y en aura pas moins une continuelle malsatisfaction tant de la société que des individus, c'est-à-dire le pire des maux économiques.

Il faut présentement, pour ajuster la production sociale au besoin social, s'enquérir de celui-ci pour régler celle-là en conséquence. Il faut, pour maintenir le produit social au niveau des moyens de production sociaux prêts à agir, réunir et organiser ceux-ci de manière à en obtenir le maximum de rendement. Il faut enfin, pour faire obtenir à chacun sa juste part de revenu qu'une *répartition* soit effectuée à cette fin.

Mais ces conditions indispensables ne peuvent évidemment se réaliser que moyennant des *actes*, *opérations* ou *fonctions* dirigées spécialement vers cet objet.

Peu importe encore *par qui*, *comment* et avec *quel succès* plus ou moins grand, ces fonctions sont exercées. Cela dépend des phases de développement de la société humaine. Mais il faut qu'il soit bien établi en général premièrement que ce sont des *fonctions* pratiques, dont l'exercice est requis à cet effet, et secondement que la *division du travail* en rend seule l'exercice nécessaire. Peu importe, par exemple, que la fonction dont l'objet est de connaître le besoin social, et de gouverner en conséquence la production sociale soit exercée, comme cela a lieu sous le régime de la propriété du sol et du capital, par les différents entrepreneurs privés, ou, comme cela aurait lieu si le sol et le capital appartenaient à la société, par des fonctionnaires institués tout exprès pour cela par la société; peu importe aussi que la fonction dont l'objet est de maintenir la production sociale au niveau des moyens de production sociaux, en rassemblant le capital et en réunissant les ouvriers, soit exercée, comme elle l'est dans la première hypothèse, par les mêmes entrepreneurs, ou, comme elle le serait dans la seconde, par des fonctionnaires; peu importe enfin que la fonction dont l'objet est de régler la répartition s'accomplisse, comme cela a lieu dans le premier cas, par la concurrence de tous sous la forme de l'offre et de la demande universelles, ou, comme cela aurait lieu dans l'autre cas, par la *fixation* de la valeur des produits et des parts de revenu; — il y a là dans tous les cas des fonctions spéciales d'un caractère aussi pratique que celles dont l'objet est de créer au moindre coût possible le plus de produit possible, ou de satisfaire avec le moins de produit possible le plus de besoin possible ; — et ces fonctions découlent uniquement de la division du travail, aussi bien sous un des deux régimes sociaux que sous l'autre. — C'est ce qui deviendra plus clair encore, quand je traiterai plus loin d'un régime économique où la propriété du sol et du capital n'existe pas et d'un autre où elle existe.

L'ensemble de ces idées économiques nouvelles et de ces fonctions nouvelles forme évidemment un nouveau système économique qui offre le caractère d'une économie SOCIALE, *c'est-à dire d'une économie ayant pour objet la* COMMUNAUTÉ établie entre les *hommes par la division du travail. L'unité* de toutes ces idées et fonctions économiques nouvelles, unité qui provient de l'unité du principe qui leur est commun, savoir la division du travail, les relie en un système. Ce système, par son objet comme par la nature de sa manifestation et par son but est d'essence *économique*. En effet, il ne se rapporte, tout comme la production et la consommation, qu'à des biens matériels ; comme elles, il n'est qu'une administration *active* et *pratique* de ces biens, un ménage (Haushaltung) ; — et il tend également à assurer la *suprême fin économique*, savoir la satisfaction économique la plus élevée possible. Enfin il doit son caractère particulier à cette *communauté* économique qui est liée à la division du travail et qui fait précisément du système une économie *sociale*.

Cette *économie sociale*, c'est l'économie politique actuelle (Nationalökonomie ou Staatswirthschaft). Elle est essentiellement la science du communisme économique (1).

(1) Marlo appelle cette économie sociale (Gesellschaftswirthschaft) économie mondiale (Weltökonomie). Nous avons tous les

Mais ce caractère ne s'est révélé que peu à peu et progressivement.

Dans l'antiquité et au moyen âge l'économie sociale était cachée si profondément dans les institutions politiques et juridiques, que les esprits les plus pénétrants n'en soupçonnaient pas l'existence. Elle apparut à la conscience des modernes, quand l'Etat commença à se condenser dans une puissance centrale ; et elle vint au monde avec une partie du corps seulement, la tête il est vrai, la *Finance*. — Puis, quand la finance, à tort ou à raison, se confondit avec la *richesse nationale*, à l'époque du colbertisme, le corps suivit la tête. Enfin, ce ne fut qu'après que la philosophie moderne et la révolution française eurent démontré le droit de l'individu que notre science s'est enfin mise sur ses pieds de façon qu'on pût en apercevoir les organes et la voir tout entière avec ses véritables proportions. Mais par la faute des économistes eux-mêmes, son véritable caractère a été méconnu jusqu'à présent. J'ai déjà montré, qu'ils en ont fait une économie *nationale* (Nationalökonomie) ou économie *publique* (Staatswirthschaft), conception étroite, qui répugne à la nature de la science et qui nous a gratifiés en théorie et en pratique du fléau de la prohibition et de la protection. De plus on a effacé le caractère *communiste* qui lui est inhérent en tant que science des *phénomènes économiques commandés par la communauté du travail*, et on l'a traitée tout au rebours en se plaçant au point de vue individualiste. Par exemple,

deux la même idée. L'expression Gesellschaftswirthschaft me semble plus convenable. — Du reste on ne peut assez appeler l'attention sur les « Recherches sur l'organisation du travail » de Karl Marlo. Sans doute les vues économiques diffèrent encore aujourd'hui chez ceux qui tendent au même but, mais il n'y a pas beaucoup d'ouvrages écrits avec plus de savoir, de profondeur et surtout d'impartialité que celui dont je viens de donner le titre.

comme je l'ai déjà remarqué dans ma seconde lettre, on n'est pas parti du besoin social, du produit social, du capital social etc., pour passer en suite seulement à la part que les individus prennent à toutes ces choses ; tout au contraire, suivant l'esprit général du siècle qui plaçait l'individu au-dessus de la société, on est parti du besoin individuel pour passer de là au besoin social, comme s'il ne s'agissait pas d'une société mais d'une simple pluralité d'individus juxtaposés ! Le vice d'une pareille conception se fit sentir sur tous les points, dans la théorie de la rente foncière, dans la théorie de l'intérêt, etc. Enfin on a méconnu le caractère *pratique* attaché à toute économie, on n'a pas vu qu'il s'agit d'un système de *fonctions actives*, en ne s'apercevant pas que la propriété du sol et du capital telle qu'elle existe aujourd'hui, enlève seule ces fonctions à la société elle-même pour les déléguer à des personnes privées. Mais elle ne fait que les morceler en les attribuant à des particuliers, sans les supprimer. On a fait, en conséquence, de l'économie politique une pure *science naturelle* qui, comme toutes les sciences de la nature, doit se contenter de contempler et de *connaître*. Cette science toute spéculative, quand elle ne nie pas les faits, du moins se borne d'ordinaire à exprimer le regret que la ruine et la famine soient nécessaires de temps en temps pour conserver l'*équilibre vital de cet organisme naturel* (1) ; ou bien, quand elle pousse l'erreur jusqu'à nier les faits, elle voit dans les antagonismes les plus criants des « harmonies économiques ».

Toutes ces conceptions erronées ont obscurci l'essence de l'économie politique. Mais si l'on remonte loyalement et sans prévention à son principe, la divison du travail, si l'on en tire loyalement et sans prévention les conséquences,

(1) Est-il donc si difficile de renoncer à cette erreur qu'un *organisme social* N'EST PAS un organisme *naturel* ?

il sera impossible de méconnaître plus longtemps la véritable nature de notre science. Du moins, s'il en était autrement, la théorie pourrait perdre l'initiative sur ce terrain. Dès maintenant l'instinct populaire l'a devancée.

Je crois avoir fait ainsi comprendre la nature de la division du travail et partant celle de la science économique mieux qu'on ne peut le faire en prenant la voie suivie par Bastiat, en partant de la considération de l'individu isolé. — L'économie politique est une chose exclusivement sociale; son objet n'est autre que ce communisme inséparable de la division du travail.

Avant la division du travail, dans l'état d'isolement économique, même en supposant une productivité suffisante, il ne pouvait y avoir que production et consommation; ces deux domaines étant en contact immédiat et les produits passant immédiatement de l'un dans l'autre, la fin économique pouvait être atteinte en ces deux domaines moyennant une conduite convenable. Mais aujourd'hui entre ces deux domaines la division du travail en ouvre un troisième; aujourd'hui tout ce qui sort de n'importe quel point du domaine de la production pour passer en n'importe quel point du domaine de la consommation commence par traverser ce troisième; il faut, par conséquent, pour que la fin économique suprême soit atteinte, que l'on pratique encore sur ce domaine un genre spécial d'économie. C'est cette économie là qui est l'économie sociale. N'avais-je pas raison de soutenir, contre Bastiat, que la matière même de l'économie politique naît tout entière de la division du travail et qu'il n'y a pas un seul phénomène relevant de l'économie politique à observer chez l'homme isolé?

CHAPITRE II

LA PRODUCTION ET LA RÉPARTITION DANS UNE SOCIÉTÉ OÙ LA PROPRIÉTÉ DU SOL ET DU CAPITAL N'EXISTE PAS

L'économie sociale telle que la division du travail la fait — c'est-à-dire l'objet de ce qu'on appelle encore aujourd'hui économie politique (Nationalökonomie, Staatswirthschaft) prend un caractère tout différent (différent toutefois en degré seulement), selon que l'on suppose l'existence ou la non-existence de la *propriété du sol et du capital.*

Quel est le caractère propre de la propriété du sol et du capital telle qu'elle existe aujourd'hui? Par quelle organisation juridique faudrait-il la remplacer, en supposant qu'elle dût disparaître et cependant la division du travail subsister et avec la division du travail l'économie sociale?

On n'est que trop enclin à considérer le travail comme le principe de la propriété du sol et du capital aussi bien que de toute propriété. Pourtant à mesure qu'il est plus certain que le travail est en droit idéal le seul principe de la distribution de la propriété, à mesure que la conscience populaire se pénètre d'avantage de ce principe, il est plus certain aussi que la propriété privée du sol et du capital est une transgression de ce principe. Proudhon l'a démontré d'une façon irréfutable du point de vue juridique contre Comte et d'autres auteurs : toutefois il ne serait pas difficile de démontrer en revanche, contre Proudhon, qu'il a étendu à tort à l'idée de *propriété en général* des conclusions qu'il aurait dû restreindre à la *propriété du sol et du capital*. D'autre part je crois avoir démontré dans ma lettre précédente, au point de vue économique cette fois, que la propriété du sol et du capital entraîne avec elle une violation continuelle de ce principe.

En réalité l'effet le plus important de la propriété du sol et du capital telle qu'elle existe aujourd'hui consiste précisément en ceci que *le produit n'appartient pas* AUX OUVRIERS *mais à d'autres* PERSONNES PRIVÉES, *précisément aux propriétaires du sol et du capital*. Sans doute ces propriétaires sont quelques fois eux-mêmes des *ouvriers* travaillant avec les autres, plus souvent encore des *directeurs* ou chefs d'ateliers de production, et en cette dernière qualité ils se livrent à un autre genre de travail qui mérite également une rémunération. Mais ce n'est ni en qualité d'ouvriers ni en qualité de directeurs, c'est uniquement en vertu de la propriété du sol et du capital qu'ils reçoivent la propriété du produit des autres ouvriers comme du leur, tandis que les ouvriers ne reçoivent jamais en cette qualité d'ouvriers la propriété de leur propre produit. Si fréquente que soit l'ignorance de cet état de chose, ou même l'opinion diamétralement contraire, — si fortement que cela révolte le sentiment naturel de la justice, — tel est l'état des choses partout aujourd'hui. On peut s'en assurer dans le détail en jetant un coup d'œil sur une industrie quelconque: Pour s'assurer que c'est la même chose en général il suffit de se représenter le mouvement général du produit social, tel que je l'ai décrit, sous le régime de la division du travail. Le produit social total, dans son mouvement général à travers les phases successives de la production, produit, comme il l'est, dans son ensemble comme dans ses parties, par le travail commun, n'appartient pas un seul instant aux ouvriers, ni même aux *direc-*

teurs en cette qualité, mais précisément à quelques autres personnes, en nombre relativement restreint, aux propriétaires du sol et du capital. C'est à eux seuls qu'appartient aujourd'hui, par lots plus ou moins considérables, la propriété individuelle du produit physique de l'ensemble des ouvriers réunis. C'est *uniquement comme propriété de ces tierces personnes,* qui ne sont pas des ouvriers dans le sens que l'on a en vue ici, que le produit social dans son ensemble passe, par voie d'échange, d'une phase de la production à la suivante, jusqu'au moment où, en qualité de revenu social, il est distribué. C'est à ce moment seulement qu'il échoit, *pour partie,* en propriété aux ouvriers, ceux-ci réalisant en portion du revenu social les bons qu'ils ont reçus, sous forme de salaire en argent, pour le travail déjà effectué. Le reste du revenu social est précisément la rente, laquelle se distribue entre les propriétaires, divisée en rente foncière et rente du capital selon les règles que j'ai expliquées dans ma lettre précédente. (1)

Supposons maintenant ce régime supprimé. Par quoi pourrait-il être remplacé ? — *Ce ne pourra pas être par la* PROPRIÉTÉ INDIVIDUELLE *de l'ouvrier sur son* PRODUIT IMMÉDIAT, *à moins qu'on ne veuille supprimer la division du travail et par suite la société même et ses développements.*

Jamais, dis-je, là où il y a division du travail il ne peut y avoir *propriété* (individuelle) de l'OUVRIER sur son PRODUIT IMMÉDIAT. Cette thèse, que j'ai déjà soutenue dans la lettre précédente, a surpris beaucoup de personnes. Mais, en vérité, dites-moi comment la pointe d'une épingle pourrait appartenir à quelqu'un et le métal même de cette pointe ne pas lui appartenir ? — Dites-moi quel est, physique-

(1) Ce que l'on peut dire au point de vue du droit pour ou contre ce régime fera l'objet de ma cinquième lettre « sur la propriété ».

ment, le produit individuel d'un des cinquante ouvriers qui, sur un grand domaine rural, ont travaillé *en commun*, un jour après l'autre à la préparation de la récolte ? Comment pourrait s'y prendre un ouvrier propriétaire, au moment de la répartition du produit social, pour courir de tous les côtés après son produit individuel immédiat, — par exemple après les millions de pointes d'épingle qui s'en vont dans tous les pays ; comment pourrait-il les rattraper et les échanger?

Il y a là des impossibilités absolues ; d'où il faut conclure que la propriété individuelle de l'ouvrier sur son produit immédiat ne peut avoir lieu que là où il n'y a pas encore de division du travail — en admettant qu'on puisse parler dès lors de *droit* et de *propriété* en général — ; et, à l'inverse que, avec la division du travail, il n'y a que deux systèmes possibles : ou bien le système actuel de la propriété du sol et du capital, dans lequel un homme possède le produit du travail commun d'un grand nombre d'autres hommes, ou bien le système de la *propriété sociale du sol et du capital,* système dans lequel *chaque individu possède une fraction* DE LA VALEUR du produit commun. Dans aucun des deux cas l'ouvrier n'a la propriété individuelle du produit immédiat de son travail. Mais dans le premier il perd en outre la part *de* VALEUR qui forme la rente de l'homme dont il vient d'être question ; tandis que dans le second cette part de valeur demeure aux ouvriers. Le premier cas étant écarté par hypothèse, en ce chapitre, j'ai à donner une idée plus précise de ce que serait la propriété sociale du sol et du capital.

La *propriété sociale du sol et du capital* peut s'entendre de deux manières. Ou bien elle s'étend seulement au terrain et au capital employés à la production *dans chaque atelier de production particulier* — exploitations rurales, et fabriques —, et par suite aussi seulement au produit de chacun de ces ateliers particuliers. Ou bien elle s'étend à l'ensemble du produit de cette association la plus vaste qui s'appelle l'Etat, à tout le territoire et à tout le produit de la nation.

La première idée est celle des partisans extrêmes de l'*association* (coopération). Comme transition on conçoit l'idée de la *participation* aux bénéfices : les ouvriers participeraient au bénéfice des propriétaires du sol et du capital, ou des entreprises particulières. La propriété sociale des ouvriers sous cette forme ne serait encore que la propriété *privée* aux mains des associations ouvrières, de même qu'aujourd'hui la propriété communale n'est en somme aussi que la propriété privée aux mains d'une commune. Elle diviserait l'état en une foule de petites sociétés industrielles et commerciales qui continueraient par l'intermédiaire de gérants le train actuel des choses. Pour moi je tiens ces idées, même sous la forme atténuée de la *participation*, pour impraticables, et je m'y arrête d'autant moins que leur comparaison avec le régime actuel ne jetterait pas un grand jour sur celui-ci, et que les propositions que je songe à faire sont d'une nature toute différente.

Je suppose donc, dans tout ce qui va suivre, la propriété sociale du sol et du capital dans le sens le plus large ; je suppose que le territoire et le capital national sont entièrement soustraits à la propriété privée, même à celle des communes, qu'ils appartiennent par conséquent *à la nation tout entière*. Il s'ensuit que le produit social de la nation demeure aussi tout entier commun jusqu'au moment où en qualité de revenu il est distribué entre les individus pour être consommé.

Mais ce régime même n'a pas besoin de pousser la communauté si loin que toute propriété en général en soit exclue. Cela n'arriverait que dans le cas où, en ce qui touche la répartition du revenu social, la règle de la distribution dépendrait uniquement d'une volonté sociale qui se décidât par des raisons de convenance en vue d'un but à atteindre, — dans le cas où cette règle ne découlerait pas d'un *principe de droit*. Dans le premier cas, il faudrait sans doute un *distributeur* communiste, soit le pape des saint-simoniens, soit le dictateur du travail, soit un conseil directeur; dans l'autre rien de pareil, comme je le ferai voir.

En effet, on peut fort bien concevoir un communisme concernant simplement le sol et le capital sans le moindre communisme en ce qui concerne la répartition. Dans ce système la *propriété source de rente* est seule supprimée, mais non pas la *propriété* en général. Bien mieux c'est alors que la propriété est ramenée à son véritable principe, le travail. Ce n'est pas, il est vrai, la propriété de l'ouvrier sur son produit immédiat, — chose impossible partout où il y a division du travail et qui ne se réalise pas davantage sous le régime de la propriété du sol et du capital, — mais c'est la propriété individuelle de l'ouvrier sur la VALEUR TOTALE *de son produit*. Communauté du sol et du capital et propriété de l'individu sur la valeur de son produit, tel est le régime juridique que je suppose, en ce moment, à la place de la propriété privée du sol et du capital.

Quelle sera la forme et quel sera le cours des phénomènes économiques sous ce régime de droit ?

Sous ce régime la *division du travail* peut conserver en général la même forme qu'elle a reçue aujourd'hui sous le régime de la propriété du sol et du capital. Tout pourrait marcher comme à présent. Les exploitations rurales actuelles, les fabriques actuelles, bref tous les ateliers particuliers actuels pourraient continuer comme auparavant, en gardant leur nombre, leur étendue, ou leur organisation ouvrière. Tous ces ateliers pourraient aussi produire les mêmes objets qu'aujourd'hui, en supposant que dans la transformation de la propriété du sol et du capital en communauté les *rentes* ne fussent pas *enlevées* aux propriétaires actuels, mais seulement *mises à la charge du budget social*. De cette façon, en effet, il n'y aurait pas suppression mais plutôt rachat de la propriété du sol et du capital. Aussi y aurait-il au premier moment la même consommation quant à l'espèce et à la quantité des objets ; peu à peu seulement, à mesure que l'accroissement du revenu social amènerait l'augmentation du revenu et du bien-être des classes ouvrières, la production sociale elle-même changerait de cours (1).

En revanche la direction de la production sociale et

(1) Le rachat de toute la propriété du sol et du capital n'est pas une chimère, mais une chose très praticable au point de vue économique. Ce serait à coup sur le remède le plus radical pour guérir le mal dont la société souffre, c'est-à-dire d'un mot *l'accroissement de la rente*. Ce serait, en outre, l'unique manière de supprimer la propriété du sol et du capital qui n'interrompît pas tout d'un coup les relations économiques (den Verkehr) et le progrès de la richesse sociale. En effet, si la rente, au moment du rachat était fixée à *son montant actuel*, elle formerait dans l'avenir, grâce à l'élévation de la productivité, une fraction de plus en plus faible et finalement une fraction négligeable du revenu social, tandis que le mal que la rente cause aujourd'hui à la société consiste précisément en ce qu'elle absorbe à elle seule le résultat de cette élévation. Et si elle était mise à la charge du budget social, c'est-à-dire si la propriété du sol et du capital, au lieu d'être supprimée sans indemnité, était rachetée, la demande ne changeant pas au premier moment, tous les ateliers d'aujourd'hui continueraient de marcher sans dérangement. Dans le cas contraire, c'est-à-dire si la suppression avait lieu sans indemnité, l'évanouissement brusque et complet de la rente causerait un bouleversement désastreux dans la production. Toutefois je ne m'étendrai pas davantage sur le rachat de la propriété rentière parce que les projets pratiques que je songe à proposer seront de nature à réclamer des propriétaires de bien moindres sacrifices. Ils laissent aux propriétaires non seulement la rente, mais encore le sol et le capital eux-mêmes et ne tendent à enrayer que l'*accroissement* EXCLUSIF *de la rente en regard du salaire* et à faire participer le salaire à l'accroissement de la productivité.

la distribution du revenu social, c'est-à-dire *les fonctions qui relèvent proprement de l'économie politique* seraient exercées d'une façon toute différente. Elles auraient une autre forme quant *aux organes* qui s'en acquitteraient, quant à la *manière* dont elles s'accompliraient et enfin quant *au résultat* qu'elles produiraient.

Je vous semble, sans doute, bien prolixe ; mais il faut me permettre d'insister sur cette différence. Cela seul permet à l'économiste de se placer à cette hauteur d'où il peut juger les phénomènes de la vie économique actuelle et notamment la nature, et le rôle du capital.

Le meilleur moyen pour bien connaître la différence qui existe entre deux états sociaux, dans l'un desquels le sol et le capital sont objet de propriété individuelle, tandis que dans l'autre ils sont objet de propriété sociale, c'est de commencer par se représenter dans l'un et dans l'autre le mouvement général de la production sociale et de la distribution.

Ce mouvement est le même dans les deux états. Dans les deux, une première classe de producteurs tire continuellement de la terre les matières premières (Rohprodukt) ; une autre classe les transforme continuellement en produits de demi-fabrication ou moyens ; enfin une dernière classe fait continuellement des produits poussés jusqu'à ce point des objets propres à l'usage immédiat (Einkommensgüter) ; et ces objets, dans les deux états, se partagent entre tous ceux qui, dans la période considérée, ont participé à la production à tous ses degrés et ont droit à du revenu comme rémunération de cette participation.

Mais dans les deux états les *moyens* par lesquels s'opère ce mouvement, le *titre* de ceux qui viennent au partage du revenu et la *grandeur relative* de leur part, tout cela est absolument différent.

Le trait caractéristique d'une société où existe la propriété du sol et du capital est premièrement que le mouvement de la production sociale et la répartition s'y fait par voie d'*échange*, secondement que d'autres personnes que les producteurs mêmes, les simples propriétaires du sol et du capital sont considérés comme prenant part à la production, et par conséquent, comme ayant droit à une part du revenu social.

Effectivement c'est la propriété du sol et du capital qui seule imprime à la société le caractère d'une *société d'échange*. C'est uniquement à cause de la propriété du sol et du capital, que la production sociale se poursuit moyennant une série d'*achats* et de *ventes*, que tels fabricants achètent les matières premières et vendent les produits à demi-fabriqués, etc. C'est uniquement à cause de la propriété du sol et du capital que la répartition du revenu social s'opère par voie de vente et d'achat, que les ouvriers *sont obligés* de vendre leur travail, que les propriétaires *peuvent* vendre les parts probables (rente) qui reviendraient à leur fonds (terre ou capital) contre les parts fixes, fermage ou intérêt, dont la grandeur fait l'objet d'une convention ; enfin que les possesseurs des objets achevés, prêts pour l'usage, les vendent et que les consommateurs les achètent avec les valeurs qu'ils ont reçues pour leur part. Tous ces acheteurs et ces vendeurs exercent aujourd'hui, bien ou mal, les fonctions économiques nécessaires, et ils sont obligés de les exercer parce que la propriété du sol et du capital bon gré mal gré les y force. De même c'est uniquement la propriété du sol et du capital qui cause, comme je l'ai montré dans ma lettre précédente, la violation continuelle du principe de la propriété ; elle seule oblige les ouvriers à subir le partage léonin qui se fait aujourd'hui entre eux et les propriétaires.

Le caractère d'une société où la propriété du sol et du capital n'existe pas est, au contraire, premièrement que le mouvement de la production et de la répartition s'y opère par voie de decret ou d'arrêté ; secondement que le principe de la propriété y est appliqué dans toute sa pureté, — que les producteurs seuls sont considérés comme participant à la production et, par conséquent, aussi comme venant légitimement au partage du revenu social.

Effectivement, du moment que le sol et le capital, par conséquent le produit social jusqu'à sa répartition en revenu demeurent *en droit*, tout aussi bien qu'ils le sont en fait, communs à la société, l'*échange* disparaît nécessairement, dans tous les cas indiqués où il était tout à l'heure le moyen d'opérer le mouvement de la production et de la répartition. Il est impossible, à présent, que des particuliers achètent les matières premières, puis les revendent transformées à demi à d'autres, qui, après y avoir fait travailler à leur tour, feront comme les premiers jusqu'à ce qu'enfin les produits achevés soient vendus encore par des particuliers aux consommateurs. Cela est impossible ; car tous ces individus ne peuvent se livrer à ces actes d'achat et de vente qu'en qualité de propriétaires des parcelles du capital social dont ils disposent ; or, la propriété privée n'existe plus. Toutes ces opérations vont dépendre de qui, avec la propriété du sol et du capital et partant aussi du produit social, a le droit absolu d'en disposer. Dans notre hypothèse c'est la société seule. Mais la société, au lieu de s'acheter à elle-même les matières premières pour se les revendre à l'état de produit à demi-fabriqué, etc., n'a qu'à faire acte de volonté pour que les matières premières aillent à la fabrique et pour que le produit, après avoir traversé toutes les phases de la production, soit partagé entre les consommateurs. La volonté sociale *décide* et *fixe* là où les volontés individuelles débattaient et faisaient des conventions. La « société d'échange » a dépouillé son vêtement extérieur et se montre ce qu'elle est réellement. La société — je ne parle ici que de l'aspect économique de la société, je sais qu'il y a autre chose de plus relevé — apparaît ce qu'elle a toujours été en réalité, *une société travaillant en commun* selon les plans d'une volonté sociale. — Ce n'est qu'à présent également, après la suppression de la propriété du sol et du capital, que la rente peut être réunie au salaire, celui-ci s'élever par là au niveau du *revenu intégral du travail* et, par conséquent, le principe de la propriété être réalisé dans sa pureté.

Permettez-moi d'analyser davantage cet état social.

Et d'abord quels seraient, sous ce régime, les organes destinés à exercer les fonctions économiques au sein de la société ?

Une société ne peut exécuter sa volonté ou agir que par des chargés d'affaires, agents ou fonctionnaires. De plus, dans notre hypothèse, le sol tout entier et le capital tout entier appartiennent à la société, à l'état. Un *organe de la société* TOUT ENTIÈRE peut seul, par conséquent, administrer le sol et le capital de la société, gouverner la production sociale et la répartition. Mais un organe de la société tout entière est un *organe* CENTRAL, une autorité centrale.

Cette autorité centrale, d'origine monarchique ou démocratique peu importe (au point de vue économique, sinon au point de vue moral), réunirait dans une même main toutes les fonctions économiques dont est chargée aujourd'hui pour la plus faible partie seulement un fonctionnaire, le ministre des finances, et qui pour la partie de beaucoup la plus considérable sont déléguées à des particuliers, notamment sont émiettées entre les différents propriétaires du sol et du capital. L'autorité centrale les exercerait de la façon et avec le résultat que l'on est en droit d'attendre et de l'unité qu'elles auraient alors et de l'application directe qui en serait faite alors au but à atteindre.

Ainsi c'est une autorité sociale qui ajusterait à présent la production sociale au besoin social, qui maintiendrait le produit social au niveau des moyens de production, qui règlerait la répartition du revenu social selon les maximes du droit social indiqué tout à l'heure.

De quelle manière cette autorité devrait-elle exercer ces fonctions ?

En premier lieu, pour faire en sorte que la production sociale correspondît au besoin social, il faudrait avant tout qu'elle prît connaissance de ce besoin. Comment cette connaissance est-elle possible ? Quels sont les besoins à satisfaire, le champ des besoins étant indéfini pour la société comme pour l'individu ?

Examinons la question.

Il y a des besoins publics (besoin de l'Etat) que la société contraint les individus à satisfaire, et des besoins privés qu'elle laisse à chacun la liberté de satisfaire. L'économie sociale n'a pas à découvrir quels sont les premiers, ils sont déterminés par la volonté sociale (représentée par le prince, par des députés ou par des assemblées générales des citoyens) et par suite *donnés* à l'économie sociale (c'est le budget des dépenses). Il s'agit donc seulement de la facilité qu'elle trouve dans le régime que nous étudions pour parvenir à la connaissance des besoins privés.

Qu'est-ce qui fait au fond la difficulté de connaître les besoins privés. Ce n'est pas de savoir quels sont les besoins des individus et avec quoi on peut les satisfaire. Les besoins forment en général chez tous les hommes — la nature humaine et la mode sont là pour cela — une même série, et l'on sait aussi quels objets exige chaque besoin et en quelle quantité. Là n'est pas la difficulté. La difficulté est de savoir jusqu'à qu'elle limite la série des besoins peut être satisfaite chez tous avec les moyens existants; elle se trouve dans la *comparaison* de la *force productive* de la société et de la part de force de chacun avec les *besoins* qu'il a à satisfaire.

Mais justement, sous un régime où la propriété du sol et du capital n'existe pas, cette comparaison est possible.

Pourvu que l'on connaisse *le* TEMPS *que quiconque prend part à la production consent à consacrer au travail productif*, on peut connaître aussi dans quelles limites les moyens suffisent à couvrir la série des besoins de chacun. Cette connaissance une fois obtenue, on sait aussi quelle est la *nature* des besoins à satisfaire, et partant aussi *quels* sont les objets à produire et *en quelle quantité*.

Je dis que le travail que chacun s'engage à fournir est un moyen de comparaison entre la force productive de la société, ou la part de force productive de chacun, et ses besoins à satisfaire. Je dis qu'il suffit de savoir, par exemple, qu'un million d'ouvriers consentent et s'engagent à travail-vailler 300 jours par an pour être en état de savoir quels sont les besoins particuliers à la satisfaction desquels ces forces productives doivent être employées.

S'il est exact que la durée du travail est une mesure commune de la force productive et des besoins, rien de plus clair que la façon de procéder ensuite.

Le droit public détermine non seulement quels sont les besoins publics auxquels il faut pourvoir, mais encore dans quelle mesure les producteurs particuliers doivent contribuer à y pourvoir. Si le travail est bien la mesure dont nous parlons, l'économie sociale pourra donc mesurer combien de travail (Zeitarbeit) il faut au total pour couvrir entièrement les besoins publics, et aussi qu'elle devra être la part contributive des producteurs particuliers. Elle saura donc aussi combien de travail (Zeitarbeit) reste disponible chez chacun pour la satisfaction de ses besoins individuels; de plus, le régime de droit supposé voulant que chaque producteur reçoive la valeur intégrale du produit de son travail, déduction faite seulement de sa contribution aux charges publiques, elle pourra mesurer aussi dans quelles limites ce reste sert à la satisfaction des besoins individuels des particuliers. Elle n'aura plus ensuite qu'à répartir, selon les résultats obtenus, la somme totale du travail à fournir entre les productions particulières et à l'y employer.

Mais la question à résoudre préalablement est justement de savoir si cette mesure est exacte. On demande comment le travail, la durée du travail productif peut, sans plus, servir de mesure pour comparer la force productive et les besoins. La supposition est-elle vraie? La durée du travail est-elle, à elle seule, une mesure de la satisfaction? Est-il possible que la durée du travail, soit à elle, seule une mesure de la satisfaction?

Pour l'homme isolé la réponse serait nettement affirmative. La productivité de son travail étant connue, l'homme isolé pourrait fort bien mesurer la richesse qu'il serait capable de se procurer avec 100 journées de travail, quels besoins il serait capable de satisfaire et en quelle quantité il serait capable de les satisfaire avec 100 journées de travail. Donc pour l'homme isolé la durée du travail pourrait, cela ne fait aucun doute, être une mesure de la satisfaction. Une mesure, non dans le sens où le mètre mesure les longueurs, mais dans le sens où le thermomètre mesure la chaleur. De même que les contractions et les dilatations du mercure mesurent les variations de chaleur, de même pour l'homme isolé des quantités différentes de travail (Zeitarbeit) mesurent la grandeur de la satisfaction que ce travail lui procurerait.

Seulement le travail peut-il également, sous le régime de la division du travail, être une mesure à l'usage de l'administration? On en peut douter au premier abord pour trois raisons :

Premièrement les différents travaux dans les différents genres de production exigent une peine et une force différente, et, partant, les mêmes quantités de travail (Zeitarbeit) n'ont pas la même valeur productive dans des genres de production différents.

Secondement, dans un même genre de production, les différents ouvriers n'ont ni le même zèle, ni la même habileté, et par suite, encore une fois, des sommes égales de travail (Zeitarbeit) fourni par des ouvriers différents n'ont pas la même valeur productive.

Troisièmement la productivité du travail en tout genre change, et pour cette dernière raison encore des quantités égales de travail n'ont pas la même valeur productive.

Ce sont là des différences très-réelles, et il semble que ce soit autant d'obstacles qui empêchent de prendre la durée du travail comme mesure à la fois de la force productive et des besoins à satisfaire. S'il était impossible d'éliminer ces différences, l'administration échouerait indubitablement dans la tentative de déterminer d'après la quantité du travail connue d'avance les besoins que l'on pourra satisfaire.

Mais ces différences ne sont pas irréductibles et partant les obstacles qu'elles forment ne sont pas insurmontables.

Supposons pour un instant que la troisième de ces différences n'existe pas, supposons que la productivité du travail, connue de l'administration, *ne change pas* (comme il arrive s'il ne s'agit d'abord que de la productivité à une seule et même époque) et voyons s'il est possible d'écarter les difficultés qui tiennent à la différence des travaux et à la différence des ouvriers.

Cela est possible en effet.

En premier lieu on peut écarter la difficulté qui naît de la différence des travaux en admettant un *temps normal de travail* (normale Arbeitszeit).

Par exemple une journée de travail n'ayant pas la même valeur productive dans les différents genres de production, on estimera les travaux différents les uns par rapport aux autres et on les exprimera uniformément en temps normal de travail. On pourra dire que dans tel genre de production *une journée de travail* ou *une heure de travail* contient tant d'heures d'horloge, ou de minutes d'horloge, et, dans un autre genre de travail, tant et tant; ce qui n'empêchera pas de diviser la journée normale ou l'heure normale, dans les différents genres de production, en un même nombre d'heures de travail normales ou de minutes de travail normales. On aura donc, pour tous les genres de production, dans la journée normale ou dans l'heure normale une unité de mesure invariable et dès lors une sorte d'instrument qui marque la valeur productive d'une durée donnée de travail dans tous les genres de production (1).

En second lieu la difficulté qui naît de la différence des ouvriers peut être également écartée, et cela grâce à la *tâche normale par jour* (normales Tagewerk).

L'administration n'a qu'à demander aux intéressés quelle est en chaque genre de production la quantité de produit d'un ouvrier d'application et d'habileté moyenne *en une journée normale*, et à prendre cette moyenne comme la quantité de produit d'une certaine quantité de travail mesuré en temps normal. Dans la nature comme dans la société les nombres moyens seuls font loi et les va-

(1) C'est ce qui a lieu déjà aujourd'hui. La journée de travail n'a pas toujours dans les différentes industries la même durée; toutefois là même où elle est plus courte elle est payée comme une journée pleine.

riations au-dessus et au-dessous se compensent nécessairement, précisément parce que ce sont des nombres moyens.

Grâce à cette *tâche normale*, grâce à ce produit moyen d'un ouvrier moyen pendant une durée déterminée de temps normal, l'administration pourra donc encore, en dépit de la seconde différence, celle des ouvriers entre eux, mesurer jusqu'à quelle limite une certaine somme de travail estimée en temps normal suffit à la satisfaction des besoins.

Ainsi, pourvu que l'hypothèse fût réalisée, c'est-à-dire que la productivité ne variât pas, l'administration pourrait, malgré la différence des travaux et la différence des ouvriers, conclure d'une certaine somme de travail donné aux besoins à satisfaire. Supposons par exemple que chaque membre de la société se charge de fournir 300 journées de travail et que, le droit public ayant décidé que 10 journées seront prélevées pour les besoins publics, il en reste 290 pour les besoins individuels. Je soutiens que, pour une productivité déterminée et connue, on pourrait, grâce au temps normal et à la tâche normale, mesurer exactement dans quelles limites, avec cette quantité de travail annuel, le besoin social pourrait être satisfait, en vue de quels besoins généraux et particuliers il faudrait produire. Ainsi, dans la société, aussi bien que pour l'homme isolé *la durée du travail pourrait à elle seule fournir la mesure des satisfactions*.

Mais, si l'administration, dans la société que je décris, connaît la productivité du travail *à un moment donné*, puisqu'elle est en possession de tous les moyens de production, du sol tout entier et de tout le capital, cela n'empêche pas la productivité de *varier*. Cette variation n'est pas négligeable, bien loin de là. L'accroissement de la productivité, c'est-à-dire ce fait que la même quantité de travail procure une satisfaction de plus en plus grande, grâce à l'amélioration du sol, à la culture de produits plus avantageux, au perfectionnement des outils, des machines et des procédés, cet accroissement, dis-je, est l'unique source véritable de l'accroissement de la richesse. Aussi, bien que, pour *une certaine productivité*, c'est-à-dire *à une certaine époque*, l'administration puisse mesurer, grâce au temps normal et à la tâche normale, combien de satisfaction donne telle quantité de travail annuelle, cette mesure cesse peu à peu d'être exacte. Elle n'est plus exacte précisément parce que, la productivité croissant, la même quantité de travail annuel donne peu à peu un produit plus grand, parce qu'il faut de moins en moins de travail annuel pour produire les objets destinés à satisfaire un besoin déterminé, et que par conséquent, avec la même somme de 290 journées de travail on pourvoit de plus en plus largement aux besoins des individus.

Toutefois cette difficulté elle-même peut être levée ; tout simplement par une révision périodique de la mesure, du temps normal et de la tâche normale. Il suffit d'indiquer cela, tant cela est clair.

Ainsi l'administration, en sachant *quelle quantité de travail chaque membre de la société s'engage à fournir*, sait aussi jusqu'à quelle limite des besoins individuels la production doit s'élever. Grâce à la connaissance anticipée du travail que les individus s'engagent à fournir, l'administration est également en mesure de connaître d'avance l'emploi à faire de cette somme de travail en vue de la satisfaction des besoins dans l'ensemble et dans le détail. Ne réussit-elle pas dans cette prévision, elle est dans la même situation que les entrepreneurs d'aujourd'hui ; comme eux elle est réduite à faire des inférences du passé à l'avenir. Réussit-elle au contraire, tout n'en va que mieux. Mais la fixation anticipée, ou la prévision du travail à fournir par les individus ne s'accorderait qu'avec les principes les plus élevés de la morale.

Le besoin social une fois déterminé de la façon qu'on vient de dire, la direction à donner en conséquence à la production sociale ne peut offrir de difficulté. — L'administration centrale, connaissant la somme totale de travail social, ayant seule la disposition du capital social tout entier, n'a qu'à ouvrir les ateliers de production particuliers conformément aux besoins connus ; elle n'a qu'à diviser et à répartir en conséquence le travail et le capital. Elle n'a qu'à prendre pour cela des arrêtés convenables.

En second lieu, pour maintenir le produit social au niveau des moyens de production, l'administration n'a qu'à employer le travail aux genres de production voulus, déterminés par les besoins connus, à ouvrir les ateliers aux endroits les plus favorables et à les pourvoir des moyens de production les plus convenables. Elle n'aura pas besoin d'attendre une demande de travail en suite d'une demande de produit. Tout travail disponible forme à présent la demande de travail, car tout travail exécuté recevra comme rémunération la valeur de son produit, rien de moins et rien de plus. Elle n'aura pas besoin non plus d'attendre la formation du capital par l'*accumulation* et par l'*épargne*. Le capital, *le capital en lui-même* (Kapital an sich), n'est en général ni *épargné* ni *amassé*, mais il est *produit* par le travail social convenablement divisé à cet effet. Il est le *résultat*, non la *condition* du travail. Dans l'état social que nous analysons, il suffit qu'il soit réuni dans les ateliers par un arrêté de l'administration ; car le *capital privé* (Privatkapital), le capital dans le sens de *fortune* (Kapitalvermögen), le capital dans le sens de *propriété* (Kapitaleigenthum), cette chose dont on dit qu'elle se forme par l'*épargne* et l'*accumulation*, n'existe pas ici. Je reviendrai plus longuement sur ce point. — On ne créerait pas non plus de monopoles artificiels grâce à des secrets industriels, on n'entretiendrait pas certaines branches d'industries *en dépit de la nature*; l'administration généraliserait immédiatement tous les progrès de la productivité, et elle n'ouvrirait un atelier qu'à l'endroit assigné naturellement par les conditions de l'industrie, les moyens existants et les relations avec les consommateurs. Elle résoudrait directement le problème que le système protectionniste croit pouvoir résoudre indirectement, mais que la plupart du temps il ne résout pas du tout.

En troisième lieu comment l'administration procédera-t-elle pour répartir le revenu social conformément aux principes du régime de droit que nous analysons en ce moment ?

J'ai besoin de rappeler que ces principes n'ont pas un caractère *communiste*, c'est-à-dire qu'ils ne veulent pas que la part de chaque individu soit indépendante de ce qu'il a fait et qu'elle soit fixée arbitrairement par la volonté sociale toute seule. Loin de là, ces principes disent que chacun prétend légitimement à la propriété de la *valeur intégrale* du produit de son travail, et qu'on ne doit retrancher du produit ainsi défini que la part pour laquelle chacun doit contribuer aux besoins publics. C'est précisément sous ce régime que se réaliserait le mot de Stirner : « Je dois avoir *autant* que je suis capable de m'approprier. »

Aujourd'hui, avec la propriété du sol et du capital, les produits *sont échangés* librement les uns contre les autres et reçoivent ainsi leur VALEUR les uns par rapport aux autres. C'est au moyen de cette *valeur convenue* entre les échangeurs, valeur attribuée au produit que chacun livre et met sur le marché qu'est déterminée en général la grandeur de la part du revenu social qu'il reçoit en compensation.

Dans l'état social que nous supposons, l'administration devrait établir les principes de l'équivalence entre les produits en général et par conséquent aussi entre le produit et le revenu. Elle devait fixer *la valeur du produit du travail de chacun en tout autre genre de produit et par conséquent aussi en objets de consommation ou produits achevés* (in fertigen Einkommensgütern) et veiller ensuite à ce que chacun obtînt, c'est-à-dire eût à sa disposition en pleine propriété, précisément cette quantité de revenu.

L'administration est-elle en mesure de le faire?

Oui, en employant pour cela deux moyens :

A) *en fixant la valeur de tous les produits ;*

B) *en créant une monnaie qui réponde complètement à l'idée de la monnaie.*

Sur le premier point A :

Comment la valeur peut-elle être fixée? Ne dépend-elle pas en dernière analyse du *besoin* ? Y a-t-il rien de plus varié et de plus changeant que le besoin? La valeur des produits sociaux n'est-elle pas une série de purs rapports? Toute fixation de la valeur n'est-elle pas réduite à néant dès qu'un besoin ne trouve pas sa satisfaction dans les produits et que, par conséquent, le rapport soit supprimé?

Tout cela est incontestablement vrai.

Mais, si *l'administration économique maintient la production au niveau des besoins, la valeur peut assurément être fixée.*

Il est nécessaire sans doute, de toute nécessité, que la production soit au niveau des besoins. Mais j'ai montré que cette condition, rigoureusement indispensable, peut être remplie complètement dans un état social où le sol et le capital appartiennent à la société et où la propriété privée n'a pour objet que le revenu, état social dans lequel une administration a le gouvernement du sol et du capital. La condition *sine qua non* de la solution du problème peut donc être considérée comme réalisée dans la société que nous avons en vue maintenant ; toute la question qui reste est de savoir si, alors que les produits existants répondent toujours exactement en qualité et en quantité aux besoins existants, la valeur des produits les uns par rapport aux autres peut être fixée à l'aide d'une mesure universelle? La question est de savoir s'il y a une mesure, qui, sans causer le moindre trouble dans l'harmonie juridique et économique de la division du produit commun, peut indiquer quelle quantité de revenu social revient à chaque producteur pour son produit ?

A quoi je réponds : *le* TRAVAIL *est la mesure cherchée.*

J'ai montré dans ma lettre précédente, à la page 28 (p. 69 de la sec. édit.) de quelle manière on peut calculer le *coût* de chaque produit d'après le travail. Le montant en est le travail immédiat + le travail médiat, c'est-à-dire celui qu'il faut compter en sus à raison de l'usure de l'outillage m : $+ \frac{n}{x}$ travail.

La valeur d'un produit peut être fixée d'après la somme du travail immédiat et du travail médiat qu'il coûte.

Cependant les économistes ont une foule d'objections à élever contre cette assertion. Ils contestent non pas que le coût naturel de chaque produit puisse être calculé d'après la formule $m + \frac{n}{x}$ travail, mais que le coût ainsi calculé puisse être une *mesure de la valeur* et par conséquent aussi que la valeur puisse être fixée ainsi.

Première objection. Dans une société où, à cause de l'existence de la propriété du sol et du capital la rente existe, il faut, disent les économistes, ajouter à la valeur le montant de la rente, tout au moins le profit du capital. Pourtant j'ai montré en détail dans ma précédente lettre que cette objection ne porte pas, que toutes nos rentes actuelles peuvent être payées avec une valeur du produit social égale au travail qu'il a coûté, sans plus. — Quoi qu'il en soit, d'ailleurs, cette objection tombe quand il s'agit de la société que nous avons en vue en ce moment; car là où il n'y a pas de propriété du sol et du capital, il n'y a pas non plus de rente.

Mais les économistes ont encore d'autres objections plus spécieuses. L'*homme isolé*, disent-ils, pourra bien, il est vrai, calculer le coût de travail de chacun de ses produits, et, si l'on commet la faute d'identifier le coût et la valeur, estimer aussi la valeur en travail. Mais, au sein de la société, la valeur n'est que le médium de la répartition du produit créé en commun, de la répartition de ce produit entre les copartageants. C'est essentiellement *la valeur (Geltung) que le résultat du travail a pour la communauté* et qui doit aussi déterminer *la récompense* (Vergeltung) de l'individu à prendre sur le résultat du travail de la communauté. C'est la *mesure de la compensation réciproque* (Richtmass dieser Geltung und Vergeltung). Comment la valeur peut-elle donc être fixée d'après le travail? comment le travail peut-il être la mesure de la valeur? — Cela est impossible pour plusieurs raisons :

Premièrement, dans les différents genres de production, les *travaux* n'ont pas la même intensité, n'exigent pas le même effort ni la même habileté, et par conséquent, ne représentent pas des durées égales. En d'autres termes : dans les différents genres de production la journée de travail n'a pas la même longueur.

Secondement dans un seul et même genre de production les *ouvriers* ne sont pas tous également bien doués, ils n'ont pas tous le même zèle, la même habileté et la même force ; en d'autres termes dans le même genre de production l'*ouvrage* accompli *par jour* par différents ouvriers n'est pas le même.

Troisièmement à une même époque le travail n'est pas partout également productif, en raison des conditions du milieu naturel. Une même quantité de travail donne par exemple plus de produit sur le champ A que sur le champ B, à cause de la fertilité supérieure du premier.

Quatrièmement la productivité du travail varie encore avec le temps ; à cause des progrès de l'agriculture la même quantité de travail donnera plus de produit dans un an qu'aujourd'hui.

De deux choses l'une assurément : ou les faits allégués sont faux ou les difficultés ne sont pas insurmontables ; sans quoi le travail ne peut être la mesure de la valeur, la valeur ne peut être fixée d'après le travail que coûte un produit. Il faut, en effet, que la mesure de la réciprocité de service enfermée dans les produits du travail des individus soit juste. Mais il n'est pas juste que le travail facile soi traité de la même façon que le travail difficile, que le produit plus abondant et meilleur de l'homme laborieux soit traité de la même façon que le produit moindre et moins bon du paresseux, qu'une plus grande quantité de blé venant d'un sol fertile soit traitée de la même façon qu'une moindre quantité venant d'un sol stérile, etc.

Ces objections ne sont pas fausses, les différences alléguées existent très réellement. Mais la vérité est que *ces différences peuvent être éliminées et par suite les difficultés qu'elles font naître peuvent être écartées.*

Et d'abord on peut éliminer les différences des *travaux* et des *ouvriers* grâce au TRAVAIL NORMAL pris pour mesure.

J'ai défini plus haut la mesure appelée *temps normal* (normale Arbeitszeit) qui élimine la différence des travaux. J'ai défini également la *tâche normale* qui élimine la différence des ouvriers (normales Tagewerk). La mesure appelée TRAVAIL NORMAL (normale Arbeit) est le produit du temps normal et de la tâche normale. Le *travail normal* est le travail que coûte la *tâche normale.* On assigne à une quantité quelconque de produit une quantité de travail normal proportionnelle à ce qu'a coûté de travail la quantité de produit égale à la tâche normale. Une quantité de produit égale à 1/2 tâche normale est considérée comme si elle avait coûté 1/2 travail normal, quand bien même en réalité, à cause de la paressse et de la maladresse de l'ouvrier, elle aurait coûté le double de travail. Une quantité de produit égale à 5/4 de tâche normale est considérée comme si elle avait coûté 5/4 de travail normal, quand même l'ouvrier l'aurait produite avec moins de travail.

Par conséquent, quand il s'agit d'une société de travailleurs dans laquelle la valeur est destinée à réaliser la juste rémunération de chaque individu, le travail qui doit servir à fixer la valeur ne peut certainement plus être le travail par heure d'horloge, mais uniquement le *travail normal.* Mais aussi le travail normal peut-il fort bien servir à cela. La valeur d'une quantité quelconque de produit sera nécessairement fixée d'après la quantité de *travail normal* calculée pour cette quantité de produit. La formule

$m + \frac{n}{x}$ travail devient $m + \frac{n}{x}$ travail normal.

Mais du coup l'objection des économistes est renversée, car la différence des travaux et celle des ouvriers disparaît entièrement grâce à la considération du travail normal. Dès que la valeur est fixée en travail normal, on ne met plus en regard sur le même pied le travail difficile et le travail facile, le produit par jour de l'ouvrier paresseux et celui de l'ouvrier laborieux. Toutes les fractions sont maintenant réduites au même dénominateur. La différence des travaux est prise en considération grâce à la *journée nor-*

male, celle des ouvriers grâce à la *tâche normale ;* ou plutôt ces différences sont supprimées et l'on tient dans le *travail normal* la mesure uniforme et équitable qui mesure la valeur, cédée ou obtenue, de tout produit quelconque du travail d'un individu.

Maintenant est-il bien difficile de déterminer la journée normale, la tâche normale par jour et le travail normal ? — Cela est si facile qu'aujourd'hui même, en pleine anarchie industrielle, en pleine guerre de tous contre tous, et particulièrement au milieu du conflit aigu entre les ouvriers et les entrepreneurs, *cela se fait déjà*, quoique imparfaitement. — La société n'aurait qu'à garantir dans toutes les productions un prix fixe pour le travail à la tâche, et l'on verrait bien vite les ouvriers non seulement perdre leur antipathie contre le travail à la tâche, mais encore faire disparaître l'inégalité des travaux et des ouvriers au moyen des tarifs que ce genre de rémunération rendrait nécessaires.

La troisième inégalité serait écartée de la même manière ; ou plutôt elle disparaît d'elle-même grâce à la communauté du sol et du capital. Prenez n'importe quel produit de l'industrie minière. Les mines ne sont pas toutes également riches et la même quantité de travail, fût-ce de travail normal, ne produit pas autant dans la mine la plus pauvre que dans la plus riche. On ne peut rien contre cette inégalité naturelle. Mais la communauté du sol et du capital, pourvu que le principe de la propriété soit en même temps respecté, reconnaît comme légitime l'inégalité qui vient des personnes ; elle permet que l'individu plus habile ou plus laborieux gagne plus que le maladroit ou le paresseux (le travail normal sert précisément à cela) ; en revanche elle ne permet plus que les faveurs inégales de la nature, la différence du sol en tel point et en tel autre, profite à tel ou tel individu. Tant que la propriété privée du sol existe, la mine la plus riche devient un monopole naturel au profit du propriétaire. Non pas que ce soit le monopole qui cause la rente foncière, au cas particulier la rente des propriétaires de mines. Cela, c'est une théorie fausse que je crois avoir réfutée en prouvant qu'il peut y avoir une rente foncière même dans le cas d'une égale richesse des mines, d'une égale fertilité des terres, même dans le cas où la valeur du produit étant égale au travail qu'il coûte, n'est en aucune façon un prix de monopole. Seulement le monopole donne à un certain propriétaire une *rente différentielle*. Car il arrivera souvent que la mine la plus pauvre détermine le prix, et il ne peut y avoir qu'un prix sur le marché. Le produit de la mine la plus riche est payé au prix du produit de la mine la plus pauvre, c'est-à-dire obtient un prix de monopole. C'est ce qui arriverait encore dans le cas de propriété communale du sol et du capital ; la société se dissoudrait en petites sociétés particulières à communisme intérieur ; mais ces petites sociétés formeraient elles-mêmes entre elles une *société échangiste*, avec cette différence que les échangeurs ne seraient plus des individus mais des corporations. Le prix de monopole ou le gain différentiel subsisterait, seulement ce serait alors la commune dont le territoire serait par bonheur plus fertile qui en profiterait (1). Mais l'injustice serait encore plus criante. Non seulement la société tout entière en tant que consommateur souffrirait comme auparavant du gain différentiel, mais ce sont les ouvriers seuls, en qualité d'ouvriers, qui ressentiraient le mal. En effet, tandis qu'aujourd'hui le salaire est partout le même,

(1) Proudhon, qui dans son *Idée générale de la révolution* ne réussit pas encore à se débarrasser de cette idée de la division de la société en compagnies industrielles détachées, veut du moins faire entre elles après coup une répartition de la rente différentielle. Ainsi il laisse d'abord le mal se faire pour le réparer ensuite.

aussi élevé sur une terre stérile que sur une terre fertile, les ouvriers de l'endroit le plus fertile percevraient alors un revenu supérieur. Le tort que la *rente* cause aux ouvriers serait, il est vrai, effacé, la rente serait partout jointe au salaire, mais la justice *entre ouvriers* serait violée. — Au contraire, si c'est à la société tout entière qu'appartiennent le sol et le capital, les faveurs de la nature ne profitent plus ni à tel individu, ni à telle corporation particulière. La société tout entière en bénificie. Alors la valeur d'une certaine quantité de produit ne peut plus être fixée seulement d'après le travail normal des individus vivant en des localités séparées, elle est fixée nécessairement d'après la moyenne de travail que l'ensemble du produit social de tel genre a coûté, en quelque endroit qu'il soit exécuté. La valeur moyenne remplace la valeur de monopole. L'excès de valeur dû au monopole disparaît et les faveurs de la nature en tel ou tel endroit ne confèrent plus à des individus ou à des sociétés particulières sous forme de gain différentiel un avantage immérité ; par l'abaissement de la valeur moyenne elles deviennent un présent fait par la nature à la société tout entière, tandis que l'inégalité personnelle des individus subsiste avec ses effets.

Voilà donc comment — grâce à la fois au travail normal et au travail social moyen — le produit social pourrait être évalué et sa valeur fixée dans l'ensemble et dans le détail. Le produit agricole (primaire) pris dans son ensemble aurait une valeur égale à l'ensemble du travail immédiat qui le produit + l'ensemble du travail médiat représenté par l'usure et l'entretien de l'outillage. Le produit secondaire ou moyen (Halbfabrikat) aurait une valeur composée de la même façon + la valeur du produit primaire. De même encore le produit du degré suivant, (das Fabrikat) aurait une valeur pareillement calculée + la valeur du produit secondaire, etc. La valeur du produit social entièrement achevé ou du *revenu social* serait composée de tout le travail immédiat de ce dernier degré + la totalité du travail immédiat et médiat de tous les degrés précédents. Elle serait égale à la *somme totale* des *travaux effectivement exécutés* pendant la période considérée, — exprimés, bien entendu, en *travail normal*. De la valeur totale de l'ensemble des produits ainsi fixée se déduirait la valeur totale de chaque catégorie de produits. De celle-ci la valeur d'une quantité quelconque. Par exemple la valeur fixée d'un boisseau de blé serait le quotient de la valeur totale du blé produit par le nombre de boisseaux d'une récolte moyenne. Si difficile que puisse sembler cette détermination de la valeur dans la *pratique* et dans le détail, elle n'en serait pas moins exacte *en principe*.

La difficulté pratique n'est d'ailleurs pas si grande qu'elle le semble, parce que là où commmencent véritablement les difficultés, les déterminations pourraient être plus arbitraires. En effet, le rôle principal de la valeur est de servir de *régulateur de la répartition*, d'empêcher qu'aucun producteur soit avantagé ou lésé. Aussi, quand il s'agit de fixer la valeur, ce qui importe n'est pas tant d'en connaître exactement le *montant* pour le produit social dans son ensemble et dans ses parties, que d'apprécier exactement les *proportions* de travail personnel, la journée normale et la tâche normale. — La première opération semble rencontrer des difficultés énormes. Que l'on prenne par exemple un produit quelconque, il semble presque impossible d'en déterminer exactement la valeur d'après la formule $m + \frac{n}{x}$ travail. Mais il est facile, dans toutes les professions, de traduire la somme du travail donné en travail normal et d'évaluer d'après cela les quantités de produit moyennes d'abord dans l'ensemble puis dans le détail. Cette seconde opération, plus facile, accomplie, une erreur dans le chiffre relatif de la valeur des différents produits ne peut porter obstacle à la justice de la répartition entre les producteurs.

Enfin la quatrième difficulté, comme je l'ai déjà indiqué, peut être écartée moyennant une *revision périodique* des chiffres. Comme la valeur est avant tout un moyen de *répartition* équitable entre les ouvriers qui travaillent en même temps, l'important est seulement qu'elle soit *au même moment* une mesure juste des produits individuels les uns par rapport aux autres, qu'elle ne lèse pas certains participants au profit des autres. Si le travail social devenait peu à peu plus productif, la même quantité de produit représenterait donc peu à peu une moindre quantité de travail. La valeur fixée d'après la quantité de travail antérieure ne serait plus exacte. Or, comme les individus, comme je vais le montrer, auraient le droit de réclamer leur récompense d'après la valeur (valeur fixée) *livrée par eux*, l'EXCÉDENT *de produit* dû à l'accroissement de la productivité, dont la valeur serait fixée d'après le travail antérieur, ne serait pas distribué injustement pour cela, mais il ne serait pas distribué du tout. Il resterait dans les magasins sociaux. Le moment serait venu alors de réviser les valeurs précédemment fixées. La valeur devrait être abaissée et par là le dividende effectif élevé au niveau du produit réel.

Sur le second point B :

L'administration économique remettrait à chaque producteur un reçu de *tant de travail normal*, représenté par le produit réel qu'il a créé, selon les règles de calcul ci-dessus exposées. Ce *papier* porterait mention exactement de la valeur créée par lui et pourrait par conséquent être aux mains du porteur un bon pour une valeur égale. Cette valeur égale, il pourrait la retirer en compensation de son travail, sous la forme d'objets de consommation quelconques dans les magasins sociaux, contre remise de son bon, absolument comme aujourd'hui il les prend dans les boutiques des particuliers contre argent.

Ces bons de travail normal formeraient le *moyen de circulation* de l'état social considéré dans la mesure où un moyen decirculation serait encore nécessaire. En effet, tout le sol et tout le capital étant alors communs à tous les producteurs et par suite confiés aux soins d'une administration unique, il n'y aurait pas besoin de moyen de circulation pour faire passer la laine des mains de l'éleveur dans celles du filateur, en d'autres termes pour opérer le mouvement général du capital à travers tous les degrés de la production. Cela se ferait par décison administrative, à peu près comme aujourd'hui dans une exploitation agricole un ordre du maître suffit pour faire porter le grain une fois battu dans l'endroit où il sera nettoyé. Ces bons de travail normal ne seraient que le moyen de liquidation entre les productéurs unispar ladivision du travail, ils exprimeraient seulement avec précision combien il revient à chaque producteur dans le *revenu* créé en commun. Ce serait la monnaie la plus parfaite que l'on puisse concevoir. Premièrement cette monnaie serait une *mesure parfaite de la valeur*, puisque chaque titre énoncerait précisément la quantité de valeur qui aurait été calculée. Secondement elle offrirait une *sécurité absolue*, puisque elle ne serait émise que si la valeur énoncée existait réellement; troisièmement elle ne coûterait rien, elle ne serait par elle-même qu'un morceau de papier sans valeur, lequel remplirait pourtant de la façon la plus parfaite le rôle de la monnaie.

Ce n'est que dans l'hypothèse que je viens de faire et selon les principes que je viens d'exposer que peut avoir lieu la fixation de la valeur cherchée par Proudhon (1) et

(1) Proudhon dans son dernier ouvrage, *Idée générale de la évolution*, a fait une autre proposition concernant la fixation de

l'émission de cette monnaie rêvée par notre ancien collègue le comte Cieszkowski dans son ingénieux livre : *Du crédit et de la circulation.* En effet c'est seulement dans l'hypo-

la valeur. « Comme dans le régime actuel, dit-il, le producteur n'a aucune garantie d'échange, ni le commerçant aucune certitude de revendre, chacun s'efforce de faire passer sa marchandise au plus haut prix possible, afin d'obtenir par l'exagération du bénéfice la sécurité que ne donnent pas suffisamment le travail et l'échange ». En conséquence *la société doit garantir le juste prix* des marchandises. Toutes les marchandises doivent être délivrées aux conditions suivantes : « L'*Etat*, au nom des intérêts que provisoirement il représente, les départements et les communes au nom de leurs habitants respectifs offrent de *garantir* aux entrepreneurs qui offriront les conditions les plus avantageuses soit un intérêt pour les capitaux et le matériel engagé dans leurs entreprises, soit un traitement fixe, soit, s'il y a lieu, une masse suffisante de commandes. » — Il résulte clairement de tout ce précède que cette façon de fixer la valeur est impossible aussi bien que toute autre tant que rien ne *garantit* la correspondance exacte de la production sociale au besoin social. Si l'on n'a pas cette garantie là, on comprend qu'il ne peut y avoir une garantie du prix. Mais cette garantie là est impossible avec la propriété du sol et du capital, qui interdit aux entrepreneurs une vue générale du besoin social. Ce n'est pas la spéculation qui est aujourd'hui la cause de la fluctuation des prix, — la spécultation s'efforce au contraire continuellement de bien connaître les besoins —; la cause véritable est que la spéculation ne peut être qu'un tâtonnement aveugle, auquel le besoin dans son ensemble échappe continuellement, et cela sans remède.

D'ailleurs cette idée de Proudhon n'est pas neuve. Dans un acte impérial de 1668 on lit : « ... Considérant que les merciers, tailleurs, marchands de soieries et autres qui font le commerce des étoffes et des habits élèvent fréquemment les prix aussi haut qu'ils peuvent au grand préjudice du public, tout magistrat devra dans son ressort veiller à cet objet ; et là où il apparaîtra qu'il est expédient de taxer les marchandises, il en règlera le prix équitablement en raison du prix d'achat, des frais supplémentaires et autres circonstances (toutes choses à rechercher par les moyens à ce nécessaire) ; et si quelqu'un contrevient aux arrêtés pris à ce sujet, il devra être prononcé contre le délinquant soit la confiscation des marchandises vendues à prix indu, soit d'autres peines arbitraires. » (V. Gerstlachers, *Hdbch. d. deutsch. Reichsgesteze.*)

thèse de la suppression de la propriété du sol et du capital et de la gestion des deux par une administration qui *maintienne la production au niveau des besoins*, c'est aussi avec le *travail normal* comme mesure, que la fixation de la valeur peut tenir compte de toutes les circonstances variables desquelles la valeur dépend et en garder la propor-

Du reste il est intéressant de voir ce que Proudhon, le père de l'*anarchie*, pense de l'anarchie en matière économique. « Certains économistes, dit-il, il ne faut pas se lasser de rappeler cette honte, n'en prétendent pas moins ériger en loi le désordre du marché et l'arbitraire mercantile. Il y voient un principe aussi sacré que celui de la famille et du travail. L'école de Say, vendue au capitalisme anglais et indigène, après les jésuites, foyer le plus infect de contre-révolution, semble n'exister depuis dix ans que pour patronner et préconiser l'exécrable industrie des accapareurs de capitaux et de denrées, en épaississant de plus en plus les ténèbres d'une science naturellement ardue et pleine de complications. » — « Les disciples de Malthus et de Say, repoussant de toutes leurs forces l'intervention de l'Etat dans les choses du commerce et de l'industrie, ne manquent pas de se prévaloir, à l'occasion, de ces apparences libérales, et de se prétendre plus révolutionnaires que la révolution. Plus d'un esprit honnête s'y est laissé prendre : on n'a pas vu que cette abstention du Pouvoir en matière économique était la base même du gouvernement. Qu'aurions-nous à faire d'une organisation politique, en effet, si le Pouvoir nous faisait jouir une fois de l'ordre économique ? » — « Si toutes les choses qui font la matière des contrats se vendaient, se louaient ou s'échangeaient d'après cette règle (le juste prix), le monde entier serait à l'aise : la paix serait inviolable sur la terre ; il n'y aurait jamais eu ni soldats ni esclaves, ni conquérants ni nobles. Mais, pour le malheur de l'humanité, les choses ne se passent point ainsi dans le commerce. Le *prix* des choses n'est point adéquat à leur valeur ; il est plus ou moins considérable, suivant une influence que la justice réprouve, mais que l'anarchie économique excuse, l'agiotage. L'agiotage est l'arbitraire commercial. » — « L'agio, le vol est la compensation de l'insécurité. Tout le monde se livrant à l'agiotage, il y a réciprocité de mensonge dans toutes les relations, tromperie universelle et d'un commun accord sur la valeur des choses. L'agio, c'est l'arbitraire, c'est le hasard et il est contre la nature du hasard de produire l'égalité, l'ordre. Il en résulte que la réciprocité de l'agio n'est

tionnalité intacte. C'est uniquement encore dans les mêmes hypothèses et suivant les mêmes principes que peut être créée une monnaie qui ne traîne pas partout avec elle son gage, comme la monnaie métallique d'aujourd'hui, et qui ne soit pas non plus dépourvue de gage, comme la plupart des billets d'aujourd'hui, — une monnaie qui, étant par elle-même sans aucune valeur, soit toujours gagée par une valeur réelle existante. Sans doute on a déjà exposé des idées pareilles sur la valeur et sur la monnaie, mais non d'une façon correcte à ce qu'il semble.

Reybaud raconte ce qui suit dans ses *Etudes sur les réformateurs :*

« Owen fut compromis plus ostensiblement dans une entreprise tout aussi folle qui s'intitulait: National labour equitable exchange ». Cette fois il ne s'agissait de rien moins que de l'abolition du numéraire que l'on remplaçait par une autre valeur nommée *heures de travail. Une heure de travail* était la dernière fraction de cette monnaie. En retour d'une paire de bottes on fournit un nombre d'*heures de travail* de boulanger ou de tisserand. Un papier monnaie très curieux, énonçant cette valeur, fut fabriqué à cette occasion et pour cet usage. On s'explique difficilement comment l'esprit judicieux de M. Owen a pu être entraîné à ce puéril essai qui n'est guère que le plagiat d'un avortement dont nous avons été témoins en France. Les

autre chose que la réciprocité de l'escroquerie et que cette prétendue *loi* des économistes, appliquée en grand, est le principe le plus actif de spoliation et de misère. » — On comprend qu'avec de pareilles vues il soit difficile à Proudhon de défendre le libre contrat, du moins quant à la chose, car il garde le mot. Entr'autres choses l'État devrait réduire le taux de l'intérêt à 1/4 ou 1/8 0/0, etc. — Il est remarquable que cet esprit pénétrant qui, dans son premier ouvrage : *Qu'est-ce que la propriété?* semblait aller si droit au but, passe à côté et s'en écarte à ce point dans ses ouvrages ultérieurs.

heures de travail ne se ressemblent pas plus que les hommes et un tel ouvrier peut faire en deux heures plus de besogne et de la meilleure besogne qu'un autre ouvrier en quatre heures. C'était encore là une des conséquences de ce fâcheux système qui consiste à vouloir fonder l'égalité sur des inégalités flagrantes. Cette banque d'échange détermina à sa suite et comme corollaire la fondation de magasins coopératifs, où l'usage du numéraire était aboli et où le mouvement des denrées s'opérait par compensation ; mais au bout de quelque temps, banque et magasins étaient frappés de langueur et périssaient d'atonie. » (*Etudes sur les réformateurs contemporains*, par Louis Reybaud, Paris, Guillaumin. 1842).

En 1842, alors que j'exposai pour la première fois dans l'ouvrage souvent cité : *Zur Erkenntniss*, etc, l'idée de la fixation de la valeur et de la monnaie-travail, j'ignorais qu'on en eût jamais fait l'expérience en France et en Angleterre. Jusqu'à présent je n'ai pu trouver aucune information précise sur cette banque d'Owen et la description qu'en donne Reybaud est obscure et incomplète. Mais si les adversaires des idées socialistes et communistes n'ont pas de plus forte objection que celle-là : « les travaux ne se ressemblent pas plus que les ouvriers » elle ne porte pas bien loin. Je crois avoir montré assez clairement que la différence des travaux et des ouvriers peut être éliminée par la fixation de la valeur en *travail normal* et que l'on peut ainsi tenir compte parfaitement de ces différences.

Grâce à la fixation de la valeur et à l'introduction de la monnaie en question l'administration serait en état de régler, du point de vue public et privé, la répartition du revenu social selon les principes du droit alors en vigueur.

Pour mieux le voir, faites abstraction un moment des besoins publics et admettez qu'il n'y en ait pas. Alors chaque producteur recevrait, en monnaie de la forme décrite, un bon pour la valeur *totale* fixée de son produit et par conséquent, il réaliserait aussi en revenu privé la totalité de la valeur de son produit.

De cette façon le revenu social serait liquidé en toute justice et le capital social ne s'en trouverait pas moins reproduit intégralement. Car la valeur totale du revenu social à répartir serait exactement égale à la somme des valeurs des produits individuels et, par conséquent, aussi à la somme de toutes les demandes légitimes des individus. Les producteurs des objets qui ne se consomment pas immédiatement, tels que l'outillage etc., trouveraient comme les autres leur rémunération dans le revenu social, car la valeur serait fixée selon la formule $m + \frac{n}{x}$, en d'autres termes l'usure et la réparation de l'outillage seraient compris dans la valeur des objets qui forment le revenu. Ce n'est pas tout. Comme le travail aurait lieu toujours simultanément dans tous les degrés de la production, et, comme on ne délivrerait au producteur un bon sur le revenu social parvenant au même moment à son achèvement que pour la valeur *déjà créée* par son travail, le capital social pris dans son ensemble, malgré la répartition complète du revenu social entre les consommateurs, serait toujours de lui-même et sans *épargne* remis en l'état où il était. La répartition intégrale serait faite selon la justice et la reproduction serait opérée complètement.

Mais c'est justement un des caractères essentiels d'une *société*, c'est-à-dire d'un ensemble organique et non d'une pure agglomération d'individus, d'avoir des besoins *publics*. Et même ces besoins publics, en dépit des efforts et des tendances individualistes, forment, à mesure qu'une nation se développe, une partie de plus en plus grande des besoins. Toutefois ils changent de nature ; par exemple, les budgets de la guerre d'aujourd'hui pourraient être remplacés par des budgets égaux consacrés à l'éducation et à l'instruction. En effet, pourquoi les nations n'en viendraient-elles pas un jour à combattre l'ennemi là où il est réellement, non pas à la frontière, mais dans les esprits et dans les cœurs ? — il faut donc, dans la répartition du revenu, pourvoir aussi aux besoins publics.

Dès lors aucun producteur ne peut plus recevoir un bon pour la valeur *totale* de son produit. Son bon sera diminué du montant de la valeur nécessaire pour couvrir les besoins publics, c'est-à-dire de la part contributive assignée à chaque producteur, d'après les principes en vigueur pour la répartition (de l'impôt). En revanche la somme des valeurs ainsi défalquées est délivrée à ceux qui, se consacrant à la satisfaction des besoins publics, ont le droit d'attendre des autres la satisfaction de leurs besoins privés. La répartition du revenu social et la reproduction du capital social ont encore lieu alors, moyennant que l'administration, en dirigeant la production sociale, ait prévu la production spéciale destinée à la satisfaction des besoins publics et qu'elle ait en conséquence diminué d'autant la production des objets destinés aux besoins privés.

Enfin quel serait le *résultat* des fonctions économiques exercées de cette façon et dans cet état social ?

Je puis être bref sur ce point. Ce résultat serait, *au point de vue de l'économie sociale*, le plus parfait que l'on puisse concevoir à tous égards. Du moins, s'il y avait encore alors un arrêt dans le progrès de la richesse et de la civilisation, il ne pourrait plus être dû à un *vice économique*.

La production sociale serait calculée sur le besoin qui seul au fond a le droit d'être satisfait, c'est-à-dire sur le besoin qui consent à acheter sa satisfaction par son propre travail ; et de plus *elle ne manquerait jamais* ce but, jamais, ni dans l'ensemble ni dans le détail, elle ne demeurerait en deçà ni elle n'irait au delà de ce besoin social légitime. Jamais il ne pourrait arriver que le travail accompli ne trouvât pas table mise. Jamais il ne pourrait y avoir ni excès ni manque de production.

Les *moyens de production de la société* seraient toujours mis en œuvre dans toute leur étendue et avec leur pleine puissance, et partant le produit social serait toujours le plus grand possible. Jamais il n'y aurait de travailleur qui ne trouvât pas de travail. Jamais le capital ne pourrait manquer ou demeurer sans emploi.

La *répartition du revenu social* se ferait selon les principes de la justice parfaite, de la plus rigoureuse compensation. Jamais personne ne toucherait un revenu qui ne fût pas la contre-valeur exacte de la valeur de son produit. Jamais personne ne serait exclu de sa part dans les fruits de la productivité croissante.

CHAPITRE III

LA PRODUCTION ET LA RÉPARTITION DANS UNE SOCIÉTÉ OÙ LA PROPRIÉTÉ DU SOL ET DU CAPITAL EXISTE

Dans une société où existe la propriété du sol et du capital, comme celle dans laquelle nous vivons, tout change.

Les fonctions économiques décrites n'y sont pas moins nécessaires, il est vrai, que dans l'état dont nous venons de présenter le tableau. Mais elles sont exercées par d'autres *organes*, d'une autre *manière*, et avec des *résultats* différents.

Avec la propriété du sol et du capital, ce n'est plus seulement le *revenu social* qui se divise en lots appartenant à des individus ; le *territoire entier* et le *produit social tout entier*, d'un bout à l'autre de la production, sont la propriété des particuliers. Encore ne sont-ils pas la propriété des producteurs, mais d'un nombre relativement restreint de personnes, les *propriétaires fonciers* et les *capitalistes*, lesquels en cette qualité ne sont pas des producteurs, c'est-à-dire des ouvriers. C'est à eux qu'appartient en propre, par lots plus ou moins considérables, le sol tout entier et le produit tout entier. C'est leur *fortune* (Vermögen), c'est leur *propriété* ; ils en peuvent faire absolument ce qu'ils veulent, comme si c'était le produit de leur travail, quoique ce soit le produit du travail d'autrui.

Naturellement cet état de choses entraîne des transformations de la vie économique sur presque tous les points.

Sans doute, je le répète, le *mouvement général de la production sociale et de la répartition* demeurera le même que dans l'état précédent. On verra toujours des producteurs tirer de la terre les matières premières (Rohprodukt), d'autres leur faire subir une première élaboration, etc. A la fin le revenu social, c'est-à-dire la partie du produit social qui arrivant incessamment à son achèvement est propre à la consommation, se partagera encore sous la forme de *revenu individuel* entre ceux qui, aux différents degrés de la production, y ont acquis un droit vrai ou prétendu. Je dis *revenu* cette fois, car le produit social est PROPRIÉTÉ *individuelle* maintenant dès le début et à travers toutes les phases de la production.

Mais les *moyens* à l'aide desquels s'opère ce mouvement général, et la *proportion selon laquelle se fait le partage du revenu social* seront tout à fait différents.

Dans l'état social précédent, où le produit social appartenait en commun à la société, à travers tous les degrés de la production, il fallait que le mouvement général de la production s'opérât par l'effet de la volonté sociale, par les arrêtés d'un organe social, d'une administration. Maintenant que le produit social à tous ses degrés se trouve appartenir à des personnes privées, il faut que cela s'opère par l'*échange*, ou mieux par l'échange décomposé en rente et achat : les propriétaires du produit moyen ou à demi fabriqué (Halbfabrikat) le vendent aux propriétaires du produit plus avancé, et puis achètent de nouveau les matières premières (Rohprodukt) à leurs possesseurs (les propriétaires fonciers) pour les faire de nouveau transformer par leurs ouvriers, les producteurs au sens propre du mot etc.

Parfois, il est vrai, le crédit intervient et remplace l'échange. Le propriétaire du produit moyen le transmet au propriétaire du produit plus avancé sans en recevoir le paiement immédiatement ; de même le propriétaire des matières premières (Rohprodukt) les livre au propriétaire du produit moyen et ainsi de suite, et c'est seulement quand le consommateur paye que chacun paye le créancier qu'il a derrière lui. Je ne fais qu'indiquer ceci en passant, pour montrer l'extraordinaire importance du crédit, importance plus grande à coup sûr que ne le croit la théorie régnante.

Le crédit ne peut pas, il est vrai, remplacer le capital, c'est-à-dire les objets mêmes qui sont par nature du capital, tels que les matières premières, mais il peut fort bien remplacer l'*épargne du capital*, du capital dans le sens de FORTUNE, épargne indispensable sans cela.

Il remplace donc le capital en ce sens.

Le crédit ne peut pas non plus supprimer le capital et ses torts à l'égard du travail. Bien mieux il renouvelle incessamment le capital et ses injustices, car il consacre la propriété du capital et laisse subsister comme auparavant la distinction entre les ouvriers et les capitalistes, il laisse le produit du travail, comme auparavant, appartenir à d'autres qu'aux ouvriers. Mais du moins il ne suppose plus la propriété du capital comme existant préalablement, et par conséquent il peut faire de ceux qui ne possèdent rien, des ouvriers eux-mêmes, des capitalistes. Dans son essence le crédit n'est que l'assurance que l'on a que la liquidation des parts du revenu social entre tous les ayants droit se fera à la fin comme elle doit se faire. On *compte sur* sa part, bien que l'on ne reçoive pas immédiatement l'équivalent de son produit. Mais cette liquidation ne pourrait se faire avec certitude que dans l'hypothèse où la production serait au niveau du besoin social, et où la proportionnalité des valeurs serait aussi observée. Or, dans un état où existe la propriété du sol et du capital rien ne garantit la réalisation de cette hypothèse, car tous les capitalistes produisent chacun pour soi sans rien savoir d'avance de la production des autres. Aussi dans un état social où existe la propriété du sol et du capital ne peut-il y avoir qu'une *tendance* perpétuelle vers ce but. Que dis-je? le crédit même parfois compromet encore davantage la réalisation de l'hypothèse, car il active parfois cette *production aveugle* où chacun ignore ce que fait le voisin. De là les biens et les maux que cause le crédit dans la société actuelle. Le crédit ne peut jamais exister d'une façon conforme à son essence que là où existe une *entière* confiance, c'est-à-dire là où règne la *parfaite* justice, c'est-à-dire *en l'absence* de la propriété du sol et du capital ; en effet c'est seulement dans le cas où le producteur reçoit en toute propriété la valeur *totale* de son produit, c'est-à-dire dans le cas où le gouvernement de la production sociale est aux mains de la société même que la réalisation de l'hypothèse est assurée complètement.

De plus, dans l'état social précédent le revenu social obtenu au dernier terme de la production se partageait exclusivement entre les *producteurs* des différents degrés et cela d'après le principe : à chacun la valeur intégrale de son produit. La grandeur même des parts individuelles était déterminée par des règles de droit. Maintenant au contraire le revenu social ne peut plus se partager entre les producteurs seuls, mais il échoit nécessairement en partie aussi aux propriétaires des différents degrés de production. Les *producteurs*, c'est-à-dire les ouvriers reçoivent à présent, sous le nom de *salaire*, une partie seulement de la valeur de leur produit, tandis que les possesseurs du sol et du capital gardent le reste en qualité de *rente*.

La *grandeur* des parts n'est plus fixée non plus selon des règles de droit. C'est l'affaire de chaque participant d'obtenir, en fait de salaire ou de rente tout ce qu'il pourra par l'échange. Le droit ne décide qu'une chose, c'est que le propriétaire a le droit d'exiger un fermage, le capitaliste un intérêt, l'ouvrier un salaire ; quant au montant du fermage, de l'intérêt, du salaire, le droit est muet. Les partisans de la libre concurrence réclament même précisément pour des raisons de droit la *non-intervention* de l'Etat. Ils posent ce principe : *Il faut que chacun reçoive la valeur de son travail sans restriction.* Mais ce principe exige l'intervention de l'Etat plutôt que de l'exclure ; en effet, là où la propriété du sol et du capital existe, le principe n'est en général déjà plus respecté, et si avec cela la répartition est encore abandonnée à elle-même, le principe est outrageusement violé. — En tout cas, ce n'est pas le droit positif qui règle aujourd'hui la grandeur des parts, c'est la force de la concurrence. Le droit se récuse et laisse le champ libre à l'économie sociale. — Que l'on veuille bien retenir ce point ; car c'est uniquement à la place laissée vide par ces *lacunes du droit* que peut s'élever un système économique qui, tout en conservant la propriété du sol et du capital, tendra à réparer les outrages les plus criants faits au principe invoqué par tous les partis.

Voilà les différences les plus générales ; elles en enferment de particulières.

Aujourd'hui ce sont surtout les particuliers et parmi eux principalement les propriétaires du sol et du capital en qualités d'*organes* de cet état social, qui exercent les fonctions économiques nécessitées par la division du travail. La satisfaction des besoins publics est seule confiée à une administration sociale, au ministre des finances. Ce fait qu'une faible partie des fonctions économiques de la société est confiée à une administration tandis que la partie de beaucoup la plus considérable reste aux mains de certains particuliers, est le fondement de la distinction usitée, en pratique et en théorie, entre le ressort de la science économique et celui de la science financière. La production et la répartition s'opèrent d'abord toutes seules dans le ressort de l'économie ; puis, cette répartition économique étant complètement achevée, les *finances* surviennent pour prélever, sur ce qui a fait déjà l'objet du partage, ce dont elles ont besoin pour la satisfaction des besoins publics. Ainsi la science, se conformant aux faits, décrit dans une première partie l'économie de la société, comme si la satisfaction des besoins publics n'existait pas (Economie politique) ; puis vient la Science des finances qui montre comment doit avoir lieu cette satisfaction des besoins publics et comment elle réagit sur l'économie de la société. Je laisserai de côté ici les finances et je ne décrirai que l'économie de la société, telle qu'elle a lieu de nos jours, la *répartition primaire* des biens.

Aujourd'hui donc ce sont des particuliers et parmi eux principalement les propriétaires (propriétaires fonciers et capitalistes) qui seuls exercent les *fonctions économiques.*

Le soin d'ajuster la production sociale au besoin social, celui de maintenir le produit social au niveau des moyens existants au sein de la société dépendent uniquement (1) des propriétaires du sol et du capital. Seuls en effet ils disposent, avec le droit absolu que confère la propriété, des moyens de production consistant en choses, et ils décident seuls aussi par conséquent si l'on produira quelque chose et ce que l'on produira. — Quant à la répartition, quant à l'entente sur ce qui en est le moyen, la valeur (Tauschwerth), il est vrai qu'une part d'influence est exercée

(1) Je prends ici propriétaire et entrepreneur pour une seule et même personne.

ici par tout individu, quel qu'il soit, qui se présente sur le marché comme acheteur ou comme vendeur, par les ouvriers aussi, — mais les propriétaires du sol et du capital ont encore ici la haute main, car c'est d'eux que dépend l'approvisionnement du marché.

Ainsi ce sont les propriétaires du sol et du capital qui sont aujourd'hui, principalement, les organes des fonctions économiques, au sein de la société.

Ils sont les FONCTIONNAIRES *économiques*, fonctionnaires de naissance, héréditaires. C'est ainsi qu'autrefois il y eut encore d'autres fonctionnaires par droit de naissance et par hérédité, jusqu'au moment où leur *droit* — car c'était jadis un *droit* tout aussi bien que de nos jours la propriété du sol et du capital en est un — jusqu'au moment, dis-je, où leur droit vint se briser contre cette question : les fonctions sont-elles mieux remplies par des fonctionnaires héréditaires ou par des fonctionnaires nommés ? — Le parti qui dans ces derniers temps a répété si souvent « la propriété est une fonction (Amt) » ne répudiera pas cette conception.

Examinons maintenant la *manière* dont ces fonctionnaires héréditaires exercent leurs fonctions économiques.

Avant tout un caractère qui appartient à tous les fonctionnaires héréditaires saute aux yeux : *ils n'exercent leurs fonctions que* DANS LEUR PROPRE INTÉRÊT. L'administration, dans l'état social précédent, faisait tendre ses efforts *immédiatement* vers le but social. Les propriétaires du sol et du capital, au contraire, n'ont d'abord en vue que leur *intérêt particulier ;* et si l'objet de leur fonction se trouve rempli, ce n'est, à tort ou à raison, qu'un *résultat indirect et accessoire.* Le ministre des finances lui-même est le plus souvent fasciné par l'intérêt privé de son office et a en vue le bon état des finances publiques plutôt que le bien-être de la société. Les économistes ont si bien reconnu cette vérité que la façon tout égoïste dont ces fonctions sont remplies leur en a fait perdre de vue la nature *purement sociale* et leur a fait faire de l'intérêt personnel une vertu. — Ce qui est étrange c'est leur aveuglement moral.

Pour *maintenir la production sociale au niveau du besoin social*, l'administration, dans l'état social précédent, ne faisait entamer que des productions qui répondissent au besoin social et parce qu'elles y répondaient. Elle pouvait connaître ces productions d'après le travail social prêt. De plus, ayant seule le gouvernement du sol entier et du capital social tout entier, elle pouvait ajuster exactement la production sociale au besoin social aussi bien encore en ce qui concerne la *quantité* du produit.

Nos fonctionnaires économiques d'aujourd'hui opèrent tout autrement et sont dans une tout autre situation.

C'est à eux, en qualité de propriétaires, qu'appartient le sol et le capital social, par lots plus ou moins considérables, individuellement et héréditairement. Ces lots forment leur *fortune*. Cette fortune (Vermögen) est pour eux une *source permanente de revenu* ; elle leur fournit une *rente*, qui est aujourd'hui leur traitement. Aussi administrent-ils ces lots uniquement en vue de leur avantage particulier. Ils tiennent avant tout à garder leur *place* — c'est-à-dire leur fortune et leur *traitement* — c'est-à-dire la rente que fournit la fortune. Mais l'emploi de la fortune dans l'œuvre de la production consiste en ce qu'elle subit de perpétuelles *transformations* dans les mains de son possesseur. Par exemple la quantité de produits à demi-fabriqués que possède un capitaliste appartenant à ce degré de la production passe, par l'échange, dans les mains d'un capitaliste du degré suivant, et une certaine quantité de matières premières (Rohprodukt) prend sa place, pour se transformer à son tour en produits à demi-fabriqués, et ainsi de suite. La production ne consiste que dans cet emploi et dans ce mouvement de la fortune et il ne peut y avoir de rente qu'à cette condition (1). Mais en même temps on court le risque de perdre à la fois place et traitement, on court le risque, dans l'échange, d'abandonner plus de valeur qu'on n'en reçoit, de perdre sa fortune et avec elle aussi la rente. Voilà pourquoi les propriétaires ne peuvent faire exécuter que les transformations de leur fortune, c'est-à-dire que les productions qui leur permettent de récupérer d'abord dans la valeur du produit transformé et vendu leur fortune, et d'y trouver en outre la rente uselle. Ils font faire une production quelconque en général *non plus en vue de couvrir le besoin social*, mais parce qu'elle leur promet, une rente, un *bénéfice*.

Mais ce bénéfice, ils ne peuvent pas le connaître d'avance. Ils ne peuvent pas savoir quel il sera, parce qu'il faudrait pour cela connaître d'avance les symptômes qui ne se réalisent que le jour où le produit vient sur le marché ; tandis que l'administration centrale pouvait déterminer le besoin social d'après le travail prévu. Tout ce qu'ils peuvent faire c'est d'inférer l'avenir d'après le passé. Les expériences déjà faites sur le marché leur permettent seules de conjecturer l'avenir du marché. Les hausses et les baisses de prix qui ont déjà eu lieu, les bénéfices déjà faits et les pertes déjà subies sont les seules données qu'ils possèdent sur le bénéfice à espérer ou la perte à craindre, sur l'extension ou la restriction à donner à la production.

(1) Il n'y a pas même assez de justice dans le régime actuel, pour obliger les fonctionnaires économiques à gérer en personne leur place, afin de toucher leur traitement. Ils se font remplacer par un pauvre vicaire, directeur de l'atelier.

Enfin ces inductions du passé à l'avenir, chacun les fait pour son propre compte, sans rien savoir des calculs du voisin. En effet, en qualité de *propriétaires* de lots distincts du sol et du capital social, non seulement ils ne sont pas responsables devant la société de la façon dont ils les administrent, mais encore ils sont absolument indépendants les uns des autres. Que dis-je? l'intérêt personnel leur interdit de s'ouvrir les uns aux autres. Et quand, par accident, l'intérêt les engage à le faire, c'est contre la société que se fait l'entente : ils conviennent entre eux d'un prix de monopole. Tout à l'heure l'administration centrale saisissait d'un regard le besoin social et dirigeait d'une même main la production sociale; on était ainsi assuré que pour un besoin quelconque, il ne serait pas produit le double de la quantité nécessaire ; maintenant des milliers de regards indépendants les uns des autres sont fixés sur le même besoin et des milliers de bras produisent en vue de ce besoin, sans que les entrepreneurs aient mutuellement le moindre soupçon de la force ni de l'étendue de la production.

S'agit-il de *maintenir la production sociale au niveau des moyens de production* existants, l'administration centrale n'avait qu'à réunir le travail disponible, convenablement divisé et groupé en vue des genres de production réclamés par le besoin social et à faire exécuter la production aux endroits les plus favorables et en appliquant les méthodes les plus parfaites ; en effet il *existait toujours autant de capital qu'il y avait de travail prêt à produire.* Sous le règne des fonctionnaires héréditaires on procède autrement.

Aujourd'hui il ne suffit plus que du *travail* soit prêt à produire. Il ne suffit plus, non plus, que les *objets* qui composent le capital, ceux auxquels s'appliquera le travail, existent. Il peut y avoir en aussi grand nombre qu'on voudra des ouvriers qui aient appris l'art du filateur, les agriculteurs peuvent avoir produit la laine, les mécaniciens les machines à filer, si en regard de tous ces moyens naturels de production il n'y a pas un *capitaliste*, s'il ne se trouve pas un entrepreneur avec une *fortune* pour acheter les objets qui composent le capital, ces objets resteront en magasin et les ouvriers n'auront pas de pain. Ni le travail prêt à produire n'aura la permission d'entrer en jeu, ni les objets composant le capital ne pourront être employés. Il faut que cette *fortune*, que cette *propriété capitaliste*, que ce *capital privé* soit d'abord *épargné* et *amassé*. Il faut aujourd'hui, avant qu'on n'entreprenne une production nouvelle, avant qu'on n'occupe à nouveau des ouvriers, qu'une *fortune soit préalablement épargnée et amassée*; il faut que cette condition supplémentaire vienne se joindre au travail prêt à produire et à l'existence des objets qui composent le capital, pour que la production puisse avoir lieu.

Il ne suffit même pas encore que cette condition supplémentaire, étrangère à la nature des choses, nécessitée uniquement par les arrangements sociaux actuels, soit remplie. Les propriétaires du sol et du capital ne faisant exécuter que les productions qui leur rapportent une rente, ils n'emploient leur *fortune* que *quand* cet emploi et *si* cet emploi leur donne une rente. Il peut donc se faire qu'en regard du travail prêt à produire et du capital (objets) existant il existe encore des *fortunes* de capitalistes; s'il n'y a pas de rente à attendre, le travail et le capital n'en demeureront pas moins inactifs et sans emploi. Or la *fortune* ne donne de rente que si le prix courant du produit atteint la hauteur convenable. Le prix courant à son tour n'atteint la hauteur convenable que s'il y a une demande du produit suffisamment *efficace*. Et enfin l'efficacité de la demande a pour unique cause la possession d'une valeur déjà existante, mais non l'*offre de travail* prêt à produire. Que l'on veuille bien garder présent à l'esprit ce cercle.

Enfin, alors même qu'une production est entreprise, parce que en regard du travail prêt à produire et des capitaux (objets) existants il y a une fortune dûe à l'épargne et que cette fortune promet une rente si on l'emploie à la production, — la production ne se fait pas encore pour cela *de la façon la plus productive.* La propriété privée, sous le régime de laquelle se trouve le capital social, attache le plus souvent la production à un endroit où manquent les conditions les plus favorables, et elle fait des meilleures méthodes un secret industriel qui monopolise les progrès de la productivité.

Venons enfin à la répartition. Dans l'état social précédant les producteurs seuls avaient part au revenu social et cela en proportion de la valeur créée par chacun. Pour régler la répartition ainsi faite, l'administration n'avait qu'à délivrer à chaque producteur un bon pour la valeur de son produit, bon que le producteur pouvait réaliser ensuite en objets de consommation d'une valeur égale. Il ne fallait pas autre chose pour cela que la fixation de la valeur des produits.

Sous le régime des fonctionnaires économiques héréditaires, non seulement il règne d'autres principes relativement aux ayants-droit dans la répartition, mais la répartition se fait aussi d'une tout autre manière et par de tout autres moyens.

D'abord l'équivalence des produits les uns à l'égard des autres, la *valeur* se dégage nécessairement d'une tout autre manière. Ici s'introduit l'*échange,* les milliers de *transactions particulières* qui portent sur cette équivalence, entre les contractants qui se transfèrent mutuellement la propriété de leurs produits. La fixation de la valeur devient impossible parce que la valeur ne peut plus être que *valeur d'échange.*

En effet, à présent que, à cause de la propriété du capital, le capital social est confié, par portions, à des particuliers qui, au point de vue juridique, peuvent en disposer à leur gré et qui, au point de vue économique, n'en disposent que selon leur avantage tel qu'ils le conçoivent, qui, dans leur isolement, n'ont pas une connaissance générale du besoin social, et ne font qu'inférer l'avenir d'après le passé, — à présent, dis-je, rien ne peut plus garantir que la production sociale est maintenue au niveau du besoin social. Et par conséquent aussi aucune mesure prise par la société ne peut plus maintenir la juste proportionnalité de la valeur. Désormais c'est à la valeur de le faire et cela par ses propres excès. C'est à la valeur de se rectifier elle-même dans une certaine mesure, en baissant quand il y a trop d'un produit sur le marché, en montant quand il y en a trop peu. Tout ce qu'elle peut faire à présent est de *graviter,* en vertu du même principe qui, dans l'état précédent, pouvait servir à la *fixer.* Elle ne peut plus, pour ainsi dire, qu'exprimer le désir d'être fixée.

La *valeur des produits* se dégageant de cette manière, *oscillant continuellement,* c'est là-dessus que se règle aussi la contre valeur, c'est à dire ce que les propriétaires des produits livrés à la circulation (Verkehr) retirent à leur tour de la circulation. Il faut aussi à présent un moyen de circulation ou un moyen de liquidation, une *monnaie.* A présent aussi il faut que celui qui livre à la société une valeur (un produit) reçoive sous forme de monnaie un bon à réaliser ensuite pour une valeur égale.

Mais, comme la valeur n'a pu être fixée, la monnaie ne peut pas non plus être purement et simplement monnaie, répondre complétement à l'idée de ce qu'elle devrait être.

Comme il ne peut plus y avoir à présent de garantie pour la proportionnalité de la valeur, comme il n'y a plus de garantie que la production sociale réponde toujours exactement au besoin social, il faut que cette garantie se trouve dans la monnaie elle-même, garantie pour la société à l'égard du producteur particulier, garantie pour le producteur particulier à l'égard de la société ; — la société doit être assurée que l'individu ne retirera pas de la circulation plus de valeur qu'il n'en a livré, l'individu doit être assuré que la société lui restituera autant de valeur qu'il en a livré.

Cette garantie ne peut être obtenue que par une monnaie qui soit *également un produit* ayant une valeur, une *marchandise*, dont la valeur, comme celle de toutes les autres, est déterminée par l'échange. *Il faut seulement que cette valeur ne varie pas aussi vite que celle des autres* marchandises. Telle est la seule condition essentielle à laquelle doive satisfaire une marchandise pour servir de monnaie dans cet état social.

Mais aussi une monnaie comme celle-là donne, en effet, complétement la garantie voulue. Si un producteur a porté sur le marché trop de son produit et par conséquent une valeur d'autant plus faible, il reçoit aussi, maintenant que la monnaie, comme tout autre produit, est soumise aux lois de la valeur d'échange, peu de monnaie, et par conséquent aussi il n'a en main qu'un bon pour la faible valeur qui lui est dûe. La société a été assurée que le producteur ne retirera pas de la circulation une valeur réelle pour le produit surabondant, et par suite en partie sans valeur qu'il a livré. D'autre part, et par la même raison, il y a dans la monnaie même reçue par le producteur autant de valeur qu'il en a livré à la circulation et qu'il a par conséquent aussi le droit d'en retirer. De plus il peut être sûr que, quand il réalisera son titre, la valeur portée sur le bon ne différera pas encore de la valeur livrée, parce que la valeur (d'échange) de la marchandise-monnaie ne varie que lentement. Le producteur est donc assuré lui aussi qu'il recevra réellement de la société la contre valeur de son produit. Quoi qu'il arrive, une répartition opérée grâce à une monnaie de cette nature donne donc cette double garantie que jamais on ne peut recevoir par l'échange plus de valeur qu'on en a donné et d'autre part qu'on peut toujours recevoir par l'échange autant qu'on a donné.

Mais ce serait une erreur de croire que l'on a ainsi marqué complètement les caractères de la répartition telle qu'elle se fait de nos jours ; de vouloir conclure de là, comme font les économistes, que dans la *répartition actuelle* du revenu social tous les producteurs reçoivent la *valeur pleine* (la valeur d'échange, naturellement) de leur produit. La description d'une répartition fondée sur la valeur d'échange et l'emploi de la monnaie métallique ne donne qu'une image *très-incomplète* du mode de répartition actuel. Les traits particuliers qu'il faut ajouter et qui se rapportent en général à la répartition *entre les individus participant aujourd'hui à la circulation* (Verkehr), modifient considérablement le tableau.

Sans doute si ouvrier, entrepreneur, capitaliste, propriétaire foncier formaient *une seule et même personne* qui *produisît seule, possédât seule et échangeât seule le produit* — lequel aujourd'hui est produit par plusieurs ouvriers travaillant ensemble au service d'un entrepreneur, d'un capitaliste ou d'un propriétaire, mais appartient à celui-ci non à ceux-là — si, par conséquent, ne prenaient part à ce système actuel de transactions fondé sur la valeur d'échange et la monnaie métallique que des producteurs comme ceux que l'on suppose, c'est-à-dire des producteurs qui fussent propriétaires de leur propre produit, oui la répartition se ferait encore, même avec le régime de l'échange et de la monnaie métallique, de telle sorte que chaque producteur reçût effectivement la pleine valeur de son produit. La répartition actuelle ressemblerait essentiellement à celle de l'état social précédent. Seulement la valeur du produit sur laquelle se règlerait le revenu ne serait pas fixée, mais ce serait la valeur d'échange ; et la garantie de ce revenu ne serait pas assurée par une organisation sociale et par une monnaie qui répondît à sa définition, mais par une monnaie-marchandise, faite d'or et d'argent. Telles seraient les seules différences de la répartition dans les deux états.

Mais les économistes de l'école régnante ont beau se représenter de cette façon la répartition actuelle, — la réalité n'a presque rien de commun avec ce tableau.

Des producteurs indépendants qui participeraient à la répartition en raison d'un produit QU'ILS CRÉERAIENT SEULS *et* QUE SEULS AUSSI ILS POSSÉDERAIENT *et* ÉCHANGERAIENT n'existent pas. C'est une pure fiction ; il y a en réalité des classes distinctes ou des individus distincts. Le personnage fictif, à la fois producteur et propriétaire de son produit, se décompose en ouvrier, propriétaire foncier, capitaliste et entrepreneur. De ces personnes distinctes il y en a sans doute qui *produisent, mais ce n'est pas à elles, c'est à un autre qu'appartient le produit.* La *valeur* du produit (Tauschwerth) n'appartient pas non plus tout entière ni aux uns ni aux autres ; mais ce qui, d'après la fiction des économistes, reviendrait au producteur indépendant, producteur et propriétaire tout ensemble, est aujourd'hui partagé entre toutes ces personnes, et ce partage a lieu encore selon des lois toutes différentes de celles impliquées dans la fiction.

J'ai expliqué tout au long dans ma précédente lettre les principes de cette division du produit ; je veux seulement les rappeler ici brièvement.

Faisons abstraction provisoirement de l'entrepreneur

qui opère avec un sol et un capital *qui ne lui appartiennent pas,* faisons abstraction également de la division de la propriété du sol et de celle du capital entre deux classes de personnes; supposons donc que la propriété du sol et celle du capital se rencontrent aux mains d'une seule personne qui soit en même temps entrepreneur; la fiction des économistes n'en est pas moins inexacte en ceci que les *producteurs* au sens propre du mot, c'est-à-dire les ouvriers, sont des *personnes distinctes* de ce propriétaire foncier-capitaliste-entrepreneur. Les ouvriers produisent seuls le produit dont la valeur est réglée par l'échange ; mais la propriété du sol et du capital met obstacle à ce qu'ils soient, eux les producteurs, propriétaires *de leur produit,* elle empêche aussi qu'ils en reçoivent la *valeur* tout entière. La propriété du sol et du capital entraîne au rebours cette conséquence que d'une part le propriétaire unique du produit est précisément le non-producteur c'est-à-dire le propriétaire foncier-capitaliste-entrepreneur, et que d'autre part ce personnage n'a pas besoin de donner plus d'une partie du produit aux producteurs, pour la création du produit total et peut garder le reste pour lui. Cette partie qu'il abandonne est le *salaire,* le reste qu'il garde est la *rente,* la rente antérieurement à sa division, la rente enfermant encore rente foncière, rente du capital et profit de l'entrepreneur (1).

Cette première division du produit, causée par la propriété du sol et du capital réduit donc à néant les conditions les plus essentielles de la fiction des économistes. Jamais aujourd'hui les producteurs ne sont propriétaires

(1) On enlève aux ouvriers jusqu'à l'honneur de leur nom. Dans le langage usuel on appelle plus souvent *producteurs* les propriétaires et capitalistes qui *font travailler* que les ouvriers eux-mêmes.

de leur produit; ils ne l'échangent pas; ils n'en reçoivent donc pas non plus la valeur en échange; il faut qu'ils se contentent d'une partie de cette valeur, comme revenu.

Ce n'est pas tout. La division se fait d'une manière qui mérite l'attention et dans un rapport particulier.

La partie du produit que les producteurs reçoivent comme salaire n'est pas déterminée par un arrangement social d'après quelque considération raisonnable, par exemple, d'après le rendement du travail. Tant que les producteurs furent eux-mêmes la propriété des non-producteurs, tant que l'esclavage subsista, ce fut *exclusivement* l'intérêt particulier des *maîtres* qui détermina la grandeur de cette part. Depuis que les producteurs ont conquis la liberté personnelle entière, mais sans rien de plus, les deux parties *s'entendent* d'avance au sujet du salaire. Le salaire est, comme on dit, l'objet d'un *libre contrat*, c'est-à-dire de la concurrence. Par là le travail se trouve soumis naturellement aux mêmes lois concernant la valeur que les produits; le travail lui-même reçoit une valeur (Tauschwerth); la grandeur du salaire dépend de l'offre et de la demande.

Cependant la convention dont il s'agit ne stipule pas une fraction déterminée, un *tantième* du produit à créer ou de la valeur du produit. Les ouvriers ne touchent, il est vrai, le salaire qu'*après* le travail, après la délivrance du produit. Mais la convention passée d'avance au sujet de la partie du produit ou de la valeur du produit qu'ils recevront comme salaire ne s'occupe en aucune façon ni de la grandeur du produit ni de la valeur future qu'il recevra dans l'échange, elle stipule une quantité fixe de produit ou de valeur. Le non-producteur, qui est l'unique propriétaire du produit, le vend pour son compte et paye sur le prix ou récupère sur le prix le salaire fixe ou convenu ou déjà payé.

Enfin le salaire, convenu comme une certaine quantité fixe de produit ou de valeur, n'est jamais convenu que pour de courtes périodes, et par conséquent il fait sans cesse l'objet de nouvelles conventions. Il s'ensuit que le salaire non seulement suit dans ses variations la valeur (Tauschwerth) du travail selon les lois de l'offre et de la demande, mais qu'il est soumis, comme le prix de tous les produits, à une *loi de gravitation*. Sous l'empire des lois de la valeur (Tauschwerth) il y a pour le travail comme pour les produits une sorte de coût de production (Kostenwerth) qui exerce une attraction sur la valeur (Tauschwerth) du travail, sur le montant du salaire. Ce coût de production est le montant du salaire nécessaire pour maintenir en état le travail, c'est-à-dire pour assurer la conservation de la force qui le donne, ne fût-ce que dans la postérité des ouvriers actuels, c'est ce qu'on appelle « subsistance nécessaire » (1). La part du produit que reçoivent les producteurs se règle en définitive et en général non pas sur le résultat de leur production, mais sur la quantité de produit qui suffit pour leur donner la force de continuer de travailler et les moyens d'élever leurs enfants.

Si ce tableau des lois qui régissent le salaire semble surprenant, il n'y a pas à en accuser une conception socialiste. Telles sont aujourd'hui ces lois dans leur vérité toute nue. Le système individualiste en honneur a même proclamé avec une cynique franchise que ces lois constituent « l'ordre nécessaire juste et naturel » et a fini par dire, dans un comble de vertige : *Le travail n'a pas plus de valeur qu'il ne touche de salaire.*

J'espère réussir à mettre à nu la série d'erreurs

(1) Je ne fais qu'indiquer ici très brièvement les lois qui régissent le salaire parce que j'y reviendrai plus longuement au cours de la présente lettre.

qui ont conduit à cette conclusion grossière et immorale.

Ainsi, n'y eût-il en face des producteurs qu'une seule personne, propriétaire, capitaliste et entrepreneur tout à la fois, ce ne serait pas aux premiers qu'appartiendrait en entier le produit ou même seulement la valeur du produit ; cette valeur se diviserait mais en *deux* parties seulement, salaire et rente. Le produit tout entier appartiendrait dans cette hypothèse à la personne unique en qui propriétaire, capitaliste et entrepreneur seraient réunis ; c'est elle qui porterait le produit sur le marché, elle seule en percevrait la valeur et sur le prix payerait ou recouvrerait la part fixe convenue avec les ouvriers ; ceux-ci réaliseraient ensuite leur part en objets de consommation appropriés à leurs besoins.

Mais de nos jours le *propriétaire foncier* ne se confond pas avec le *propriétaire du capital*, et l'*entrepreneur* se distingue à son tour des deux. Aussi la division du produit se poursuit-elle. La *part des ouvriers* et les lois qui la déterminent demeurent, il est vrai, les mêmes. Mais le reste, que je considérais tout à l'heure comme la rente unique, se divise encore et cette division ultérieure se fait selon des lois particulières.

Commençons par supposer seulement que la propriété du sol et celle du capital soient divisées entre deux personnes ou deux classes de personnes différentes, mais que ces personnes soient elles-mêmes les entrepreneurs, — la rente unique de tout à l'heure se divise dès lors en rente foncière et rente du capital. Les propriétaires fonciers reçoivent une des deux parties, les propriétaires du capital l'autre. La division se fait dans le rapport et selon les lois que j'ai examinés également dans ma lettre précédente.

Mais les propriétaires fonciers et les propriétaires du capital ne sont pas les entrepreneurs, et la division du produit est poussée plus loin encore. Dans cette division ultérieure les lois de la division de la rente unique en rente foncière et rente du capital demeurent les mêmes, ainsi que dans cette division même les lois qui président à la division du produit en salaire et rente demeuraient les mêmes qu'auparavant. La rente du capital se divise à son tour en profit de l'entrepreneur et intérêt, — et parfois aussi de la rente foncière se détache une partie qui forme le profit du fermier.

Comme c'est uniquement l'institution de la propriété du sol et du capital qui cause la première division du produit, la division en *salaire* et *rente,* celle qui dérobe aux producteurs la propriété et la valeur du produit total, — les propriétaires du sol et du capital perçoivent, uniquement EN CETTE QUALITÉ, cette part soustraite aux producteurs. La rente foncière et la rente du capital sont attachées à la possession du fonds de terre ou du capital, de sorte qu'une économie politique superficielle les a prises toutes les deux pour des *fruits* (Erträge) spéciaux des fonds de terre et du capital, tandis que ce n'est qu'une partie des fruits du travail attribuée à la propriété. Il résulte de là que ces deux rentes sont susceptibles d'être transférées à d'autres avec la possession du fonds (terre ou capital). Aussi les propriétaires du sol et du capital préfèrent-ils souvent abandonner à des tiers cette possession avec les fruits qui s'y rattachent et se réserver en retour une partie des fruits qui autrement leur écherraient à eux-mêmes en totalité. Ces tiers ce sont les entrepreneurs, lesquels une fois en possession de la terre ou du capital qu'on leur abandonne traitent avec les ouvriers compétents, payent la partie convenue des fruits du sol et du capital à titre d'*intérêt* et de *fermage,* et gardent le reste comme *profit.*

Le montant ou quantum de ces parts nettes des propriétaires, séparées, sous le nom de fermage et d'intérêt, du bénéfice de l'entrepreneur, n'est pas non plus déterminé par un arrêté social, pas plus que le quantum de la part des ouvriers ou salaire. Comme le salaire elles font l'objet d'une convention, d'un libre contrat entre propriétaires et entrepreneurs ; comme lui elles sont soumises aux lois de la concurrence, aux lois de la valeur (Tauschwerthgesetze). *Les services du sol et du capital* — telle est l'expression de l'économie politique superficielle — ont une valeur (Tauschwerth) comme le travail. Mais, pas plus aussi que pour le travail, le contrat entre propriétaires et entrepreneurs ne stipule une certaine fraction ou un tantième de la portion du produit ou de sa valeur qui reste, défalcation faite de la part des ouvriers. Le fermage et l'intérêt sont payés de même que le salaire après qu'on a fait usage du fonds ; mais tout de même aussi que le salaire ils sont convenus d'avance comme un quantum de valeur fixe, un salaire fixe par jour pour la terre et le capital. Enfin la valeur (Tauschwerth) des services de la terre et du capital est soumise aussi à une loi de gravitation. Ce sont les fruits que les propriétaires eux-mêmes percevraient intégralement s'ils étaient eux-mêmes entrepreneurs, qui exercent une attraction continuelle sur le fermage et l'intérêt.

Toutefois ce n'est que dans sa *forme juridique* que le libre contrat entre propriétaires et entrepreneurs ressemble à celui que ces derniers passent avec les ouvriers. Au point de vue économique la différence n'en est que plus profonde. Ce que l'on appelle *utilité du travail* ou *service rendu par le travail* (Arbeitsnutzung) et qui fait l'objet du contrat de salaire est, au vrai, l'unique source du produit tout entier, matière du partage. *L'utilité ou les services de la terre et du capital*, objet des contrats de fermage et de prêt, ce ne sont que les parties du produit du du travail assignées par le droit positif aux propriétaires du sol et du capital. Voilà pourquoi, bien que la forme du libre contrat soit la même entre tous les intéressés, les *ouvriers seuls* sont réellement dépouillés, par ce contrat, tandis qu'au contraire les propriétaires par leur libre contrat de fermage et de prêt s'assurent justement leur part des dépouilles.

Ainsi le produit ne se partage pas en *deux* portions seulement, le *salaire* des ouvriers d'une part et d'autre part un *reste* qui reviendrait à *une seule* personne réunissant en elle les qualités d'entrepreneur, de capitaliste et de propriétaire foncier. En réalité l'entrepreneur passe avec les propriétaires au sujet de leur terre et de leur capital un contrat pareil à celui qu'il passe avec les ouvriers au sujet de leur travail. Il convient d'avance avec ceux-ci d'un quantum fixe de valeur comme *salaire par jour de travail*; de même il convient d'avance avec ceux-là d'un quantum fixe de valeur comme salaire quotidien de la terre (fermage) et du capital (intérêt). Puis il opère seul pour son compte exclusif la réalisation du produit de ses ouvriers, et, tout compte fait, il appelle *profit* l'excédent du prix au-delà de ces déboursés.

Voilà comment se dissipe la fiction des économistes, telle est la réalité qu'il faut voir à sa place.

On imagine et l'on dit que les producteurs possèdent toujours et échangent leurs propres produits. Il n'en est rien. Ce ne sont pas ceux qui créent les produits qui en sont aujourd'hui les propriétaires; et ce ne sont pas ceux qui les échangent qui en sont les producteurs.

On imagine et l'on dit que les producteurs reçoivent la valeur de leur produit tout entier. Il n'en est rien. Il ne leur en revient aujourd'hui qu'une partie, comme salaire, tandis que le reste se partage entre trois classes différentes de non-producteurs sous les noms de rente foncière, d'intérêt et de profit.

On imagine et l'on dit que cette division se fait en fractions déterminées du produit, de sorte que chacune des parties prenantes ne fasse que réaliser sur le marché sa part de produit. Il n'en est rien. Une des parties, l'entrepreneur, a dépossédé les autres moyennant une somme fixe convenue d'avance. C'est lui seul qui présentement échange pour son propre compte la totalité du produit et en réalise la valeur, tandis que les autres ne font que convertir en objets de consommation les sommes fixes déterminées auparavant.

Mais cette dernière circonstance à son tour a la plus grande influence sur la formation de la valeur marchande (Marktwerth) des produits. La valeur (Marktwerth) de tous les objets de consommation ou objets composant le revenu (Einkommensgüter), de laquelle dépend ensuite celle de tous les produits des degrés précédents (produits fabriqués, produits à demi-fabriqués, produits bruts), dépend, elle, de la demande qui vient de ces possesseurs de sommes fixes. La valeur (Tauschwerth) des produits ne se forme plus comme on le suppose, les propriétaires de *certaines quantités de produits* commerçant seuls entre eux, échangeant ces quantités les unes contre les autres, les achetant et les revendant ; — non, en face des propriétaires des quantités de produits portées sur le marché se trouvent des possesseurs de *quantités fixes de valeur* qui se réalisent dans ces quantités de produits. Ces *quantités de valeur* sont le principal fondement de la demande efficace qui fait la hausse de la valeur. C'est de leur grandeur que dépend aujourd'hui la hausse et la baisse de la valeur marchande (Marktwerth).

Ce tableau de la répartition, telle qu'elle a lieu aujourd'hui, n'est pas encore complet. Il y manque les derniers traits.

Etant donné la différence de productivité des portions du sol et du capital qui sont objets de propriété privée, étant donné la mobilité de la fortune qui exige une rente uniforme, étant donné la nécessité d'un prix courant uniforme pour tous les produits du même genre sur le marché, — la répartition reçoit encore, — et cela encore une fois en conséquence de la propriété du sol et du capital — un caractère nouveau. Tandis que, dans l'état précédent, on pouvait établir pour chaque genre de production une valeur moyenne, à présent la valeur marchande de chaque genre de produit est portée par instant *au niveau du coût de production de la portion du produit créée dans les circonstances les plus défavorables*. Il en résulte nécessairement que les propriétaires du sol et du capital les plus favorables à la production reçoivent dans la répartition un *avantage* (ein Präcipuum) qui ne se réalise qu'aux dépens d'autrui (1).

Quelle différence entre la manière dont se fait à présent la répartition et celle dont elle se faisait dans l'état précédent !

Dans l'état précédent, une organisation sociale, moyennant la fixation de la valeur et l'introduction d'une monnaie parfaite, attribuait comme revenu à chaque producteur la valeur intégrale de son produit. Aujourd'hui la propriété du sol et du capital a pour effet forcé le partage du produit ou de sa valeur entre les producteurs et les propriétaires du sol et du capital. Et puis en face de ces trois classes d'ayant droit s'en dresse une quatrième, celle des entrepreneurs, qui dépossèdent par voie d'achat ces trois classes de leur part dans le produit, moyennant des sommes fixes dont la grandeur est déterminée par les lois de l'offre et de la demande. Ces sommes fixes étant sou-

(1) Je ne puis appeler l'attention assez souvent sur ce point que la rente foncière de Ricardo n'est pas autre chose que cet avantage (præcipuum) ; — que par conséquent elle n'est pas véritablement la rente foncière, elle n'est qu'*une rente foncière différentielle*.

mises aux lois de la valeur, la grandeur en est variable, mais elles gravitent vers un certain point : celles que touchent les producteurs tendent vers leurs moyens de subsistance nécessaires, sans aucun égard au résultat de la production, — celles des propriétaires vers ce qui leur serait échu à eux-mêmes s'ils étaient entrepreneurs. Enfin la demande efficace du produit que les entrepreneurs seuls portent maintenant sur le marché pour leur propre compte a pour base ces sommes fixes, et par conséquent c'est la grandeur de ces parts qui décide et de la valeur (Tauschwert) du produit et du profit restant aux entrepreneurs.

Quels sont enfin les *résultats* dans un état social où les fonctions économiques sont héréditaires?

Si les propriétaires (sol et capital), comme tous ceux à qui le droit en vigueur aujourd'hui confie des fonctions économiques, ne les exercent que *dans leur intérêt personnel*, arrive-t-il du moins *accessoirement* que la production sociale corresponde au besoin social, que le produit social soit au niveau des moyens de production, que la répartition du revenu social soit conforme aux principes les plus ordinaires de la justice et de la raison?

C'est ce qu'il faut examiner.

Les propriétaires ne font entreprendre que les genres de production dans lesquels ils comptent conserver leur fortune et toucher la rente ordinaire, ils conjecturent quelles doivent être ces productions d'après l'état du marché au moment où elles commencent; ils les entreprennent indépendamment les uns des autres et sans entente mutuelle. Jusqu'à quel point, dans ces conditions, la production sociale couvrira-t-elle le besoin social?

Premier résultat. Les fonctionnaires héréditaires ne faisant produire que des objets qui leur assurent la conservation de leur *fortune* et la perception d'une *rente*, cette *rente* ne pouvant provenir que d'un *prix suffisant du produit*, le prix suffisant du produit ayant pour condition une *demande suffisamment efficace*, et une demande efficace présupposant déjà la *possession de valeur*, — dans cet état social *on produit non pour les besoins du travail, mais pour les* BESOINS DE LA POSSESSION (c'est-à-dire de qui possède).

Dans l'état précédent c'était le TRAVAIL *prêt* qui était pris en considération. Chacun était sûr qu'il serait pourvu à ses besoins, était riche, dans la mesure de sa force productive, dans la mesure où il était prêt à l'employer. Aujourd'hui ce n'est plus le travail social, c'est la RÉPARTITION DÉJA FAITE DU PRODUIT SOCIAL qui décide de ce que sera la production. Car « les produits ne s'achètent qu'avec des produit », c'est-à-dire que celui-là seul peut payer des produits, qui possède déjà lui-même des produits ou a une part dans des produits. On dit aussi, il est vrai, que *le travail achète du produit* (son salaire). Mais il faut entendre cette expression à rebours ; c'est comme cette autre expression : « l'ouvrier cherche du travail ». Il faut dire pour être vrai *qu'il a du travail et qu'il l'offre*. En effet le contrat de salaire n'est autre chose qu'une entente sur *la part de son propre produit* que l'ouvrier doit recevoir. Ce n'est donc pas un *achat* qu'il fait, mais plutôt une *vente* de son produit futur contre la *simple permission de travailler* ; en effet, l'institution de la propriété du sol et du capital a mis désormais l'ouvrier dans l'impossibilité de travailler sans la permission d'autrui. Ce contrat est pour l'ouvrier *la vente sans cesse recommencée de son blé en herbe*. Mais cette vente n'a aucun effet sur le prix de la moisson déjà portée sur le marché. La *valeur marchande* (Marktwerth) du produit, l'équivalence des produits entre eux, n'est déterminée que par un accord avec ceux-là seuls qui ont des produits déjà *existants* ou une valeur existante à donner en retour, avec ceux-là seuls dont la *demande* est *efficace*. Mais ceux-là ce sont uniquement ceux qui ONT *déjà* PRIS PART à la répartition, ouvriers ou rentiers. Ce n'est donc pas le travail encore *sans travail*, le travail réduit encore à *vouloir acheter des produits* qui est un facteur de la détermination de la valeur marchande, un élément de la demande efficace, une cause déterminante de la production sociale ; non, c'est seulement le travail qui a déjà travaillé, qui a déjà, en touchant un salaire, acheté des produits. Les propriétaires du sol et du capital, dont le but unique avoué est de faire produire dans leur intérêt, ne font plus produire — le résultat en témoigne — pour la société *qui a des besoins*, mais pour la société qui *peut payer*, — non plus *pour qui peut payer avec du travail*, mais seulement *pour qui peut payer avec ce qu'il possède.*

« Le travail, dit Zachariae, est le prix originaire de toutes choses utiles. — Le travail est de la monnaie, la meilleure des monnaies. — Le travail a une valeur absolue. » La pratique ne répond pas du tout à cette théorie, pas plus que le mensonge à la vérité. La vérité est que cette « monnaie la meilleure de toutes », cette valeur primitive instituée par la nature elle-même pour toutes les marchandises est désormais mise *hors de cours* par la propriété du sol et du capital. Cette monnaie a besoin, pour qu'on en puisse faire usage, que dans chaque cas particulier, il lui soit redonné cours expressément, c'est-à-dire que les propriétaires en autorisent spécialement l'usage. Le travail, l'unique chose qui ait une valeur absolue n'a présentement qu'une valeur très-relative et précaire. Cette valeur dépend de la *permission de travailler accordée par des particuliers*, par des particuliers qui ont le droit absolu de refuser cette permission et qui ont souvent intérêt à la refuser.

Tel est donc le premier résultat de ce fait que les propriétaires exercent dans leur intérêt avant tout la fonction économique qui leur est confiée ; la production sociale n'est réglée que sur les besoins de qui possède et non plus sur les besoins de qui travaille ; la suprême valeur économique est condamnée le plus souvent à perdre toute valeur.

Mais ce besoin social même, limité à la demande de qui possède n'est pas même toujours exactement couvert par la production sociale. En effet, les indices fournis par l'état du marché et desquels ce besoin est inféré appartiennent déjà au passé quand les produits arrivent à leur achèvement, sans compter que les entrepreneurs font leurs calculs sans rien savoir les uns des autres. Voilà pourquoi la règle générale est aujourd'hui l'écart entre la production et le besoin. Il est vrai que ces écarts, se faisant sentir dans le prix du produit, se corrigent d'eux-mêmes ; cependant ce n'est pas pour rétablir l'équilibre, mais pour provoquer des écarts en sens contraire. Il n'y a que la théorie régnante qui confonde ici chercher et trouver.

Autre résultat. Sous le régime de la propriété de la terre et du capital une production ne peut être entreprise que quand celui qui a l'intention de l'entreprendre possède en outre le *capital*, c'est-à dire la *fortune* (Kapitalvermögen) nécessaire. Encore le possesseur d'un *capital* ou d'une *fortune* (Kapitalvermögen) ne l'emploie-t-il à la production que quand cet emploi lui promet la rente usuelle. En général les entreprises de production ne sont commencées que dans les endroits où se trouvent les possesseurs du capital (Kapitalvermögen), et toutes les inventions nouvelles, tous les procédés supérieurs découverts dans une entreprise sont soigneusement tenus secrets. Jusqu'à quel point obtient-on aussi le résultat que le produit social soit au niveau des moyens de production existants?

D'abord, — étant donné que pour commencer une entreprise de production un capital, c'est-à-dire une fortune (Kapitalvermögen) est nécessaire, — étant donné qu'un capital en ce sens étant déjà amassé, il n'est employé à des entreprises de production que si l'on en attend la rente usuelle — étant donné que la rente usuelle dépend d'un prix suffisant — que le prix suffisant ne peut provenir que d'une demande suffisamment efficace, — que la demande efficace ne résulte que de la *possession de valeur* en quantité convenable — et enfin que cette possession est l'effet de la RÉPARTITION du produit déjà effectuée, — il s'ensuit que *l'étendue de la production sociale en général est déterminée non plus par l'étendue des moyens de production naturels disponibles, mais par l'accumulation de capitaux ou de fortunes (Kapitalvermögen) qui s'est faite en de certaines mains et par une certaine répartition du revenu social.*

Dans l'état social précédent l'étendue de la production dépendait uniquement de l'étendue des moyens de production. La somme de travail prêt à produire et la quantité des objets existants (Kapitalgegenstände) déterminaient seules et dans tous les cas le résultat de la production en quantité. En effet l'organisation alors existante, dans laquelle le principe suprême de droit en matière de répartition étant observé — ce principe que chacun reçoive un revenu égal à la valeur de son produit — avait pour effet que le travail prêt de chacun formât aussi la demande efficace de son produit futur ; et par conséquent, l'administration ou l'organe de la société n'avait plus qu'à prendre les mesures nécessaires pour grouper les ouvriers convenablement et les pourvoir des objets requis pour la production (Kapitalgegenständen). Aujourd'hui ces conditions objectives de la production ne suffisent pas. Il faut encore — abstraction faite de toutes les formes du crédit même de la forme actions — qu'il existe en regard un capital ou une fortune

(Kapitalvermögen) accumulée, une fortune, c'est-à-dire le pouvoir de commander à ces moyens de production, dispersés en conséquence de la division du travail, et de les réunir en vue de les faire coopérer. Il y a de la laine chez les éleveurs, des métiers chez les fabricants de machines ; des ouvriers qui savent le métier sont sans pain ; cela ne suffit pas ; il faut encore qu'en regard de ces moyens de production il y ait un capital ou une fortune (Kapitalvermögen) aux mains de quelqu'un, que cette propriété, faisant l'office de l'administration dans l'état social précédent, rassemble et réunisse tous ces moyens de production en une filature.

Mais cette troisième condition, requise de nos jours pour la production, étant remplie, il faut encore que le revenu social soit réparti de telle sorte qu'il en résulte une demande efficace du produit, et une promesse de prix suffisants et de rente. Autrement le capital (Kapitalvermögen) se retire de la production et attend inactif une amélioration des circonstances. Mais du même coup *son inactivité* frappe les ouvriers et les moyens de production, matériaux et machines, en dépit de la volonté de travailler des ouvriers, malgré les qualités des matériaux et des machines.

Quoi de plus naturel, de plus raisonnable que de penser qu'une nation doit être riche dans la mesure où elle possède des moyens de production et où elle est prête à les mettre en œuvre, dans la mesure où elle sait et veut travailler, dans la mesure où elle a déjà produit, c'est-à-dire où elle a des matériaux et des instruments ? — Que malgré tout cela il puisse survenir encore une complication qui paralyse la volonté et la puissance de produire, qui condamne les hommes industrieux à ne rien faire, les machines à s'arrêter, les matériaux à se gâter, quoi de plus absurde ! Eh bien cette absurdité, c'est ce qui se passe aujourd'hui. Il n'y a pas une nation qui, avec le régime de la propriété du sol et du capital soit aussi riche qu'elle pourrait l'être, et le calcul de M. Chevalier, d'après lequel, si le revenu national de la France était divisé en portions égales, chaque Français ne serait qu'un gueux, est la plus sanglante critique de l'état social actuel et de la façon dont la répartition s'opère de nos jours.

Tel est donc le *second* résultat de l'administration économique de la société confiée à des fonctionnaires héréditaires. L'étendue de la production sociale ne se règle plus sur l'étendue des moyens de production existants, mais dépend de circonstances accidentelles qui peuvent en interdire la mise en œuvre aussi souvent que la permettre. *En pleine misère il est possible que le travail et le capital soient devenus des objets sans utilité et gênants.*

Mais alors même qu'une heureuse *conjoncture* permet la mise en œuvre des moyens de production existants, ils ne pourront agir avec leur productivité *complète*. Car la propriété du sol et du capital monopolise jusqu'aux progrès de la productivité (soit grâce à des brevets soit au moyen du secret), et souvent, en raison du hasard qui préside à sa distribution, elle ouvre des entreprises dans les endroits les moins favorables.

Enfin, sous le régime de la propriété du sol et du capital, le produit du travail appartient aux propriétaires ou à leurs représentants, les entrepreneurs au service desquels les ouvriers le créent. Il se partage maintenant entre les ouvriers, les entrepreneurs les capitalistes et les propriétaires fonciers en qualité de salaire, rente et profit. La valeur du travail, c'est-à-dire la grandeur de la part formant le salaire non seulement dépend des mêmes lois générales de l'échange que la valeur des produits eux-mêmes, mais encore gravite, comme elle, vers un *coût de production*, la subsistance nécessaire.

Comment la justice et l'harmonie économique de la répartition est-elle garantie par ce régime?

Pour commencer, — la propriété du sol et du capital faisant que le produit du travail appartient non aux producteurs, mais aux particuliers propriétaires du sol et du capital qui ont permis aux producteurs de travailler, le produit du travail n'étant plus dès lors partagé entre les producteurs seuls mais entre eux d'une part et les propriétaires et les entrepreneurs leurs représentants d'autre part, il s'ensuit qu'aujourd'hui *la répartition du produit social ne donne plus à personne la valeur intégrale de son propre produit. Le revenu des producteurs est bien la valeur de leur propre produit, mais il n'en est que la moindre partie, et les propriétaires dont le revenu est la plus grande partie de cette valeur, reçoivent en cela la valeur du produit d'autrui.*

Dans l'état social précédent personne il est vrai ne pouvait avoir individuellement la propriété de son produit immédiat, — cela est impossible en général partout où il y a division du travail. Mais chacun avait droit à la propriété de la *valeur intégrale de son produit.* La répartition du revenu social attribuait à chacun *cette valeur intégrale.* Aujourd'hui, dans un état social *où existe la propriété du sol et du capital et où la libre concurrence détermine la valeur du travail,* cette règle de la justice la plus naturelle et la plus élémentaire est outrageusement violée. Le travail qui est l'expression directe de la personnalité, ou mieux la personne même se manifestant extérieurement, perd son caractère juridique de *personne*; il est traité comme une *chose,* comme une marchandise. Le travail, l'unique créateur de tous les produits est exclu de la jouissance des produits, il est rabaissé au rang de serviteur de la jouissance des autres. La propriété n'est pas le vol. Non, la propriété c'est le droit absolu aux fruits de *son propre travail*. Partant la propriété ne fait jamais œuvre de vol, mais la vérité est qu'aujourd'hui on en est dépouillé.

Mais ce n'est pas le seul résultat de la répartition actuelle. Le travail est porté sur le marché comme une denrée quelconque ; cette partie de son propre produit qui en détermine la valeur (Tauschwerth) gravite vers les moyens d'existence nécessaires ; les moyens d'existence nécessaires sont une *quantité déterminée* qui dépend des besoins de l'ouvrier et non de l'abondance des produits de son travail. Il résulte de cet enchaînement de causes que le travail, déjà dépouillé par la propriété du sol et du capital de la valeur intégrale de son produit et réduit à la moindre partie de cette valeur, se voit encore maintenant EMPÊCHÉ DE PROFITER DE SA PRODUCTIVITÉ CROISSANTE.

Dans l'état précédent, non seulement chaque production avait pour revenu la valeur complète de son produit, mais tous les progrès de la productivité s'exprimaient aussi dans son revenu. Le dividende en objets de consommation s'élevait pour chacun à mesure que ces progrès avaient lieu et en proportion de sa part du revenu social. Aujourd'hui ce n'est pas assez que les producteurs, au lieu de recevoir la valeur entière de leur produit n'en reçoivent qu'une partie ; il faut encore que le progrès de la productivité ne se fasse pas sentir dans leur revenu proportionnellement à leur part. Les producteurs sont aujourd'hui exclus même de l'accroissement partiel proportionnel de leur dividende (en objets réels).

Pour exprimer d'une façon générale cette vérité digne de toute attention, nous dirons que, quand bien même le travail d'une nation deviendrait peu à peu deux fois plus productif qu'auparavant, quand même les quatre millions d'ouvriers que renferme une nation pourraient créer deux fois plus de tous les produits qu'auparavant, cet accroissement ne profiterait en rien aux ouvriers. Non. Le salaire des ouvriers ne s'élèverait pas quant à son contenu en objets, les ouvriers ne travailleraient pas non plus moins de temps qu'auparavant ; on ne verrait pas davantage leur nombre diminuer, et celui des propriétaires du sol et du capital s'accroître. On s'attendrait pourtant naturellement à l'une de ces trois éventualités. Sous le régime de la propriété du sol et du capital accompagnée de la *libre concurrence*, aucune ne se produit. Si cette vérité n'est pas comprise partout, cela tient à l'intervention de la monnaie métallique et à l'accroissement de la population, qui ont rendu difficile de bien voir cette marche réelle des phénomènes économiques. Je reviendrai avec plus de détail sur ce point dans la seconde partie de cette lettre.

« La propriété, dit Proudhon, (propriété du sol et du capital) est vol, esclavage, homicide. » Si la raison pour laquelle la propriété du sol et du capital est vol, c'est qu'elle ravit aux producteurs une partie de la valeur de leur produit, si la raison pour laquelle elle est esclavage et homicide, c'est qu'elle prive l'homme de sa faculté de se développer librement, il faut dire que même au sein des institutions démocratiques, si elles maintiennent en même temps que la propriété du sol et du capital *la liberté des transactions en matière de salaire*, règne non seulement le vol, mais aussi l'homicide. En effet, tant que les ouvriers, jusque dans leur part du produit, sont exclus des fruits de la productivité croissante, ils sont incontestablement privés aussi de la faculté de se développer librement. Leur situation matérielle est maintenue — par la force des choses — au niveau des moyens d'existence nécessaires, et leur développement moral et intellectuel reste forcément au niveau de leur situation matérielle. Avec la *libre concurrence* en ce qui concerne le *salaire*, c'est l'esclavage qui continue de subsister, au fond, sous le régime de la propriété du sol et du capital.

Et cette circonstance que les classes ouvrières sont exclues, même pour leur part de revenu, de la participation aux bienfaits de la *productivité croissante* est, en définitive, ce qui cause dans la vie économique réelle une série d'effets enchaînés. C'est elle qui fait de toutes les tristes possibilités économiques que je viens de montrer, des réalités palpables.

Il y a deux séries de lois et de faits économiques qui permettent d'expliquer avec une rigueur mathématique ces phénomènes navrants. Première série. Les classes ouvrières ne participant pas aux fruits de la productivité croissante, cela exerce une dépression contre nature de la valeur (Marktwerth) du produit et la fait tomber souvent au-dessous du coût de la production. Seconde série. La valeur ainsi tombée a pour effet forcé l'arrêt partiel ou temporaire des entreprises de production. Ce dernier effet provoque immédiatement les malheureux phénomènes en question. Les lois et les faits dont il s'agit, pris isolément, n'ont guère été mis en doute par les économistes. Ils ont oublié seulement d'en saisir d'un regard le vivant enchaînement.

La première série contient les lois suivantes. La valeur marchande (Marktwerth) d'un certain quantum de produit apporté sur le marché ne s'élève à une certaine hauteur que par l'effet d'une *demande efficace suffisante.* Une demande efficace suffisante présuppose une *puissance d'achat convenable.* Une puissance d'achat convenable n'existe que grâce à une *possession de valeur suffisante.* Le quantum de valeur dont dépend la puissance d'achat est déterminé par le *quantum de la part du produit.* Que les classes ouvrières soient privées des fruits dûs à l'accroissement de la productivité, *cela revient à un amoindrissement de la quote part de ces classes.* Par conséquent, la productivité croissant, le quantum du produit porté sur le marché augmente, tandis qu'au contraire la part de la grande majorité des clients et par suite aussi leur demande efficace diminue (1) La conséquence est évidente. Les classes ouvrières étant exclues des fruits de la productivité croissante, ce fait exerce sur la valeur (Marktwerth) du produit une dépression artificielle, dépression qui n'a rien à faire avec la baisse naturelle du coût de production résultant de l'accroissement de la productivité, mais qui tient uniquement à la façon dont la répartition s'opère aujourd'hui et qui par conséquent ajoute son effet particulier à la baisse naturelle.

Voici la seconde série. — Les entrepreneurs sont aujourd'hui les propriétaires uniques du produit créé par leurs ouvriers et qui s'accroît avec la productivité du travail des ouvriers. Ce sont les entrepreneurs qui seuls le portent sur le marché, qui seuls le réalisent, sur qui seuls tombent les profits et les pertes causés par la valeur. *Mais ils ne perçoivent pas seuls cette valeur.* D'*avance*, avant que le produit ne fût porté sur le marché, avant même que la production n'eût commencé, ils sont convenus d'une certaine *somme fixe* de valeur qu'ils devront payer aux ouvriers et aux propriétaires du sol et du capital sous le nom de salaire et de rente, en récompense de l'abandon à eux fait du travail des premiers et des moyens de production possédés par les seconds. Ils ne peuvent effectuer ce paiement ou, ce qui revient au même, en recouvrer le montant quand ils

(1) Je sais bien qu'en définitive la part des rentiers s'accroît de tout ce que perd la part des ouvriers et que, par conséquent, à considérer l'ensemble des événements dans tout le cours d'une période, la puissance d'achat demeure la même. Mais en ce qui concerne le produit porté sur le marché, la crise a déjà eu lieu avant que cet accroissement de la part des rentiers puisse produire ses effets. Je reviendrai plus tard sur cette objection.

en ont fait l'avance, qu'en prenant sur la valeur (Tauschwerth) du produit porté sur le marché. Autrement il faudrait perdre leur fortune et même l'honneur. Aussi la valeur du produit porté sur le marché a-t-elle la plus puissante influence sur la production. *Monte-t-elle*, les entreprises marchent bien. *Descend-elle*, la production languit. *Tombe-t-elle au-dessous des sommes convenues* (salaire et rente), au-dessous du *coût de production*, les entrepreneurs arrêtent la production ; en ce faisant ils sauvent au moins leur fortune et leur honneur.

Or, ces deux séries de lois et de faits économiques se réalisent ensemble aujourd'hui. La productivité du travail fait d'incessants progrès et des progrès de plus en plus grands ; il y a donc de ce chef, parce que les ouvriers ne participent pas aux bienfaits de cet accroissement, une dépression incessante de la valeur (Marktwerth) et de temps en temps elle tombe au-dessous du coût de production. Il y a aujourd'hui une dépression incessante de la valeur, qui, de temps en temps même baisse au-dessous du coût de production, — et par conséquent aussi la production en règle générale languit, et même de temps en temps est en grande partie complètement arrêtée.

A ces conséquences se relient directement les maux dont notre vie économique est au fond continuellement affligée et qui de temps à autre seulement éclatent en crises visibles pour les yeux les moins clairvoyants. La répartition, qui n'est déjà que trop injuste sans cela est de temps en temps totalement interrompue. Les moyens de production, par milliers d'ouvriers et par millions de capital, sont condamnés à l'inaction. Le travail qui a déjà eu part à la répartition est de nouveau dépouillé de son influence sur la direction de la production sociale.

Ai-je tort de conclure que tous ces maux se ramènent à la façon dont s'opère *aujourd'hui la* RÉPARTITION, à cette injustice qui prive les ouvriers de toute participation aux bienfaits de l'accroissement de la productivité, qui fait de leur salaire une fraction continuellement décroissante de leur produit, c'est-à-dire enfin qui traite *le travail comme une marchandise soumise à la loi de la* CONCURRENCE ?

Que chacun tire de son travail le plus qu'il POURRA. Ce programme né du sentiment de la liberté et de l'ignorance économique, voilà le malentendu dont nous souffrons. La règle est vraie, quand grâce à une organisation sociale convenable chacun est protégé dans la possession de la valeur intégrale de son produit. Elle est fausse, elle ne fait que masquer une réédition de l'esclavage, quand les institutions sociales forcent les ouvriers *à céder d'avance la meilleure part de leur produit futur pour obtenir la permission de travailler.*

Tels sont donc les résultats d'un régime économique de libre concurrence, avec la propriété du sol et du capital. C'est l'*anarchie,* cette anarchie que les individualistes voudraient étendre du monde de l'industrie à tous les autres domaines de la vie sociale.

Ce régime a-t-il au moins l'avantage *de ne pas coûter cher*? — Non. Pour diriger ainsi la production sociale tout au rebours de ce qu'il faudrait, pour obtenir cette répartition radicalement injuste du revenu social, il faut *une machine permanente qui coûte pour la Prusse seulement 200 millions de thalers*; telle est en effet à peu près le montant de la *monnaie métallique* en circulation.

CHAPITRE IV

RÉFLEXIONS SUR LE COMMUNISME

Si j'ai opposé le système communiste, dont j'ai tracé le tableau, au système individualiste actuel, c'est uniquement au point de vue théorique, dans le dessein de faire mieux comprendre ce que c'est que le capital. Toutefois je ne puis m'empêcher de défendre ce système contre les objections que l'on fait d'ordinaire au communisme.

Les attaques de Proudhon sont les plus fortes.

« Sans doute, dit-il, les communistes pris individuellement ne sont pas propriétaires, mais en revanche l'ÉTAT communiste est propriétaire de tout, non seulement des biens matériels, mais encore des personnes et de leur volonté. En vertu de cette propriété souveraine le travail qui devrait être seulement une condition imposée aux hommes *par la nature* devient une contrainte exercée *par des hommes* et par là même quelque chose d'odieux. En vertu de cette propriété souveraine l'obéissance passive, qui est inconciliable avec une volonté raisonnable devra être portée au comble et on devra se soumettre sans murmurer à tous les règlements, toujours imparfaits avec quelque soin qu'on les rédige. En vertu de cette propriété souveraine la vie, le talent, toutes les facultés de l'homme appartiennent à l'État, qui en peut disposer comme il lui plait pour le bien commun; en dépit des sympathies ou des antipathies des talents et des caractères les associations privées sont vigoureusement interdites ; les tolérer ce serait créer de petites communautés au sein de la grande et par là ramener la propriété privée. En vertu de cette propriété souveraine le fort devra faire le travail du faible, quoique ce ne soit là qu'un précepte de bonté et non une obligation, une règle de morale et non une règle de droit ; l'homme laborieux devra faire le travail du paresseux, ce qui est une injustice, l'homme intelligent celui de l'imbécile, ce qui est une absurdité. En un mot l'homme devra renoncer à son moi, à sa libre volonté, à son intelligence, à ses goûts pour s'incliner humblement devant la majesté impitoyable de l'état communiste. » — « Le communisme c'est l'inégalité à rebours, mais l'inégalité. La propritété est l'exploitation du faible par le fort ; le communisme celle du fort par le faible. » — « Le communisme c'est l'oppression et la servitude. L'homme consent bien à se soumettre aux règles du devoir ; il consent à servir sa patrie, à obliger ses amis, mais il ne veut travailler qu'à ce qui lui plait, quand il lui plait et autant qu'il lui plait. Il veut être le maître de choisir son heure, n'obéir qu'à la nécessité, choisir ses relations, ses amusements, sa profession. Il veut se rendre utile par des raisons et non par ordre, se sacrifier par libre égoïsme et non en suivant une règle servile. Le communisme est donc diamétralement opposé au libre usage de nos facultés, à nos plus nobles inclinations, à nos sentiments les plus intimes. »

Ainsi s'exprime Proudhon. Mais l'État économique que j'ai décrit n'a évidemment rien de commun avec cette peinture.

Il est vrai que le sol et le produit social jusqu'au moment où il se répartit en qualité de revenu demeure la propriété de la communauté, de l'*État*. Mais l'État ne dispose comme propriétaire ni du revenu des personnes, ni des personnes mêmes, ni de leur volonté. La propriété privée est conservée pour *la valeur entière du produit du travail individuel* ; les personnes et la volonté sont aussi libres que cela est possible au sein d'une *société*. Le travail n'est pas forcé, mais objet de libre résolution. Le devoir d'obéissance passive ne dépasse pas les limites réclamées par la volonté générale formée par les volontés individuelles. La réglementation n'est pas plus grande qu'elle le serait dans une association libre quelconque. Vie, talent, facultés demeurent la propriété de chacun. Les associations privées qui n'auraient pour but que de rendre le revenu plus utile et plus agréable ne sont pas interdites ; toute association privée qui aurait pour objet l'acquisition de la propriété du sol et du capital s'interdit d'elle-même. Jamais le fort ne doit faire le travail du faible, l'homme laborieux celui du paresseux, l'homme habile celui du maladroit, et il n'y a pas plus de renoncement au moi, pas plus de soumission à la collectivité que dans un état démocratique en général où règne l'égalité des droits. Par conséquent ce régime n'est ni l'exploitation du faible par le fort, ni l'exploitation du fort par le faible, mais uniquement *la libre exploitation de soi-même*. Il repose non sur l'oppression et la servitude, mais sur le libre accomplissement du devoir, sur le libre accomplissement de ces devoirs sur l'accomplissement desquels repose tout état libre en général. L'individu n'est empêché de travailler comme il veut, quand il veut et autant qu'il veut que dans la mesure où les circonstances *naturelles* mettent de toute façon des bornes à cette fantaisie. En un mot l'état social ci-dessus décrit, bien qu'il enferme la communauté du sol et du capital, ne contredit à aucun point de vue ni le libre emploi de nos facultés, ni nos meilleures inclinations ni nos sentiments les plus intimes.

Je vais plus loin. Je soutiens non seulement que la propriété est mieux garantie, la liberté plus grande, l'égalité des droits plus générale dans cet état social où existe *la communauté du sol et du capital* que dans notre état social actuel ou même dans l'état social *le plus libre* que l'on puisse concevoir *avec la propriété privée du sol et du capital*, mais encore que c'est alors seulement que la propriété, la liberté et l'égalité des droits peuvent se réaliser dans leur pureté et leur intégrité.

Où donc trouvez-vous aujourd'hui, mon honorable ami, dans une société où existe la propriété du sol et du capital, en y supposant même la plus grande liberté civile et politique, où trouvez-vous, dis-je, la propriété respectée, la liberté et l'égalité des droits assurées en vérité et pour tous?

Regardez ce qu'il en est aujourd'hui de la propriété. Qu'est-ce donc que la propriété *en droit, en principe*? Le droit absolu au fruit intégral de son propre travail. — Cherchez à la propriété un autre fondement et vous entrez en conflit avec la conscience populaire du droit; ce n'est pas assez dire, vous aboutirez dans vos déductions ou à l'esclavage ou à la communauté réelle des biens? — Mais l'état actuel des choses dominé par la propriété du sol et du capital repose justement sur une violation permanente et criante de ce principe, tout comme l'esclavage dont la différence avec la propriété du sol et du capital est une affaire de degré seulement non de principe. L'esclavage, il est vrai, s'attaque à la personne elle-même tandis que la propriété du sol et du capital s'asservit seulement la manifestation extérieure de la personne; mais les deux institutions dépouillent par la force la personne du fruit intégral de son travail. Toute la différence est que l'une affiche cet emploi de la force tandis que l'autre cherche à le cacher par des sophismes. Mais l'effet des deux sur la propriété, *l'injustice* commise à son égard est la même de part et d'autre. La différence dans la façon dont la force s'exerce dans un cas et dans l'autre est à peu près celle qui existe entre la violence brutale et la contrainte hypocrite. Supposez la propriété du sol et du capital aussi libre et aussi divisible que vous voudrez, émiettez-la tant que vous voudrez, comme vous ne pouvez pas faire de tous les hommes des propriétaires du sol et du capital, l'effet de ce genre de propriété se fait toujours sentir immanquablement.

La rente, ce fruit immérité du travail d'autrui est inhérente à la propriété du sol et du capital. Sans doute la société pourra jouir avec cela de la liberté du prolétariat, mais elle en en aura aussi la misère, la démoralisation et la dégradation. A l'inverse faites la propriété du sol et du capital aussi peu libre et aussi peu divisible que vous voudrez, elle ne vit encore que des fruits du travail d'autrui. La société ne fera que donner encore la liberté personnelle de l'ouvrier par dessus le marché.

Où en est aujourd'hui la liberté ? — Qu'est-ce que la liberté? Ce n'est pas l'indépendance de l'ouvrier à l'égard d'une volonté sociale, d'une morale sociale, comme l'imaginent les individualistes et malheureusement aussi une partie de la démocratie — (elle consiste plutôt dans la faculté de concourir à former les deux à prendre également sa part dans les deux) ; — non, c'est l'indépendance à l'égard d'une *autre volonté individuelle, d'une autre morale individuelle*. Ici encore cherchez un autre principe et vous aboutirez encore une fois soit à l'égoïsme le plus brutal, soit à la foi aveugle en l'autorité. Or, la liberté personnelle d'aujourd'hui n'est pour la plupart des hommes qu'une dépendance continuelle à l'égard d'une volonté individuelle étrangère et d'une morale individuelle étrangère, la dépendance à l'égard de la volonté et de la morale des propriétaires du sol et du capital, une servitude, une domesticité. Tant y qu'il aura une propriété du sol et du capital il y aura des *maîtres* ou *seigneurs* (Herren).

La rente n'est que la dernière caractéristique historique du MAÎTRE *ou du* SEIGNEUR (des Herrn). Développez tant que vous voudrez la liberté civile et politique, allez jusqu'à établir le suffrage universel dans l'État et dans la commune, allez jusqu'à l'*anarchie* même, mais conservez en même temps la propriété du sol et du capital, — et vous retrouverez encore la *rente* et la domination du *maître* (Herrschaft), le salaire et l'assujettissement du *serviteur* (Dienst). Mais si vous voulez véritablement l'anarchie, il faudra abandonner du même coup la propriété du sol et du capital. Il est vrai qu'alors vous aurez encore à choisir, à choisir entre le quadrupède de Rousseau et *la civilisation avec une* VOLONTÉ SOCIALE, c'est-à-dire avec l'ÉTAT, avec la CENTRALISATION (1) et le COMMUNISME.

Où en est aujourd'hui l'égalité des droits ? — Qu'est-ce

(1) La centralisation et le selfgovernment ne sont pas, je le répète, deux choses absolument contraires. En effet, la centralisation n'est pas par définition le gouvernement d'une puissance absolue qui résiderait *en dehors* de la volonté nationale, et d'autre part le selfgovernment n'est pas la dissolution de l'État dans l'individualisme pur. Centralisation et selfgovernment peuvent donc très bien se concilier. Seulement les affaires publiques sont alors du ressort des représentants de la nation plutôt que du ressort des représentants de la commune, elles dépendent de la volonté du peuple *formant un seul tout* plutôt que de la volonté du peuple comme formé d'un certain nombre de *communes particulières*. Le développement économique nous est garant qu'une réunion de la centralisation et du selfgovernment *aura lieu*. — Du reste, en se plaçant à ce point de vue, on s'explique assez bien un grand nombre de phénomènes de l'époque contemporaine, phénomènes que la démocratie considère comme étant uniquement le résultat d'une profonde démoralisation de la société, tandis qu'elle devrait les considérer en même temps comme le résultat de ses propres fautes dans la façon de concevoir et de traiter les affaires publiques. La théorie selon laquelle centralisation et selfgovernment sont inconciliables sera toujours, quoi qu'il arrive, fatale à la démocratie.

que l'égalité des droits (Gleichberechtigung) ? C'est le droit égal aux *conditions sociales extérieures* qui sont nécessaires à l'individu pour qu'il participe *aux avantages de la vie sociale dans la mesure où il y contribue*. Mais la vie sociale d'aujourd'hui est bien éloignée de cette égalité. Nous possédons dans une certaine mesure l'égalité civile ; le droit civil et le droit criminel sont les mêmes pour tous ; la procédure est la même pour tous ; nous avons ce que l'on appelle la liberté de la personne et de la propriété. Nous ne sommes pas très-loin de l'égalité politique, du suffrage universel dans l'État et dans la commune, du droit égal pour tous d'élire et d'être élu. Mais avec tout cela l'individu n'a encore qu'une *sphère de droit* pour ainsi dire *vide*, qui, pour la grande majorité des hommes tend en vain vers un *contenu*, qui, pour la grande majorité des hommes ne peut recevoir, au prix de quelque effort *individuel* que ce soit — (l'effort individuel du millionnaire de naissance ne peut pas être considéré comme purement individuel) — la part de la *richesse*, de la *culture*, de la *moralité* de son temps que mérite l'individu. En effet la propriété du sol et du capital, du moins quand elle est associée à la libre concurrence en matière de salaire, fait descendre constamment le revenu des classes ouvrières, la productivité du travail fût-elle extrême, au niveau des *moyens d'existence nécessaires* ; et par conséquent aussi abaisse leur culture intellectuelle et leur façon de vivre à un niveau correspondant à une époque bien plus barbare que celle à laquelle elles appartiennent. Par suite, sous le régime de la propriété du sol et du capital, on n'obtient ni les effets de l'égalité naturelle, ni ceux de l'inégalité naturelle, à laquelle les ennemis de l'égalité des droits attachent souvent une si grande importance. L'égalité naturelle est anéantie par le privilège héréditaire des propriétaires de naissance ; l'inégalité naturelle par l'universelle damnation qui frappe également tous les ouvriers. Proclamez si haut que vous voudrez l'égalité des droits civils et politiques, fondez-les, si vous pouvez, indépendamment du reste, aussi solidement que vous voudrez, mais en même temps, avec le régime de la propriété du sol et du capital *abandonnez à elle même la répartition du revenu social*, et vous ne pourrez jamais réaliser l'*égalité des droits* (sociale Gleichberechtigung), c'est-à-dire l'égalité dans le droit au contenu réel de cette sphère de droit ; vous aurez, dans tous les cas, exclu les trois quarts des hommes de leur juste part, de la part qu'ils méritent dans les avantages de la vie sociale.

En réalité les admirateurs de l'état de choses actuel sont dupes d'un aveuglement qui dépasse les bornes, quand ils se flattent de défendre contre les socialistes la propriété, la liberté, l'égalité des droits. — Du moment que, avec le régime de la propriété du sol et du capital, les relations économiques, même en ce qui concerne la *répartition*, le salaire, sont livrées à la libre concurrence, propriété, liberté, égalité, tous ces biens sont défigurés jusqu'à être méconnaissables. Seule la suppression de la propriété du sol et du capital, seule la communauté du sol et du capital avec une organisation économique de la société comme celle que j'ai décrite, est capable d'empêcher *radicalement* que ces biens ne soient amoindris, est capable de les assurer *complètement* aux individus. A tout le moins UNE INTERVENTION DE LA SOCIÉTÉ EN FAVEUR DU SALAIRE *est indispensable pour empêcher que ces biens soient l'objet des plus criants outrages*.

Est-ce que par hasard, dans l'état social que j'ai décrit sans propriété du sol et du capital, la propriété, la liberté et l'égalité des droits ne sont pas ce qu'elles doivent être? — Mais c'est dans cet état seulement que la propriété est vraiment le fruit du travail personnel, car c'est là seulement que, suivant le vœu de M. Thiers, « le travail est le *fondement* et la *mesure* de la propriété ». — C'est là seulement que la liberté est universelle, car c'est là seulement que disparaît la subordination à une volonté étrangère, le servage, la domesticité, que chacun n'est le serviteur que de soi-même et en même temps de la société tout entière. — C'est là seulement, que l'égalité des droits est réalisée complètement, car c'est là seulement que ce qui autrement, avec l'égalité des droits civils et politiques, demeurera éternellement un mot, devient une vérité.

C'est donc uniquement dans cet état social, c'est uniquement sous le régime de la communauté du sol et du capital que la société est complètement affranchie, délivrée à la fois et du despotisme individuel et du despotisme social, de la tyrannie des individus et de celle que l'opinion courante redoute dans le communisme. En effet c'est là seulement qu'est fondée la société universelle des *hommes libres et égaux,* n'ayant au-dessus d'eux personne que la volonté sociale à laquelle ils concourent eux-mêmes. C'est alors seulement qu'il est tenu compte comme il faut de la diversité des facultés des individus et de la façon différente dont ils les emploient, de ces *inégalités manifestes* dont parle Louis Reybaud. C'est par cet état social seulement qu'est comblée cette fatale lacune du *système de la liberté économique,* — la lacune de la répartition abandonnée à elle-même. C'est cet état social seulement qui est capable d'admettre ce qu'il y a d'excellent dans ce système, l'or pur de la liberté internationale des échanges et du libre choix de la profession, sans les scories qui y sont mêlées. Ce n'est pas l'individualisme, c'est le socialisme qui clôt la série des affranchissements qui ont commencé avec la réforme.

Aussi suis-je fermement convaincu, que, si le droit et la liberté doivent jamais régner *complètement* sur la terre, la société doit marcher vers un état tel que celui dont j'ai fait le tableau. J'avoue franchement que, quant à moi, je crois à la disparition de la propriété du sol et du capital dans l'avenir. L'histoire, la réalité présente et la science ont contribué à fonder en moi cette croyance.

Jetez un coup d'œil rapide sur l'histoire. Dans toutes les grandes commotions sociales d'où sont sortis les temps modernes, l'idée communiste a apparu soudainement aux yeux des hommes du temps. C'est ainsi que l'on peut entrevoir le fond de la mer quand elle est bouleversée par la tempête. Considérez les débuts du christianisme, la première et la plus profonde des tentatives d'affranchissement de l'homme, vous trouvez le communisme non seulement conçu mais même *réalisé*, de la façon il est vrai la plus naïve et la plus enfantine. Mais l'idée chrétienne, dans ses commandements directs, est demeurée impuissante contre la corruption antique. Elle ne peut faire son œuvre que par un détour, en passant par le moi, grâce aux exigences du droit subjectif. — Aussi le communisme n'est-il plus comme aux premiers temps du christianisme un précepte de morale, il n'apparaît dans tous les mouvements sociaux modernes que comme le suprême desideratum du *droit*. L'affranchissement de la population des villes qui s'accomplit dans toute l'Europe au XIVe siècle, la réforme, la première révolution française, la révolution de Juillet, la révolution de Février, tous ces mouvements populaires ont au fond un caractère communiste, en tous apparaît l'idée communiste comme dernière conséquence. Et cela sous une forme toujours plus précise, plus claire, plus scientifique. Elle paraît à l'état de tendance obscure, avec tous les écarts du sentiment, dès le XIVe siècle, dans la Jacquerie et les campagnes de Wat Tyler. Le mot : guerre aux châteaux, paix aux chaumières ! date de ce temps là. A l'époque de la réforme elle devient plus générale et aux tentatives pratiques désordonnées du peuple se joignent déjà des théories de savants. Morus, Campanella, Bacon, Vairasse écrivent l'Utopie, la Cité du soleil, l'Atlantide, l'histoire des Sévarambes au XVIe et au XVIIe siècles. Mais ils font encore du communisme une Utopie ; c'est le rêve d'un pays lointain et inaccessible. Enfin la Révolution française prétend déjà systématiquement à la réalisation de l'Utopie. En même temps que les réclamations des masses s'élèvent avec une force croissante, des hommes de toutes les conditions, des théoriciens et des hommes d'action, tels que Mably, Babœuf, Fichte (1), Saint-Simon, Fourier, Owen, Cabet, exempts de toute envie et de tout intérêt personnel, construisent de vastes systèmes, détaillés, adaptés aux circonstances actuelles et demandent que l'on prépare ou que l'on crée des institutions communistes, desquelles seules on peut attendre la régénération de la société présente. Se pourrait-il qu'il n'y eût absolument rien de vrai dans ces tendances communistes qui se manifestent avec une force et une étendue croissantes, à chaque nouvel ébranlement social, dans les utopies et les systèmes de tous ces hommes, les cœurs les plus généreux et les plus grandes intelligences, de Platon à Owen ? — Est-il admissible que tous ces systèmes n'aient été que le produit de l'envie et de l'intérêt personnel ou des jeux frivoles de l'imagination ?

Considérez le présent. — Il me semble que tout aujourd'hui, dans tous les domaines de la vie pratique, dans le commerce, dans le droit, dans les mœurs surtout, tend vers le communisme. Ce qu'il y a de plus vaste et de plus utile dans nos moyens de communication n'a-t-il pas un caractère communiste ? N'a-t-il pas fallu que le droit cher-

(1) Le « geschlossener Handelstaat » de Fichte repose sur ce principe communiste que « comme un homme n'est pas moins homme qu'un autre » tous les hommes sont appelés aux mêmes jouissances. S'il y a dès lors une institution de la propriété privée, le contrat originaire qui l'aurait établie ne peut avoir eu pour objet que de garantir le respect de ce principe.

chât de nouvelles formes pour cela, et n'est-ce pas précisément en ce sens que se font sentir encore les principales lacunes du droit? La tendance à mettre en commun les jouissances ne domine-t-elle pas dans nos mœurs et n'est-elle pas favorisée par les circonstances et notamment par les plus pressantes de toutes, les nécessités économiques ? — Sans doute c'est encore la propriété du sol et du capital elle-même qui fonde la plupart de ces institutions à caractère communiste, mais c'est une chose digne de remarque que telle est la source de ses bénéfices les plus grands et qu'elle est devenue par intérêt la servante du communisme. Bref, personne à mon avis ne peut plus fermer les yeux sur ce *fait* que le communisme triomphe aujourd'hui plus que jamais dans la société tout entière, dans le droit, dans les mœurs et dans les idées, qu'il est représenté par des écoles et par des partis dignes de considération, en un mot que c'est une puissance avec laquelle l'état individualiste *pourrait bien avoir très prochainement à transiger.*

Examinez enfin la science, l'économie politique. Nulle part la fin de l'individualisme ne me semble plus clairement marquée. Le système régnant, après avoir reconnu avec une naïveté inconsciente, mais sous l'impression vive de la vérité que la famine et la ruine sont les deux régulateurs nécessaires, après avoir proclamé que les classes ouvrières sont condamnées à travailler éternellement en esclaves et à recevoir éternellement une ration d'esclaves, recule d'horreur devant le miroir que le socialisme lui présente ; il se met tout d'un coup à nier tous les faits, et sans apporter aucune nouvelle preuve scientifique qui mérite l'examen, il soutient qu'il y a une harmonie éternelle en vertu de laquelle les trésors de la production vont croissant et se répandent sur un nombre toujours croissant de participants satisfaits. Cette théorie semble la dernière convulsion du système expirant. — Si l'on se livre à des études théoriques plus approfondies, on s'aperçoit que l'économie politique tout entière est fondée sur des concepts communistes et que le développement de la science n'est que l'effort qui tend à mettre en lumière ces concepts communistes avec leur vrai caractère.

Mais, si je crois au communisme dans l'avenir, si je crois que la société actuelle est déjà emportée par le courant communiste, je ne tiens pas la suppression de la propriété du sol et du capital pour très-prochaine. Les opinions économiques et juridiques opposées, la masse des intérêts liés à la propriété du sol et du capital, l'état intellectuel et moral des classes dominantes qui possèdent aussi bien que des classes subordonnées qui travaillent, tout cela me semble rendre impossible pour bien des dizaines d'années encore la chute d'une institution qui a de si fortes racines. Je ne crois pas, notamment, que le *travail libre* se soucierait déjà suffisamment de l'art, de la science, de la plupart des biens qui sont l'honneur de la civilisation. En effet, les individualistes ont beau dire, le travail aujourd'hui n'est pas libre, et il ne le sera pas tant que la propriété du sol et du capital existera. Aujourd'hui la société *est forcée* d'exécuter l'excédent de travail grâce auquel les arts et les sciences fleurissent. Elle y est forcée parce que les *moyens matériels* qui permettent le développement de ces formes supérieures de la vie sont prélevés au moyen de la rente avant l'entretien des travailleurs et que ceux-ci sont forcés par conséquent de travailler d'autant davantage. Elle y est forcée comme elle y a été forcée de tout temps; toutefois la propriété du sol et du capital est peut-être la dernière forme historique de cette contrainte. En vérité il serait beau que l'humanité fût déjà sortie de cette phase. Il serait beau que l'*éducation du genre humain*, — dans laquelle les écarts du système individualiste ne seraient que comme une heure de récréation mal employée — eût déjà porté la force morale de l'individu à ce point de maturité qu'il se décidât *lui-même librement* à travailler autant qu'il faut pour assurer le développement de la science et de l'art. Je dis l'*individu* et j'entends par là non pas seulement l'ouvrier, mais le propriétaire d'aujourd'hui ; car de goûter les jouissances de la science et de l'art sans travailler, cela n'est pas difficile. Je dis aussi l'*éducation* ; car la contrainte et la discipline ont été de tout temps l'école de la liberté, quoique les moyens d'éducation changent. Ainsi la contrainte du privilège, la contrainte exercée par une personne sur une autre a été remplacée par la contrainte d'institutions sociales telles que la propriété du sol et du capital par exemple ; la contrainte d'institutions comme celle-là peut finalement céder la place à la contrainte de circonstances purement naturelles, telles que l'accroissement de la population par exemple. — A partir du jour où les meilleurs esprits eurent reconnu l'injustice de l'esclavage, il fallut encore un millier d'années pour en effacer les dernières traces, le servage héréditaire, et cela seulement chez les peuples civilisés de l'Europe. Sans doute l'histoire marche aujourd'hui plus vite, mais aussi la propriété du sol et du capital est attachée bien plus étroitement que l'esclavage à la société. En même temps, elle est si souvent liée à une propriété qui ne dépasse pas les bornes du principe, il y a présentement tant de droit mêlé à ce qu'il y a en elle de contraire au droit, que l'on révolterait la propriété véritable si l'on voulait porter la main immédiatement sur la fausse propriété.

Voilà pourquoi je pense que, tout de même que l'histoire n'a jamais été qu'une suite de compromis, le premier problème de la science économique doit être de trouver un compromis entre le travail et la propriété du sol et du capital. Il me serait facile de développer jusque dans le détail les traits déjà indiqués d'une société sans propriété du sol et du capital et où il n'y aurait d'autre propriété que celle de la valeur du produit du travail personnel. Mais cette description facile ne serait d'aucune utilité pour les maux actuels. Il me paraît plus difficile et plus utile à la fois de préparer scientifiquement le compromis dont je viens de parler et c'est à cette tâche plus difficile et plus utile que je me consacrerai uniquement. Je me bornerai à montrer que tout ce qui concerne le salaire peut être réglementé de telle sorte que désormais les classes ouvrières reçoivent elles aussi la part à laquelle elles ont droit, et que cependant cette réglementation peut se faire sans porter atteinte à la liberté individuelle, à la liberté du domicile, à la liberté de choisir une profession, etc. Sans doute, partout où il y a *salaire,* l'injustice de la propriété du sol et du capital subsiste en principe, mais elle peut être réduite dans ses effets pratiques au point de ne plus porter préjudice aux ouvriers. On peut donner à l'état social une physionomie telle que les propriétaires du sol et du capital, au lieu d'être, comme aujourd'hui les maîtres exclusifs de toute jouissance, les Dieux de la société, auxquels le travail doit sacrifier, prennent plutôt l'aspect d'hommes utiles, qui dirigent les entreprises de production et reçoivent pour cela une rémunération sous la forme de rente. Ce service de direction de la production il faut bien que la société le paye. Que la propriété du sol et du capital devienne donc en réalité de plus en plus une *fonction* et la rente un *traitement*. (1).

(1) Je me range pour mon compte à l'opinion de La Mennais qui, tenu par beaucoup pour un communiste, et invité par *le National* à s'expliquer sur sa position à l'égard des systèmes socialistes connus, dit entre autres choses : « Je ne vois dans les doctrines qui ont apparu jusqu'à présent qu'un symptôme du besoin profondément senti par la société de découvrir une attribution plus juste du salaire et d'améliorer par là, la situation présentement si lamentable des classes ouvrières. »

Aime-t-on mieux que les sciences sociales abandonnent toujours aux tâtonnements de la pratique la conclusion de compromis de ce genre ? Faut-il que l'économie politique n'ait à choisir qu'entre ces deux alternatives de *prophétiser* ou de *tourner le dos à la vérité*? — Théorie, philosophie, prophétie, utopie, sont à mes yeux, les pierres indicatrices que la société se représente à elle-même dans un avenir de plus en plus lointain et par suite avec des contours de plus en plus vagues ; et partant, une conception sociale qui n'enferme pas du tout de prophétie repose sur des données bien insuffisantes. Mais certainement les sciences sociales n'ont une forme accomplie que quand elles décrivent non seulement le but à atteindre, mais encore le chemin qui y conduit ; et certainement dans cette dernière partie de leur tâche, elles ne tournent pas le dos à la vérité, mais elles en suivent tout droit le chemin.

Pour moi, si j'ai esquissé le tableau d'un état social où la propriété du sol et du capital n'existe pas, c'est dans un dessein plutôt théorique que pratique. J'avais besoin du tableau de cet état social pour faire mieux ressortir, les erreurs courantes concernant le *capital*.

Je vais maintenant faire l'analyse du capital. Je montrerai que les économistes ont confondu le phénomène *naturel* de la production avec le phénomène *social* de la production telle qu'elle est déterminée par le droit de propriété portant sur le sol et sur le capital, et qu'ils sont arrivés ainsi à une idée du capital à laquelle ne correspond rien dans le monde économique réel.

SECONDE PARTIE

CHAPITRE PREMIER

LE CAPITAL DANS L'ÉTAT D'ISOLEMENT ÉCONOMIQUE

Permettez-moi de commencer par l'étude du capital dans l'état d'isolement économique.

Dans cet état l'individu étant dégagé de tout bien social et se trouvant seul en face de la nature, tout ce qui dans le phénomène de la production a un caractère *social* n'existant pas, la marche *naturelle* de la production sera d'autant plus claire, et par suite il sera d'autant plus facile de voir ce qu'il convient de regarder comme capital selon la marche naturelle de la production.

Et d'abord, en quoi consiste ici le capital? Les besoins de l'homme forment une série qui renaît après chaque satisfaction et s'accroît à l'infini. Les objets propres à satisfaire les besoins sont consommés, c'est-à-dire détruits plus ou moins rapidement par la satisfaction. Le travail qui crée ces objets est limité en durée et en force. — Aussi faut-il que l'homme travaille continuellement et d'une façon aussi productive que possible, pour suffire continuellement et aussi largement que possible à ses besoins.

Dès que l'activité productrice de l'homme dépasse la simple cueillette d'un fruit mûr, il prend pour but des objets dont la nature ne lui fournit que la matière et que le travail doit obtenir en transformant cette matière. Et s'il ne peut se procurer cette matière ni la transformer avec les mains seulement, il faut qu'il produise préalablement des *instruments* et des *matières* pour fabriquer seulement alors avec ces matières et à l'aide de ces instruments les objets de consommation qui lui importent. — Ces objets obtenus il les consommera et pendant qu'il les consommera il produira de nouveau. Tel sera le cercle éternel de ses occupations économiques. Quand les objets qu'il lui faut pour satisfaire ses besoins seront créés, il devra, pendant qu'il les consomme, produire de rechef des *instruments* et des *matières*, ou du moins réparer et compléter ceux qui existent déjà, et, s'il ne veut pas voir la satisfaction régulière de ses besoins brusquement interrompue, il devra continuer aussi régulièrement à procéder de la même façon.

En considérant ce processus économique pendant une période quelconque, on saisit le contraste entre le *capital* et le *revenu*. Le *revenu* ce sont les objets de consommation (Befriedigungsmittel) que procure régulièrement à l'homme isolé son travail, le *capital*, ce sont les instruments et les matières avec lesquels le travail produit régulièrement ce revenu.

La distinction que nous venons de faire entre le *capital* et le *revenu* s'écarte déjà des idées des économistes. Ils considèrent comme formant le premier capital, même de l'homme isolé, la *provision des moyens d'existence* dont il subsiste pendant qu'il travaille à de nouvelles productions.

Mais il est facile de montrer que c'est là une erreur, qui,

poursuivie dans ses conséquences, conduit nécessairement ou à la suppression de toute différence entre le capital et le revenu ou même au renversement de ces deux idées. Sans doute l'homme isolé pendant qu'il travaille à des productions nouvelles jouit des moyens d'existence qu'il a produits auparavant; et s'il ne les avait pas déjà, il faudrait qu'il les produisît d'abord et il ne pourrait pas encore passer à la production des autres. Mais reconnaitre cela c'est tout simplement reconnaitre le rapport naturel et forcé de la production et de la consommation. L'homme devant travailler continuellement pour obtenir continuellement la satisfaction de ses besoins, il consomme aussi continuellement le revenu du travail antérieur, *pendant* qu'il travaille de nouveau. Il consomme *pendant* qu'il produit et il produit pendant qu'il consomme; voilà la vérité. Mais il ne consomme pas afin de produire, de la même façon, par exemple, qu'il fabrique des instruments et des matières afin de fabriquer du revenu avec; non, il ne produit qu'afin de consommer, il fabrique son revenu pour en jouir. Mais s'il fallait pour cela considérer comme *capital ce qu'il consomme pendant qu'il produit*, de deux choses l'une : ou bien, au cas où l'on persisterait à vouloir distinguer capital et revenu, il faudrait dire que *ce qu'il produit pendant qu'il consomme, c'est-à-dire instruments et matières sont du revenu*, ou bien, si le sens commun proteste contre cette manière de voir, instruments, matières, moyens d'existence, *tout* serait du capital et l'idée de revenu disparaîtrait. Mais le sens commun ne peut se résoudre, du moins en ce qui concerne l'homme isolé, ni à compter comme revenu les instruments et les matières ni à compter comme capital les moyens d'existence. Une seule chose a pu amener les économistes à prendre, dans l'état d'isolement économique le revenu pour le capital. C'est le désir de montrer que le *salaire*, — qui est parfois aujourd'hui une partie du *fonds d'entreprise* ou du *capital privé* — est un élément naturel du *capital*, du capital dans le sens économique. Mais le *capital privé* (Privatkapital), ce que l'on entend par capital dans le mode *social* actuel de production, est précisément tout autre chose que le capital proprement économique, selon le mode *naturel* de la production.

Mais, si l'on maintient la distinction du capital et du revenu, en entendant par *capital* les matières et les instruments, par *revenu* les objets de consommation immédiate, tous les deux n'en sont pas moins du *produit*, le *produit du travail* de l'homme isolé. Quelle est donc plus précisément la marque distinctive de ces deux parties du produit, quelle est la différence spécifique du capital caractérisant également les instruments et les matières ? Le *capital*, matières et instruments, est du produit qui sert encore à la production ultérieure ; le *revenu* est du produit qui sert à la satisfaction immédiate des besoins. L'un est du travail déjà fait après lequel il faut encore un travail complémentaire, l'autre est le travail mené à son terme et suivi de la jouissance. Le revenu est le but du chemin que le travail a à parcourir, le capital est une portion du chemin déja parcourue.

Bien des économistes ont encore sur ce point des vues différentes. Les uns font consister l'essence du capital dans l'*élévation de la productivité*, et assignent par suite au capital, lui-même, une *puissance d'accumulation* ; les autres voient l'essence du capital dans ce fait qu'il serait une *provision*, une certaine *quantité* d'objets.

Ces deux manières de voir sont, à mes yeux, aussi fausses que celle qui fait rentrer dans le capital des objets composant le revenu (Einkommensgüter), et je crois que toutes les autres erreurs répandues aujourd'hui dans la science et dans la vie commune sur les rapports du capital et du ravail peuvent se ramener à ces premières notions obscures de la nature du capital. (1)

Le terme productivité exprime le rapport du coût de production (travail) à l'utilité du produit. Plus le produit est grand en quantité et en qualité proportionnellement au travail qu'il a coûté, plus la productivité du travail est grande.

La productivité ne peut donc s'élever que si la nature vient de plus en plus en aide au travail, si l'homme fait travailler partiellement la nature pour lui. Que deux hommes se donnent la même peine pendant le même temps pour cueillir des fruits, mais que l'un les cueille sur un arbre plus chargé, l'autre sur un arbre moins chargé, le premier avec le même travail cueillera davantage, il aura un produit supérieur. Son travail est plus productif parce que la nature l'a favorisé en mettant plus de fruits sur un arbre que sur l'autre.

Mais, de même que les objets naturels se trouvent rarement si complètement prêts pour l'usage qu'il n'y ait plus qu'à s'en emparer ; de même la nature vient rarement en aide à l'homme d'elle-même et pour rien comme dans l'exemple que je viens de citer. Il faut que l'homme commence par se soumettre les forces de la nature et les mettre à son service. Mais cela même lui coûte déjà du travail ; j'appelle ce travail *travail médial* par ce qu'il n'a pas pour objet immédiat le produit qu'il importe en somme à l'homme d'obtenir, mais que c'est en quelque sorte un chemin détourné, qui toutefois mène plus vite au but. Pour que le travail devienne plus productif par ce détour, il faut évidemment que le travail médial employé d'abord à soumettre les forces naturelles et le travail immédial, qui est exécuté ensuite avec l'aide de ces

(1) *In generalibus latet error.*

forces, donnent pris ensemble un quantum d'utilité plus grand que si le travail médiat avait été lui-même du travail immédiat. Le plus souvent les forces de la nature ne se laissent asservir que dans des *instruments* (Werkzeuge), le mot instrument étant pris dans un sens extrêmement général, assez général pour convenir également au sillon dans le champ, à la machine à vapeur, à la substance auxiliaire que l'on emploie pour obtenir une décomposition chimique. En règle générale, il faut que l'homme, *pour rendre son travail plus productif prenne d'abord pour objet de son travail un instrument*, qu'il mette ainsi à son service les forces de la nature, qui l'aident à obtenir, du produit qui seul au fond lui importe, plus qu'il n'aurait réussi à en obtenir sans celà.

Le plus souvent tout accroissement nouveau de la productivité a lieu de cette façon. L'homme isolé, quand il sera devenu plus habile remplacera l'instrument inférieur hors d'usage par un autre plus parfait ; et ainsi, le plus souvent, l'accroissement de la productivité sera, il est vrai, attaché au produit du travail *médial*, à des instruments, à du travail *antérieur* (vorgethane Arbeit). C'est à cause de cela, c'est parce que en règle générale l'accroissement de la productivité est attaché à un instrument ou à un instrument supérieur, parce que un instrument, à titre de travail antérieur, de produit qui sert à poursuivre la production, est toujours du capital, — que l'on est arrivé, semble-t-il, à cette conclusion fausse de mettre l'essence du capital dans la productivité et dans l'accroissement de la productivité, de prendre *l'essence de l'instrument pour l'essence du capital* (1)

Mais les instruments sont du capital, non pas parce que,

(1) Une plus grande habileté des doigts a le même effet qu'un instrument. Il y a dans les deux cas un meilleur emploi de la force. Parlera-t-on de capital dans le premier cas ?

en tant qu'instruments, ils rendent le travail *plus productif* mais par ce que, en tant que *travail antérieur* (vorgethane Arbeit), ils sont avec les objets composant le revenu dans le même rapport que les matières. Si la première définition était adoptée, les matières, sur lesquelles on ne travaille ultérieurement qu'avec les instruments, mais qui n'ont par elles-mêmes aucune influence sur l'accroissement de la productivité, cesseraient d'être du capital. J'ai montré aussi qu'il peut y avoir *avant* tout capital une différence dans la productivité. De même encore il peut y avoir une productivité plus grande sans que le capital augmente ou même alors qu'il diminue. Que l'homme isolé remplace un instrument usé par un autre meilleur qui ne lui ait pas coûté plus de travail que le premier, on ne pourra pas dire que son capital se soit accru et pourtant la productivité de son travail est décidément plus grande.

Ce n'est donc pas au capital qu'il faut attribuer l'élévation de la productivité mais uniquement au travail. Cette partie du capital à laquelle on attache surtout le progrès de la productivité, c'est-à-dire les instruments, peut diminuer tandis que la productivité monte ; et l'autre partie du capital, qui, il est vrai, augmente d'ordinaire en même temps que la productivité monte, c'est-à-dire les matières premières, ne peuvent pas être non plus regardées comme la *cause* de l'accroissement de la productivité, elles n'en sont que le *résultat*. Par conséquent, si quelque chose porte en soi cette *puissance d'accumulation* dont on parle, c'est le travail seul et non le capital lui-même.

Il n'est pas vrai non plus que le capital consiste dans une *provision*, dans une certaine *quantité* d'objets.

De l'aveu de tous les économistes, le bâton que le sauvage prend à l'arbre pour abattre un fruit, qu'il brise ou qu'il jette peut être aussitôt après s'en être servi, est du capital aussi bien que les milliers de quintaux de coton, les bâtiments et les machines d'une manufacture actuelle. Mais s'il en est ainsi, ce ne peut-être la *provision*, ce ne peut être la *quantité* et la *durée* des objets qui forment l'essence du capital. L'essence du capital ne peut-être que ce qu'il y a de commun dans le capital du sauvage et celui du grand filateur, et ce qu'ils ont de commun, c'est que tout cela, le bâton aussi bien que le coton avec les machines et les bâtiments, ce sont *des produits qui servent à produire encore*, c'est du travail antérieur qui requiert encore un complément de travail : il reste à abattre le fruit et à filer le coton. Cette circonstance que dans un des cas le capital se présente sous la forme d'une masse d'objets tient en partie, comme je le ferai voir plus loin, à ce que dans ce cas une productivité supérieure est attachée à une autre espèce d'instruments, en partie à ce qu'il y a division du travail ou coopération, et que, par conséquent, un grand nombre d'ouvriers qui veulent exécuter ensemble du travail en masse doivent trouver en masse du travail déjà fait.

Comment *se forme* et comment *s'accroît* le capital dans l'état d'isolement économique ?

Les économistes ont répété les uns après les autres depuis Adam Smith et ont affirmé comme une vérité universelle et absolue que *le capital ne se forme que par l'*ÉPARGNE *et l'*ACCUMULATION. Dans l'état d'isolement économique cela est certainement inexact.

Effectivement, comment l'épargne pourrait-elle donner naissance à des matières premières et à des instruments ? *Epargner* quand il s'agit de *capital*, cela ne peut signifier proprement qu'une chose : amasser des *valeurs* pour en constituer une *fortune* (Kapitalvermögen). Mais quand cela signifierait mettre en réserve des choses utiles avant d'en faire usage (de les consommer), comment des matières premières et des instruments pourraient-ils *naître* ou *provenir* de ce qu'on les tient en réserve avant de les consommer ?

Ne faut-il pas qu'ils existent déjà auparavant? Et puis, l'opération qui consiste à mettre en réserve des matières et des instruments avant de s'en servir, ce qui ne serait en somme que *ne pas s'en servir*, n'a pas la moindre analogie avec ce que l'on appelle aujourd'hui épargne du capital.

La vérité est que dans cette théorie de l'accumulation commencent à se faire sentir les fausses conceptions originaires sur la nature du capital, celle qui y fait entrer les *moyens d'existence* de l'homme isolé, celle qui en fait une *provision* d'objets. La vérité est que, de plus, les économistes étaient profondément enfoncés dans les idées habituelles du *capital privé* (Privatkapital) d'aujourd'hui, c'est-à-dire de la *fortune* (Kapitalvermögen) nécessaire de nos jours à une entreprise ; or c'est là une idée *essentiellement différente*, comme je le ferai voir, de celle du capital d'un homme isolé, de celle des objets composant le capital (Kapitalgegenstände), et les économistes aveuglés par ces idées ont perdu la faculté de voir les choses telles qu'elles sont. Ils ont fait violence à la réalité pour trouver seulement dans les choses ce qui pouvait prêter à l'application de ces idées. « Il faut bien, ont-ils dit, que l'homme isolé *épargne* la première provision de moyens d'existence qui lui permette de vivre pour fabriquer un instrument à l'aide duquel il pourra produire davantage et mieux ; et ce phénomène d'épargne exprime l'origine du capital et sa puissance d'accumulation. »

Mais en tenant ce langage, non seulement ils admettent déjà la conception fausse de la nature du capital déjà signalée, mais encore ils se font du développement de la vie économique chez l'homme isolé, une idée arbitraire qui implique déjà d'avance tout ce qu'il faut pour expliquer leurs idées habituelles.

Les moyens d'existence de l'homme isolé forment son *revenu* et par conséquent ne font partie en aucune façon de son capital ; car autrement toute distinction entre le revenu et le capital disparaîtrait, ou bien le revenu deviendrait capital et réciproquement. Mais alors la théorie de l'épargne est déjà mise à néant.

Mais ce n'est pas tout. Cette « première provision de moyens d'existence » qui seule, dit-on, permettrait à l'homme isolé de consacrer son travail à la fabrication d'un instrument, tandis que sans cela il lui aurait fallu le consacrer toujours de rechef à la production de moyens d'existence, ne peut pas être le résultat de l'épargne.

En effet, concevoir le début de la vie économique de telle sorte que l'homme isolé n'a pas le temps de se faire un instrument, parce qu'il est sans cesse pressé par la nécessité de manger, c'est dire qu'à l'origine son travail n'a que tout juste la productivité nécessaire pour maintenir ses forces en état de continuer à travailler. Mais dans cette situation l'homme est absolument hors d'état d'*épargner*, c'est-à-dire de faire durer quatre jours les moyens de subsistance qui ne maintiennent ses forces en état de travailler que pendant deux jours. Il faut donc nécessairement que quelque autre chose que l'épargne intervienne, soit pour créer cette « première provision de moyens d'existence », ce soi-disant capital qui permettrait la fabrication d'un instrument, soit pour rendre possible la création du premier véritable capital, l'instrument lui-même. Cette autre chose ne peut évidemment être elle-même qu'un premier accroissement de la productivité du travail. Mais ce premier accroissement ne peut pas être un de ceux qui s'attachent à un instrument (il n'y en a pas encore !) ; il ne peut être dû qu'à une plus grande libéralité gratuite de la nature. Effectivement, admettons que le travail de l'homme isolé devienne plus productif parce qu'il rencontre un arbre plus chargé ; il lui reste alors une partie du *temps* qu'il était forcé de consacrer auparavant à satisfaire les besoins d'absolue nécessité ; ce temps de reste il peut l'employer à un autre travail, et c'est ce travail qu'il peut à présent consacrer à la fabrication d'un instrument.

Que l'on prenne donc l'alternative que l'on voudra, que l'on considère faussement comme le premier capital de l'homme isolé la quantité de moyens d'existence qui lui permet de produire autre chose encore que des moyens d'existence, ou bien, que l'on fasse consister ce premier capital dans les premiers instruments et les premières matières, ce qui est là vérité. De toute manière, de même que le travail seul donne naissance aux objets qui constituent le capital, de même c'est un accroissement de la productivité du travail seulement, et non l'*épargne*, qui rend possible la formation du premier capital.

Peut être est-ce aussi la *durée* de certains objets constituant le capital, par exemple des instruments, qui a conduit les économistes à rattacher à l'épargne la formation du capital, de même qu'elle les a conduits à penser que le capital est essentiellement une *provision* d'objets: Sans doute l'augmentation de productivité dûe à l'emploi d'un instrument est associée le plus souvent à sa durée (Dauerbarkeit). Seulement, sans compter que ce caractère ne se rencontre pas dans les matières premières, lesquelles dépouillent toujours rapidement leur nature de capital en devenant aussi tôt que possible du revenu, il est trop clair que la durée des instruments n'a rien à faire avec l'épargne.

Sans doute, il n'est pas indifférent pour la productivité qu'un instrument soit fait d'une substance fragile ou de fer, qu'il soit usé complétement dès la première fois qu'on s'en sert ou qu'il dure des années ; mais il est certain aussi que l'épargne (Sparsamkeit) n'y est pour rien, pas plus que cette partie du capital, l'instrument, ne prend à cause de sa durée, l'aspect d'une provision. — « Analyse, dit quelque part Bastiat, ennui! Analyse de la valeur, ennui sur ennui! » On en peut dire autant du capital. Mais il ne faut pas reculer devant l'ennui, si l'on veut chercher le germe des erreurs économiques jusque dans ces choses les plus simples et les plus primitives.

De même que le premier capital de l'homme isolé ne se forme pas par l'épargne mais uniquement par le travail, de même il ne s'accroît que par le travail et non par l'épargne.

Selon la mesure qui sert à en estimer la grandeur, on peut parler de l'augmentation du capital dans deux sens. On peut en estimer la grandeur soit d'après la *quantité de produits* qu'il renferme, soit d'après la *quantité de travail* qu'il a coûté et qu'il représente. Quant à l'estimer d'après la valeur, d'après l'équivalence des produits entre eux, cela est encore impossible, cette idée ne faisant son apparition qu'avec la division du travail. Or, quel que soit celui des deux sens qu'on adopte, l'augmentation du capital est dûe au travail. Si l'on estime la grandeur du capital d'après la quantité des objets, instruments et matières, son augmentation tient simplement à une *élévation de la productivité du travail* mais non à une épargne plus grande.

Supposons que l'homme isolé, rien que pour ne pas mourir de faim, ait été obligé à l'origine de travailler dix heures, et que la faveur de la nature ait rendu tout d'un coup son travail plus productif de telle sorte qu'il ne lui fallût plus pour cela que huit heures. Il put alors dans les deux heures restantes fabriquer le premier capital, un instrument. Supposons qu'aucun nouvel accroissement de productivité ne soit dû à cet instrument, mais que l'homme puisse seulement se rendre assez indépendant des caprices de la nature pour produire régulièrement, quelle que soit la parcimonie de la terre, sa subsistance nécessaire en huit heures, il faudra qu'il continue de consacrer toujours huit heures à cet objet et deux heures à la reconstitution de son instrument. La productivité de son travail demeure la même et, par suite, son capital garde sa grandeur, il n'y a pas d'épargne qui puisse l'augmenter. Ce n'est que si un *nouvel* accroissement de productivité est attaché à l'instrument fabriqué, si par exemple, il dure assez longtemps pour n'avoir pas besoin d'être continuellement fabriqué à nouveau chaque jour, ou bien s'il a pour effet de permettre à l'homme de subvenir à sa subsistance nécessaire en six heures au lieu de huit et d'avoir de rechef deux heures de reste pour une nouvelle production, — que l'on peut concevoir une *augmentation* de capital ; mais alors elle a pour cause manifeste l'élévation de la productivité dûe au premier instrument et non pas un acte d'épargne quelconque.

Admettez maintenant qu'en vertu de ce nouvel accroissement de la productivité, l'homme produise enfin en dix heures par jour plus que le strict nécessaire. Il a dès lors le choix entre deux partis : ou bien il se décidera à augmenter son revenu, ou bien il se contentera encore pendant un certain temps du strict nécessaire et emploiera le temps resté disponible à créer un nouvel instrument ou à accroître les matières premières. Seulement si cette production, rendue maintenant possible, n'entraîne pas elle-même un nouvel accroissement de productivité, il est clair que ces nouveaux moyens de production ne lui serviront à rien, car il n'a plus de temps de reste pour les utiliser. Au fond c'est la loi de Lauderdale ramenée à sa plus simple expression : « Un pays ne peut utiliser plus de capital qu'il lui est possible d'en mettre en œuvre pour produire des objets demandés. »

Si l'on estime le capital existant d'après la quantité de travail qu'il a coûté et qu'il représente, son augmentation en ce sens dépend d'*une augmentation du tra-*

vail lui-même, mais non pas d'une épargne plus forte.

Cette augmentation du travail peut s'entendre de deux manières. Ou bien l'homme isolé travaille *un plus grand nombre d'heures par jour*, ou bien il a travaillé *depuis plus longtemps* déjà et il a une plus grande quantité d'objets qui durent longtemps. L'augmentation du capital est proportionnelle, dans le premier cas, au surplus de travail quotidien, dans le second au temps qui s'est écoulé depuis le commencement du travail. Dans les deux cas l'augmentation du capital ne dépend pas plus de la volonté de l'homme et par conséquent de son épargne, que l'augmentation du travail lui-même. Le travail par jour est limité; l'individu ne peut travailler que pendant une partie des vingt-quatre heures de la journée. L'espace de temps pendant lequel il a déjà produit n'est pas davantage en sa puissance. — Si l'on transporte ces vérités à une nation, la première se traduit ainsi : le capital social estimé en travail, ou, si l'on admet que la valeur coïncide au total avec le travail, estimé en valeur, ne peut s'augmenter que par l'*augmentation de la population ouvrière* ; la seconde devient : cette augmentation ne peut avoir lieu que si une nation a déjà produit depuis longtemps, c'est-à-dire si elle a déjà derrière elle un long passé.

De même que le capital de l'homme isolé n'est que du *travail* antérieur, qu'il ne se forme que par le *travail*, que son augmentation ne dépend que du *travail*, soit d'un accroissement de la productivité du travail soit de l'augmentation de la quantité de travail, de même aussi il ne peut être *reconstitué que par la répétition du travail.*

L'homme isolé possède dans son capital des instruments et des matières premières avec quoi il produit son revenu, c'est-à-dire ce qu'il consomme. Dans cette production les instruments s'usent et sont mis hors de service, les matières premières deviennent des objets de consommation ou revenu. Si donc l'homme veut à la fin d'une certaine période retrouver son capital avec la même étendue qu'au début, il faut que pendant cette période il répare ou remplace les instruments usés ou mis hors de service et qu'il produise à nouveau des matières premières pour remplacer celles qui sont transformées en revenu. Il faut qu'il *reproduise le capital*. Mait cela ne peut se faire, évidemment que par la *répétition du travail* qui avait produit le capital disparu et non pas par l'épargne ; par la répétition du travail, dis-je, d'un travail aussi productif et en même quantité que le travail employé à la création du capital disparu.

Si l'homme estime son capital d'après la quantité des objets, il faut, pour reconstituer cette quantité, que la quantité de travail qu'il y consacre soit aussi productive qu'auparavant. C'est seulement si dans l'intervalle son travail est devenu plus productif qu'il pourra obtenir le même résultat avec moins de travail et consacrer encore une fois le travail restant à l'augmentation du capital et du revenu.

S'il estime son capital d'après la quantité de travail qu'il représente, il faut qu'il en emploie la même quantité pour le reconstituer, que la productivité ait augmenté ou non, peu importe. Cela est clair et n'a pas besoin d'être expliqué davantage.

Enfin quel est, dans l'état d'isolement économique, le *rapport du capital et du revenu* ?

Les économistes conçoivent d'une façon absolue — et par conséquent aussi pour le cas de l'isolement économique — le capital comme une *source* du revenu. Ils croient pouvoir reconnaître entre le capital et le revenu ou une partie du revenu une relation de cause à effet et avoir le droit d'appeler le revenu, en tout ou en partie, un *produit* du capital. Ils les considèrent à peu près comme une bête et son petit. Ils en sont encore au point de vue naïf des Grecs qui appelaient l'intérêt τόκος, la progéniture. Les analyses précédentes font voir clairement la fausseté de cette idée, du moins en ce qui concerne l'homme isolé.

Le capital — en entendant par là : travail antérieur après lequel il y a encore du travail à exécuter, produit qui sert à poursuivre la production, matières et instruments — ne peut avoir avec le revenu — c'est-à-dire travail à son terme, produit achevé, objets de consommation immédiate — un rapport de cause à effet ou même seulement de force productive à produit.

L'homme isolé arrache un bâton avec lequel il abat un fruit. Si le capital était la source du revenu, cette relation devrait se montrer déjà dans ce phénomène primitif et très simple. Mais peut-on, sans faire violence aux choses et aux idées, appeler le bâton la *source* du revenu ou d'une partie du revenu qui consiste en ce fruit abattu ? Peut-on rapporter ce revenu en tout ou en partie au bâton comme à sa *cause* ? Peut-on le considérer en tout ou en partie comme le *produit du bâton ?* Peut-être le fruit ne pouvait-il être atteint, c'est-à-dire, être produit sans le bâton, soit. Mais, alors même on ne pourrait pas appeler le fruit tout entier produit du bâton, car il a fallu, pour obtenir le fruit, outre le bâton, un certain travail, il a fallu manœuvrer le bâton. Aussi les économistes sont-ils disposés, il faut le reconnaître, à n'attribuer le revenu qu'à l'*action combinée*, à la coopération du capital *et* du travail, à la considérer comme le produit de l'union du travail avec le capital. Mais s'ils ont raison de ne pas considérer le fruit comme le produit *exclusif* du dernier travail, du maniement du bâton, il n'est pas non plus pour cela le produit du bâton aussi. Non il est le produit du TRAVAIL, d'une double opération : la confection du bâton, et le maniement du bâton.

La première opération n'est que le commencement du travail qui avait pour but l'obtention de ce revenu : le fruit ; à cette première opération il fallut, pour atteindre réellement le revenu, joindre cette suite du travail, l'usage du bâton.

Il n'est pas douteux que le travail, en prenant d'abord pour objet un bâton, est devenu plus productif, car sans bâton on n'aurait peut-être pas obtenu le fruit ou on ne l'aurait obtenu qu'avec beaucoup plus de temps et de peine. Mais précisément à cause de cela le revenu accrû du fruit n'est que le produit du *travail plus productif*.

C'est dans ce *travail plus productif*, mais non dans le résultat de ce qui n'en est que le commencement, ou la première moitié, qu'il faut chercher la cause de l'augmentation du revenu.

Admettez que l'homme isolé soit déjà plus avancé dans son développement économique, qu'il possède une grande quantité d'instruments et de matières premières avec lesquels il produit les objets dont il a besoin, autrement dit son revenu. — On pourra bien moins encore que dans le cas précédent considérer le revenu comme le produit de ce travail et de ce capital. En effet, dans ce cas, des matières premières font aussi partie du capital. On n'ira pas soutenir que le bois est à la table ce que la cause est à l'effet, que le bois est la source de la table, que la table est le produit du bois. Quant aux instruments à l'aide desquels le bois est façonné en table, il en est d'eux comme du bâton avec lequel on abat un fruit. Donc dans ce cas encore le revenu, que le travail de l'homme isolé crée avec des instruments et des matières premières, n'est pas le produit de ce travail *et* de ce capital ; non, il est le produit du travail seul, mais du travail total, de celui qui d'abord crée le capital et de celui qui ensuite en fait le revenu, du travail total qui, en se consacrant d'abord à la confection d'instruments utiles et en devenant ainsi plus productif, crée aussi un revenu supérieur.

Ainsi chez l'homme isolé, le rapport entre le capital et le revenu n'est évidemment qu'un *rapport de succession*. L'homme travaillant continuellement pour obtenir un revenu et un revenu aussi grand que possible, et travaillant aussi productivement qu'il sait le faire, est obligé de commencer par créer des instruments et des matières premières et de façonner ensuite les matériaux à l'aide des instruments jusqu'à ce que le revenu soit obtenu. Les matières premières disparaissent complètement en devenant objets de consommation, leur usure est complète ; celle des instruments peut n'être que partielle. Mais le capital même se transforme incessamment en revenu ; celui-là n'est que celui-ci à son début ; le travail l'achève comme le travail l'a commencé. Le capital et le revenu sont tous les deux également le produit du travail et du travail seul, lequel, quand il veut faire du revenu, est obligé de faire d'abord du capital, parce que en réalité le capital n'est que le premier stade du revenu.

Toute augmentation du revenu doit être mise au compte du *travail seul* ; le travail est devenu plus productif parce que l'homme sait employer plus avantageusement la même quantité de travail, c'est-à-dire qu'il sait faire travailler davantage la nature à son profit. Son talent en cela peut d'ailleurs consister soit à remplacer un moins bon instrument par un meilleur, soit à se servir de meilleurs matériaux, soit à devenir lui-même plus habile dans l'exécution des procédés et les tours de main. En un mot c'est uniquement de la *productivité supérieure du travail* que découle un revenu supérieur et nullement d'un second élément qui viendrait s'y joindre comme un facteur essentiellement différent du travail et appelé capital. Ce n'est pas assez dire. Le capital n'étant que le revenu imparfait, inachevé, le revenu à mi-chemin pour ainsi dire, la productivité supérieure du travail se manifeste nécessairement dès le point de départ, c'est-à-dire dès la production du capital, et en effet la même quantité de travail produit plus de capital et de meilleur.

Telle est la cause, mais aussi telle est la seule cause pour laquelle le revenu est, comme il l'est effectivement, proportionnel au capital. Le revenu de l'homme isolé est grand ou petit selon que son capital est grand ou petit. Non pas que le revenu *sorte* du capital ou que le capital *engendre* le revenu ; mais parce qu'ils sont engendrés tous les deux par une seule et même force le travail. Il faut bien en effet que le travail, en créant le revenu et en étant forcé pour y parvenir de créer aussi chemin faisant le capital, qui n'est que le revenu à son début, se manifeste également dans le capital et dans le revenu.

Et cette proportionnalité du capital et du revenu a lieu, dans le cas de l'homme isolé, de quelque façon qu'on les estime, soit d'après la quantité des objets, soit d'après la quantité de travail qu'ils représentent. Si la productivité de deux hommes qui d'ailleurs travaillent autant l'un que l'autre n'est pas la même, il y aura chez les deux une même différence dans la quantité des objets qui composent leur capital et leur revenu. Si un homme travaille régulièrement huit heures par jour, un autre douze, leur capital et leur revenu seront comme 2 est à 3.

CHAPITRE II

LE CAPITAL DANS UNE SOCIÉTÉ OÙ LA PROPRIÉTÉ DU SOL ET DU CAPITAL N'EXISTE PAS

Passons au capital d'une société ou règne la division du travail, au capital social. Appelons capital social l'ensemble des objets qui sont du capital existants dans une société, avec ce caractère d'unité communiste dûe à la division du travail.

Je soutiens que le *capital social* ainsi défini se comporte à tous les points de vue commé celui de l'homme isolé, Il ne consiste pas en d'autres objets, il ne prend pas naissance autrement, ne s'accroît pas autrement, ne se reconstitue pas autrement et n'est pas dans un autre rapport avec le revenu social. Et il en est ainsi dans tous les cas, que la propriété du sol et du capital existe ou qu'il n'y ait pas d'autre propriété que celle du travail. Le *capital social* au sein de la société actuelle, avec toutes les complications des relations interpersonnelles que j'ai décrites, se comporte comme au sein d'une société, qui, ignorant la propriété du capital, admet des formes de relations que j'ai également esquissées ; et, dans les deux, le capital se comporte exactement comme dans le cas de l'individu isolé.

C'est ce que je veux montrer d'abord au sein d'une société *où la propriété du sol et du capital* N'EXISTE PAS, dans laquelle l'unité communiste du capital social est formellement réalisée et n'existe pas seulement au fond, comme cela a lieu dans une société où la propriété du sol et du capital existe. En effet dans une société comme celle-là, on n'est pas encore induit en erreur par le *capital privé* (Privatkapital), lequel est tout autre chose qu'une partie du *capital social*, et auquel je ne reviendrai que plus tard.

Je dis donc que le CAPITAL SOCIAL, dans une société où la propriété du sol et du capital n'existe pas, ne consiste que dans les *instruments* et les *matières premières* existants au sein de la société. *Notamment aucune partie du revenu de la société n'y est comprise.*

Je suis obligé de refaire encore une fois le tableau du mouvement de la production sociale.

La production sociale prise dans son ensemble, c'est-à-dire l'activité totale déployée par une société pour créer les objets propres à satisfaire ses besoins matériels immédiats, ceux qu'elle a en tant qu'unité, et ceux qu'elle a en tant que simple somme d'individus, se divise en plusieurs sections ou degrés, — production des matières brutes (Rohproduktion) — production moyenne (Halbfabrikation, Fabrikation), achèvement des produits amenés enfin à l'état d'objets de consommation. — Chacun de ces degrés de la production se divise à son tour en branches d'industrie diverses, par exemple la production du premier degré comprend la chasse, la pêche, l'élevage, l'agriculture, les mines. — Chaque branche d'industrie se divise en ateliers particuliers ou en entreprises. Non seulement tous les différents degrés de la production, mais encore toutes les différentes branches du même degré sont l'affaire de classes différentes, de même que dans les établissements d'une même branche plusieurs ouvriers se partagent le travail, c'est-à-dire produisent ensemble, coopèrent. Une série d'ateliers spéciaux fabriquent les instruments et les machines dont on a besoin dans tous les autres ateliers.

Dans tous les ateliers de toutes les branches d'industrie à tous les degrés, on travaille en même temps et on travaille continuellement. *Pendant que* dans les ateliers consacrés à toutes les industries du premier degré (élevage, mines, agriculture) on tire de la terre un nouveau produit brut (Rohprodukt), en même temps dans les ateliers de toutes les industries moyennes le produit brut de la période précédente est transformé en objets à demi fabriqués ; dans les ateliers consacrés à la production des instruments, on fabrique de quoi remplacer les instruments usés, etc.; enfin au dernier degré de la production on achève de nouveau des produits destinés directement à la consommation. Dès que les opérations d'un degré sont terminées, en d'autres termes, dès que les produits de ce degré sont obtenus, ils sont livrés, pour recevoir un complément de façon, aux ateliers du degré suivant.

Par exemple le produit que les ateliers des diverses branches du premier degré obtiennent de la nature est transmis aux ateliers consacrés aux branches d'industrie moyennes, dans lesquels il est soumis à une nouvelle élaboration etc. — Enfin dans les ateliers consacrés aux industries du dernier degré des produits reçoivent leur utilité définitive variée en vue de la satisfaction immédiate des besoins de la société.

Ainsi le produit social pris dans son ensemble, pour être achevé, pour être mis enfin en état de procurer la satisfaction immédiate des besoins, doit traverser tous ces différents degrés jusqu'à ce que des ateliers du dernier, où il est achevé, il passe dans la consommation. Tel est le mouvement de la production sociale. Dans chaque période a lieu une nouvelle *poussée en avant* du produit social à travers tous les degrés ; dans chaque période on recommence à tirer de la terre un nouveau produit brut (Rohprodukt) ; chaque degré suivant reçoit comme nouvelles matières le produit du précédent ; à tous les degrés les instruments sont à nouveau remplacés ; enfin au dernier degré une nouvelle quantité de produits achevés est mise à la disposition de la société, pour la satisfaction des besoins.

Ces produits achevés se partagent alors entre la société elle-même d'une part, et les individus occupés à tous les degrés de la production d'autre part. La partie destinée à la société est déterminée par la grandeur des besoins publics, tels qu'ils sont reconnus et fixés par la loi ; l'autre partie se répartit entre les producteurs en raison de la valeur créée par chacun dans la période considérée. Tous ces biens permettent à la société de subsister pendant qu'elle parcourt une nouvelle période de production, c'est-à-dire pendant qu'elle travaille derechef à créer des objets de consommation pour la période suivante.

Ce mouvement général de la production sociale, et aussi la répartition du produit social achevé propre à la satisfaction immédiate des besoins s'opèrent par l'entremise des organes sociaux, de la société même, de la façon déjà dite.

Tels sont sans nul doute les traits les plus généraux et les plus essentiels de la production sociale dans la société que nous supposons. — Je demande ce que l'on peut appeler *capital social* et *revenu social*.

Si l'on ne veut pas, cette fois encore, supprimer ou renverser la distinction de capital et de revenu, ou autrement se perdre dans des complications arbitraires, il faut, me semble-t-il, exactement comme dans le cas de l'homme isolé, comprendre sous le nom de CAPITAL SOCIAL *l'ensemble des matières et des instruments* et sous le nom de REVENU SOCIAL *l'ensemble des produits qui servent à la satisfaction immédiate des besoins*. Les objets ou les biens arrivés à leur entier achèvement pendant une période de production forment le *revenu social* qui sert à l'entretien de la société, pendant qu'elle produit à nouveau. Les matières premières et les instruments existants à tous les degrés de la production et avec quoi la société crée ce revenu forment le *capital social*.

Cependant, la plupart des économistes font entrer encore dans le capital social cette partie du revenu social dont vivent les *ouvriers* pendant une nouvelle période de production. Mais dans l'état social que nous supposons, où la division du revenu en salaire et rente n'existe pas, et où il n'y a que le *revenu du travail* dans son unité originaire, un tel démembrement du revenu social est évidemment impossible. Tous ici sont des ouvriers et rien que des ouvriers, et partant le revenu social tout entier (originaire) sert à l'entretien de ces ouvriers pendant la période suivante. Il faudrait donc faire rentrer le revenu social *tout entier* dans le capital social. Mais alors on serait forcé derechef ou bien de faire rentrer, à l'inverse, dans le revenu social le *produit* de la période en cours, et par conséquent, pour la plus grande partie le *capital* social — instruments et matières nouvellement produits — ou bien de supprimer toute distinction entre capital et revenu.

Quelques économistes semblent ne faire rentrer dans le capital social qu'une partie des moyens d'existence des ouvriers, celle qui est strictement nécessaire, et par conséquent, si dans l'état présent des choses le salaire dépasse ce strict nécessaire, ils ne font rentrer dans le capital social que la partie du salaire qui représente le strict nécessaire, et non ce qui le dépasse. Cette distinction serait possible aussi dans l'état social supposé. La partie du revenu un et indivis qui ne ferait que fournir aux ouvriers la force de continuer à travailler appartiendrait encore au capital social, l'excédent formerait seul le revenu social.

Mais cette distinction, possible, me paraît absolument arbitraire. La partie du revenu social équivalente au strict nécessaire n'échoit pas aux ouvriers avant la partie surabondante, de telle sorte qu'ils vivent de celle-là pendant qu'ils produisent celle-ci. Ces deux parties leur échoient en même temps, elles forment un seul et même revenu ; et ils vivent également des deux pendant qu'ils travaillent à la production d'un nouveau revenu. Sans doute le *strict nécessaire* est absolument indispensable pour continuer à travailler, le surabondant ne l'est pas ; mais il ne semble pas qu'il puisse y avoir là une raison de faire rentrer la première partie dans le capital social. Sans doute celui qui n'a pas même le strict nécessaire pour vivre est aussi peu en état de produire que celui à qui il faut des instruments et des matières et qui ne les a pas. Mais quand un homme est hors d'état de produire faute de moyens pour subsister, le problème économique le plus urgent n'est pas l'impossibilité de produire, c'est l'*impossibilité de vivre*. C'est renverser l'ordre des choses, c'est prendre le moyen pour but, c'est considérer de nouveau la personne libre comme un esclave, que de faire, en quelque mesure que ce soit, de la *consommation* le *moyen* et de la *production* le *but*. Cette théorie renferme toujours implicitement cette idée qu'une partie de la société ne doit vivre que pour travailler ; en général l'homme ne doit travailler que pour vivre, pour vivre de la vie la plus parfaite et la plus belle, personne n'oserait le contester en principe.

Il est plus arbitraire encore de faire dépendre la distinction du capital et du revenu de la durée des objets ou des biens. Si l'on veut être conséquent, il faut alors restreindre le revenu social aux seuls objets qui se détruisent par l'usage par opposition avec ceux qui s'usent lentement. D'après cette définition les vêtements ne seraient pas du revenu mais du capital. Pour échapper à l'absurdité complète de cette division on est amené à distinguer des autres objets durables ceux qui servent à la satisfaction immédiate des besoins en les appelant capital d'utilité (Nutzkapital).

Sans doute les objets qui composent le revenu n'étant pas tous également durables, tous ces objets ne sont pas également renouvelés dans chaque période de production. Il y en a qui durent pendant toute une série de périodes, ou, en d'autres termes, dont la période de production est plus longue. Voilà pourquoi le revenu social se présente à toute époque comme une *provision d'objets,* que la consommation ne détruit en partie que lentement ; de même aussi d'ailleurs le capital social, à cause de la plus longue durée de quelques-uns des objets qui le composent, se présente comme une *provision d'objets* qui ne passe que lentement à l'état de revenu. Mais il me semble clair que l'on ne peut prendre pour ligne de démarcation entre le capital et le revenu un caractère comme celui-là qui ne se laisse pas distinguer nettement ; le principe de la distinction ne doit-être cherché que dans l'usage que l'on fait des objets. Mais alors les objets seront encore rangés, même au point de vue de la société, dans une catégorie ou dans l'autre, selon la *nature de l'usage* que l'on en peut faire.

Si donc il convient d'entendre également dans la société que nous supposons par *capital* social uniquement les *matières* et les *instruments*, par *revenu* social uniquement les *objets propres à satisfaire immédiatement les besoins*, consommés plus ou moins vite par la société pendant que la production suit son cours régulier, la *nature du capital social* consistera encore uniquement en ceci qu'il est la partie du produit social employée à la continuation de la production, le travail social déjà fait attendant un complément de travail, tandis que la *nature du revenu social* consiste en ceci qu'il est la partie du produit social employée à la consommation définitive, le travail achevé.

Il faudra donc encore se garder de placer l'essence du capital social en autre chose et notamment *dans l'accroissement de la productivité.* Si l'on commettait cette faute, les matières premières ne pourraient encore une fois pas appartenir au capital social, et l'idée de l'augmentation du capital devrait nécessairement coïncider avec celle de l'accroissement de la productivité même. Mais dans une société aussi bien que chez l'homme isolé l'accroissement de la productivité réside dans le travail et non dans le capital : ici dans le travail social et non dans le capital social. En réalité il est tout à fait indifférent à cet égard que l'on parle d'un homme isolé ou d'une société. Si le produit que l'homme isolé crée avec ses mains seulement n'est le produit que de son travail, le produit plus abondant qu'il crée à l'aide d'un instrument dû lui-même à son travail préalable n'est également le produit que de son travail — du travail préalable *et* du travail ultérieur — c'est le produit de *son travail devenu* PLUS PRODUCTIF. Mais cette productivité plus grande ne réside pas dans l'instrument, elle réside tant dans le travail qui crée l'instrument, que dans celui qui sait en faire emploi. Voilà pourquoi rien n'est perdu, quand l'instrument est mis hors d'usage.

Comme la productivité supérieure réside dans le travail, le travail peut faire un nouvel instrument, c'est-à-dire peut produire tout autant que tout à l'heure. Si la productivité résidait dans l'instrument, une fois l'instrument usé la productivité supérieure disparaîtrait aussi.

Mais supposez maintenant que deux personnes ou un plus grand nombre s'associent de telle sorte que les unes fabriquent sans cesse des instruments et que les autres fabriquent sans cesse avec ces instruments les produits dont elles ont besoin les unes des autres. — Cet arrangement simple est le type du travail social considéré dans son ensemble, le type d'une société qui vit sous le régime de la division du travail. Il est clair que maintenant encore ce n'est que dans le travail de ces personnes réunies, c'est-à-dire dans le travail social qu'il faut chercher l'accroissement de la productivité. Il ne faut pas s'imaginer que *le travail de ceux qui se servent des instruments soit seul devenu plus productif* et que la productivité supérieure réside dans les instruments; non, c'est le *travail tout entier de ces personnes réunies* qui est devenu plus productif, aussi bien celui des personnes qui fabriquent les instruments que celui des autres qui s'en servent.

Mais il est évident que la manière dont se fait la *répartition* du produit créé par le travail de ces personnes réunies, le travail social, ne peut rien changer à cela. Que cette répartition se fasse comme on voudra; soit que les ouvriers réunis se partagent seuls le produit en proportion de la part qu'ils ont prise à la production des instruments et des produits proprement dits, soit que le droit positif attribue d'abord la propriété des instruments et des produits à un tiers et que ce tiers soit mis ainsi en état de désintéresser les ouvriers réunis en leur cédant une part du produit, tandis qu'il garde le reste pour lui, cela est absolument indifférent quant au point que nous examinons en ce moment. — C'est dans le travail seul qu'il fallait placer l'accroissement de la productivité quand un homme isolé créait d'abord un instrument, puis le produit proprement dit en plus grande abondance; c'est dans le travail seul qu'il fallait le placer également quand deux personnes se réunissaient dans le but de créer continuellement l'une les instruments, l'autre les produits proprement dits en plus grande abondance en se servant des instruments, seulement cette fois c'est dans le travail réuni, le travail collectif des deux. C'est aussi dans le travail seul, dans le travail social qu'il faut placer cet accroissement, à qui que ce soit qu'appartienne le capital, et par conséquent, quelle que soit la répartition du produit plus abondant.

Si ceux qui fabriquent des instruments en inventent qui mettent dans une plus forte mesure les forces de la nature à notre service et que les autres, ceux qui fabriquent avec les instruments les objets dont tous ont besoin, apprennent à se servir de ces nouveaux instruments, un nouvel accroissement de productivité a lieu, le produit devient plus abondant encore qu'auparavant. Mais ce nouvel accroissement est évidemment dû lui aussi au *travail combiné des uns et des autres*, c'est-à-dire au *travail social* devenu plus productif encore une fois ; il n'est pas dû au travail de ceux seulement qui emploient les nouveaux instruments, et encore moins à ces *instruments* eux-mêmes ou au *capital*, et par conséquent la masse plus abondante du produit est elle-même le produit de ce travail social seul et non pas en partie le produit du travail social, en partie celui du capital social.

De même que le capital de l'homme isolé (1), le capital

(1) Tandis que l'homme isolé ne pouvait avoir que deux manières d'estimer le capital et le revenu, l'une d'après la satisfaction et l'autre d'après le coût de production, la division du travail permet un troisième mode d'estimation, estimation d'après l'équivalence des produits entre eux ou d'après la *valeur*. Seulement comme l'état social que nous supposons ici ne peut se réaliser que par la fixation de la valeur d'après le travail que coûte le produit (Kostenarbeit), l'estimation d'après le coût de production coïncide, dans cet état, avec l'estimation d'après la valeur. Le capital et le revenu augmentent de valeur quand ils représentent une plus grande quantité de travail.

Enfin dans le cas de l'homme isolé il ne pouvait y avoir un accroissement indéfini du capital estimé par le coût, puisque le travail quotidien d'un homme est limité. Mais avec la division du travail le capital social, estimé également d'après le coût de production ou d'après la valeur peut s'accroître dans le même

social ne *se forme* et ne *grandit* que par le travail et non par l'épargne.

J'ai tracé plus haut le tableau du mouvement de la production sociale et de la répartition du revenu social telles qu'elles ont lieu dans l'état social que nous supposons en ce moment. La production sociale se divise en plusieurs

rapport que la population augmente et que les participants deviennent plus nombreux.

Seulement ces différences n'altèrent évidemment en rien la nature du capital et du revenu. Dans cet état social le capital ne peut consister encore que dans les matières et les instruments, le revenu que dans les objets de consommation. Evidemment il ne faut pas davantage ni faire rentrer dans le capital le revenu ou une partie du revenu, ni faire consister le capital dans la productivité et confondre l'accroissement de la productivité du travail, qui est maintenant le travail social, avec une augmentation du capital.

Tout de même que l'homme isolé travaillait pour vivre et ne vivait pas pour travailler, tout de même qu'il n'acquérait le capital qu'en passant pour ainsi dire en marchant à l'acquisition du revenu, de même une société ne travaille elle aussi que pour vivre et pour vivre de mieux en mieux, et elle aussi acquiert le capital chemin faisant en marchant à l'acquisition du revenu. Ce serait conséquemment ici encore ou supprimer la distinction du capital et du revenu ou renverser le rapport naturel des deux termes, prendre le capital pour le revenu et réciproquement, que de vouloir considérer comme faisant partie du capital, en totalité ou en partie, les moyens de subsistance des travailleurs.

La productivité du travail est aussi distincte du capital dans cet état social comme dans le cas de l'homme isolé. S'il est vrai qu'à présent encore, sous le régime de la division du travail, le travail devient plus productif surtout parce que de meilleurs instruments en remplacent de moins bons mis hors d'usage, le capital de la société n'augmente pas pour cela, de quelque façon que l'on en estime la grandeur, le travail social devient plus productif, voilà tout. Le capital peut devenir plus grand en un sens, parce que la productivité a augmenté, il peut devenir plus grand dans l'autre sens, tandis que la productivité est demeurée stationnaire ou même qu'elle a diminué ; mais on ne peut pas plus confondre l'augmentation du produit appelé capital avec l'augmentation de la productivité qu'on ne peut confondre le produit avec la productivité.

productions successives qui occupent des classes différentes. D'autres fabriquent continuellement les instruments employés dans les différents degrés de la production. Pendant que le produit social progresse, c'est-à-dire que le produit d'une classe de travailleurs précédente devient matière pour la classe suivante,— au dernier stade de la production des objets de consommation arrivent à leur entier achèvement; ils sont répartis entre les producteurs de tous les degrés au prorata de la part qu'ils ont prise à la production, et ces producteurs en vivent pendant qu'ils produisent de nouveau. Ces objets qui passent régulièrement dans la consommation forment le revenu social, tandis que matières premières et instruments forment le capital social.

Si l'on délimite ainsi l'idée du capital social, la façon dont les économistes ont pu s'imaginer que le capital ne se *forme* et ne *s'accroît* que par l'*épargne* semble tout à fait incompréhensible. *Epargner*, c'est, d'après eux, tantôt *amasser* des objets et en *faire une provision*, tantôt *ne pas employer immédiatement des biens pour sa consommation personnelle, mais les faire servir encore à la production*. Mais des matières premières et des instruments ne s'amassent pas; on ne peut pas non plus s'abstenir de les consommer immédiatement par cette raison péremptoire que ce ne sont pas des objets de consommation.

La vérité est que matières premières et instruments aussitôt produits servent immédiatement à la production; s'ils venaient à *s'amasser* je ne sais comment, quelque part ce serait simplement la preuve d'un arrêt dans la production. Le blé va droit chez le meunier, la farine chez le boulanger. Le moulin et le four aussitôt construits servent à la production. Il est vrai que le blé et la farine arrivent chez le meunier et chez le boulanger en grandes quantités, on peut dire par *provisions*, mais ces quantités n'ont jamais été *amassées*. Seulement quand la productivité du travail social est grande le blé et la farine sont produits par masses. Une grande exploitation agricole produit beaucoup de blé, un moulin produit beaucoup de farine, etc. Une société produit par plus grandes masses que ne fait l'homme isolé, quand il produit pour lui seul une maigre quantité de grain, l'écrase entre deux pierres, etc.; mais les matières premières ne sont pas plus *amassées* dans un cas que dans l'autre. Il est également vrai que les moulins et les fours *durent* assez longtemps. Mais précisément à cause de cela on ne peut pas dire qu'on les amasse.

Des matières premières et des instruments ne peuvent pas non plus être employés à la satisfaction immédiate des besoins; ils ne se consomment pas. On ne peut donc pas non plus s'abstenir de les consommer et les *épargner*, en ce sens du mot épargner.

Cependant les économistes ont poussé l'ingéniosité jusqu'à citer un exemple apparent d'*épargne* portant sur des objets qui soient par nature du capital. « Nous pouvons concevoir, dit Stuart Mill, un certain nombre d'individus ou de familles établies sur autant de domaines, chacune vivant du fruit de son travail et le consommant entièrement. Mais il faut que ces familles mêmes épargnent c'est-à-dire retranchent de leur consommation la quantité de grain nécessaire aux semailles. » (1)

Mais, quand un homme abat un arbre, qu'il se fait une chaise avec une partie du bois et un instrument avec le reste, je demande si l'on peut dire qu'il *épargne* cette seconde partie du bois. Les familles de Stuart Mill ne font

(1) *Principes d'économie politique*, par J. Stuart Mill. — Un des ouvrages anglais les plus récents et les plus riches sur l'économie politique. L'auteur est libre échangiste, mais il se distingue des autres auteurs de la même école par la justice qu'il sait rendre aux tendances socialistes. Du reste Stuart Mill veut trancher dans le droit — dans le droit successoral — aussi hardiment que les socialistes dans la liberté des transactions.

pas autre chose. Elles ne fabriquent pas de la farine et du pain avec la totalité du grain, elles font avec une partie du grain un instrument pour mettre en jeu de nouveau les forces du sol. D'une même matière à l'état brut (le grain) on peut faire à volonté soit des objets de l'espèce du revenu, soit des objets de l'espèce du capital. Tel est le cas de presque toutes les sortes de matières brutes.

Les matières premières et les instruments qui constituent le capital social ne sont donc évidemment pas épargnés, — ni en ce sens qu'on les amasserait, qu'on en ferait des provisions, ni en ce sens qu'on s'abstiendrait de les consommer. Mais, au contraire, si l'on saisit bien le mouvement de la production sociale, il est évident que ces deux sortes de produit ne peuvent naître et s'accroître que par le travail social.

Les uns créent le produit brut (Rohprodukt), d'autres en tirent les objets à demi-fabriqués, etc., enfin d'autres encore fabriquent les instruments employés dans les différents degrés de la production. Qu'est-ce à dire sinon qu'une société est obligée, comme un homme isolé, de créer d'abord des matières et des instruments pour faire ensuite avec les unes et à l'aide des autres des objets de consommation. A moins qu'une société ne dépouille les autres, il n'y a pas pour elle d'autre moyen que le travail de se procurer matières et instruments.

La quantité des instruments et des matières premières ne peut également *être augmentée* que par le travail. Le capital d'une société peut être estimé, comme celui d'un homme isolé, de deux façons : d'après la quantité des biens qui le composent et d'après le coût de production, lequel dans l'état social que nous supposons coïncide avec la valeur. Si on l'estime d'après la quantité des objets qui le composent, c'est la *productivité croissante du travail* qui augmente le capital.

Les producteurs qui fabriquent les instruments ou qui les remplacent inventent des instruments plus puissants, les producteurs de toute sorte inventent des procédés supérieurs, et par suite, une plus grande quantité de matières est tirée de la terre et transformée dans les stades suivants de la production. Si l'on estime le capital d'après la quantité de travail qu'il représente ou, ce qui revient au même, dans notre hypothèse, d'après la *valeur*, il ne peut s'augmenter que par suite d'une augmentation du travail. Celle-ci peut avoir lieu, comme dans le cas de l'homme isolé, de deux manières. Le degré de productivité étant le même, une société qui a produit depuis plus longtemps qu'une autre peut se trouver en possession d'une plus grande quantité d'objets (capital) durables, lesquels représentent par conséquent aussi une plus grande quantité de travail, une plus grande valeur. Toutefois, le degré de productivité demeurant le même, la seconde société rattrapera bientôt la première. La seconde façon dont le travail social augmente consiste en ce que à tous les degrés de la production une quantité de travail plus grande est en jeu, que l'on fabrique ainsi plus d'instruments, que l'on tire du sol plus de matières premières, que l'on en travaille davantage à tous les degrés suivants de la production. Une augmentation du travail social de ce genre a eu lieu incontestablement dans les pays civilisés de l'Europe ; elle est le résultat de la diminution du nombre des jours fériés, de l'augmentation du nombre des heures de travail par jour et de ce fait que l'on impose un travail productif même aux enfants. Toutefois cette augmentation a des limites dans le temps et dans les forces des individus. Mais l'augmentation la plus considérable du travail social ne peut jamais se trouver que dans l'augmentation de la *population*, dans l'augmentation du nombre des ouvriers.

Peut-être les économistes eussent-ils eux-mêmes reconnu que le capital ne se forme ni n'augmente par l'épargne s'ils l'eussent fait consister uniquement dans les matières premières et les instruments. Mais je soutiens, en outre, que la société, — du moins sous le régime que nous supposons en ce moment — n'épargne pas non plus et n'a pas non plus besoin d'épargner sur son *revenu* (*objets de consommation*) ni pour créer et accroître son capital véritable, matières et instruments, ni pour posséder dans une *provision* de moyens d'existence (revenu) accumulés d'avance un soi-disant capital qui serait nécessaire à l'expansion de la production sociale.

Je rappelle encore une fois le mouvement de la production sociale et la répartition du revenu social. Les objets de consommation arrivés à leur achèvement dans le dernier degré de la production sont répartis entre les producteurs au prorata de la part qu'ils ont prise à leur création. *Mais aussi ils sont toujours consommés entièrement par eux*. Personne ne met de côté et n'a besoin de mettre de côté aucune partie de son revenu (objets). La société comme chaque particulier est dans la situation de l'homme isolé, qui peut consommer tout ce qu'il produit, mais qui aussi, parce que les objets sont détruits en satisfaisant les besoins et que les besoins renaissent sans cesse, est obligé aussi de produire de nouveau pendant qu'il consomme.

Les économistes feront pourtant cette objection que, dans le cas du moins où le capital — même restreint aux matières et aux instruments — doit augmenter ensuite d'une *augmentation du nombre des producteurs*, il faut qu'il existe déjà pour ces producteurs nouveaux une provision de moyens d'existence, laquelle ne peut être dûe qu'à l'épargne des anciens producteurs, c'est-à-dire prise sur leur propre consommation.

Mais on exprime ainsi de travers et inexactement la façon dont les choses se passent en réalité.

Une augmentation du nombre des producteurs ne peut avoir lieu en règle générale que s'il y a une augmentation de la population. Celle-ci peut avoir lieu de plusieurs manières : ou bien, l'accroissement annuel de la population étant le même, la durée moyenne de la vie s'allonge, ou bien, la durée moyenne de la vie étant la même, l'accroissement annuel de la population devient plus grand. Mais l'augmentation de la population dûe à l'allongement de la vie moyenne ne nécessite certainement pas une épargne préalable de moyens d'existence destinés aux nouveaux producteurs. Le producteur qui vit plus longtemps produit, après comme avant cet allongement, — — sauf qu'il produit maintenant quelques années de plus — le revenu qu'il consomme et continue de produire pendant qu'il consomme. Mais, dans le cas où le nombre des producteurs augmente par suite d'un accroissement annuel supérieur de la population, cette épargne n'est pas non plus nécessaire. L'élévation de l'accroissement annuel est dû principalement à ce que le nombre moyen des enfants monte, de trois à quatre par exemple. Or, admettons que pendant l'éducation de cette jeune génération plus nombreuse la productivité du travail des anciens n'augmente pas, les familles seraient obligées, sans doute, de vivre *en se serrant davantage* jusqu'à ce que la jeune génération plus nombreuse, se mettant à produire « gagnât elle-même son pain », c'est-à-dire, tout comme les anciens, produisît pour consommer et continuât de produire en consommant. Mais cette *vie plus serrée* de la famille a-t-elle quelque chose de commun avec l'*épargne* qu'ont en vue les économistes? — Pas le moins du monde, à telle enseigne que plus il y a *épargne* dans un sens (vie difficile), moins on peut *épargner* dans l'autre sens (amasser, placer). Admettons maintenant que, pendant que la jeune génération plus nombreuse grandit, la productivité de l'ancienne augmente ; il n'y aura même pas besoin d'épargne, en ce sens que les familles soient forcées de vivre d'une manière plus serrée. Mais en fait une augmentation de la productivité du travail de l'ancienne génération, tandis que la nouvelle génération devient toujours de plus en plus nombreuse, indique que le développement de la société suit sa marche régulière. La jeune génération, dont le nombre va toujours croissant, est élevée et entretenue au moyen du revenu accrû par l'effet de l'accroissement de la productivité de l'ancienne, jusqu'au jour où elle-même prend part à la production. Peut-on dire que le père *épargne un capital*, quand son revenu est employé à nourrir ses enfants jusqu'au jour où ils peuvent se nourrir eux-mêmes ?

Tel serait sans aucun doute la marche naturelle des choses dans notre hypothèse. Toutefois les économistes, dans leur théorie de l'épargne, s'imaginent que l'augmentation de la production ne peut avoir lieu que d'une seule manière : ils supposent que la société doive donner subitement de l'emploi à un nombre supplémentaire d'ouvriers, exclus jusque-là de toute industrie et qui par conséquent n'ont rien à consommer pendant qu'ils vont produire. Mais c'est briser le rapport naturel de la production et de la consommation pour en recoller pour ainsi dire les morceaux à l'envers. Il est clair que, si l'on suppose des individus arrachés à leur famille ou dépouillés du revenu de leur production précédente, du revenu dont, selon la marche naturelle des choses, ils vivraient pendant qu'ils produiraient à nouveau, — et telle est la supposition des économistes — il est clair, dis-je, qu'alors, si l'on veut pourtant que ces individus produisent, les moyens de subsistance perdus leur soient rendus d'un autre côté. Mais ce n'est pas là la marche naturelle des choses : autant vaudrait dire que l'homme vient naturellement au monde avec un *capital*, qu'il y vient pour consommer D'ABORD et pour ne produire qu'ENSUITE. Si leséconomistes se sont fait cette idée, c'est uniquement parce qu'ils ont supposé, au lieu de l'ordre *naturel* des choses un ordre artificiel, résultant du *droit* en vigueur aujourd'hui, parce qu'ils font de la société un entrepreneur, quelqu'un qui, comme on dit, donne du travail, tandis que la société ne doit être considérée que comme un homme qui produit pour lui-même et qui est propriétaire de son propre produit.

« Dans une société grossière et violente, dit Stuart Mill, il arrive continuellement que celui qui possède le capital n'est pas celui qui l'a épargné, mais que quelqu'un de plus fort ou appartenant à une collectivité plus puissante, s'en est emparé par un acte de brigandage. Même dans un état social bien supérieur, l'augmentation du capital est dûe d'ordinaire pour la plus grande partie à des privations qui, tout en revenant au même, au fond, que l'épargne, ne reçoivent pas communément ce nom d'épargne, parce qu'elles ne sont pas volontaires. Il y eut un temps où les producteurs réels étaient des esclaves forcés de produire, tout ce que la violence pouvait obtenir d'eux et de ne consommer que ce que l'intérêt personnel des maîtres ou leur humanité ordinairement médiocre voulait bien leur permettre de consommer. Toutefois cette sorte d'épargne forcée n'aurait pas eu pour effet une augmentation du capital, si le maître lui-même n'avait pas épargné volontairement une partie du produit. S'il avait usé pour ses jouissances personnelles tout ce qu'il a forcé ses esclaves de produire et dont il les a forcés de se priver, il n'aurait pas augmenté son capital et n'aurait pas été en état d'entretenir un nombre plus considérable d'esclaves. L'entretien d'esclaves a toujours eu pour condition une épargne préalable, il a fallu au moins se procurer d'avance une provision de moyens d'existence. »

Rien ne montre mieux que ce passage de Stuart Mill

l'erreur qui a conduit les économistes à leur théorie de l'épargne.

Oui, sans doute, il faut, dans cet exemple, que les *maîtres* épargnent, sinon en ce sens qu'ils *amassent une provision*, du moins en ce sens qu'il ne faut pas qu'ils emploient à la satisfaction de leurs propres besoins, la totalité du produit de leurs esclaves. Il faut qu'ils en laissent une partie pour les esclaves, afin de leur permettre de continuer à travailler.

Seulement dans ce cas aussi le rapport naturel qui existe au point de vue économique entre le producteur et son produit est complètement détruit. En effet, dans ce cas, le producteur ne possède pas du tout *son* produit, *son* produit c'est-à-dire la *chose produite* PAR LUI. Loin de là, la possession de son produit lui est enlevée ; ce produit appartient à un autre qui l'appelle également, il est vrai, *son* produit, mais non pas *sien* dans le sens économique, *sien* dans le sens *juridique* seulement. A présent, il faut sans doute que cet autre, qui n'est pas le *producteur*, mais le *propriétaire* du produit, épargne sur *son* produit (*sien* dans le sens juridique du mot) pour continuer à faire travailler les producteurs. Il y a une partie du produit qu'il ne peut pas manger, mais qu'il doit employer à l'entretien des producteurs, dépouillés précisément de leur produit, et à qui par conséquent, il faut en restituer autant que cela est nécessaire pour l'entretien de leur faculté de travailler.

Si donc il existe un état social dans lequel tout le produit est créé par les uns et appartient aux autres, il faut certainement que ces derniers ne mangent pas tout et laissent aux premiers assez pour qu'ils puissent continuer de produire. Il y a une partie du produit des esclaves que le *maître* ne peut effectivement pas affecter à sa consommation personnelle, c'est celle qui est nécessaire à l'entretien des esclaves. Il faut qu'il concède cette part aux esclaves pour leur entretien et l'on peut dire qu'il l'emploie ainsi de nouveau à la production, puisque les esclaves sont des choses, des moyens de production.

Mais quand les économistes parlent de la nécessité absolue de l'épargne pour la formation du capital, la seule chose qu'ils aient pu vouloir dire — et qu'ils aient voulu dire en effet — c'est qu'il faut que le producteur épargne sur *son* produit, *sien* dans le sens économique. Le problème que se pose l'économie politique est avant tout celui de savoir si la nécessité de l'épargne est imposée par la marche naturelle de la production et le rapport naturel du producteur et du produit. L'état social que l'on a en vue, qui résulte des institutions du *droit* et qui, du point de vue économique, est *artificiel* ne prouve donc rien.

S'il faut que le maître ait mis de côté en *épargnant* sur sa consommation personnelle les moyens de subsistance nécessaires pour un nombre additionnel d'esclaves, cela ne prouve encore rien quant à la nécessité absolue de l'épargne. En effet, dans ce cas encore, les rapports naturels du producteur et de son produit sont violemment brisés. Dans ce cas encore, les esclaves sont dépouillés des fruits de leur travail précédent, desquels ils auraient vécu pendant qu'ils auraient produit à nouveau. Les rapports naturels en vertu desquels le producteur vit du revenu de la période précédente pendant qu'il produit à nouveau sont troublés. On veut que sans ce revenu il produise à nouveau. Il est trop clair que le maître qui veut le faire produire à nouveau sans ce revenu est obligé de le remplacer. Mais, dans l'état social en question le maître a dû épargner même la *valeur en capital* de l'esclave ; et si les économistes n'osent pas dire que l'épargne de la *valeur* de l'esclave est une nécessité absolue du progrès économique, ils n'auraient pas dû le dire davantage de l'*entretien* de l'esclave producteur.

Dans un autre endroit, Stuart Mill dit :

« L'ennemi met un pays à feu et à sang, il détruit ou emporte toutes les richesses mobilières, tous les habitants sont ruinés, et quelques années après tout est comme auparavant. Cette *vis medicatrix naturæ* a été l'objet d'un étonnement stérile ou bien encore on l'a citée pour expliquer la merveilleuse puissance du principe de l'épargne, capable de réparer en si peu de temps des pertes si énormes. Mais il n'y a rien de merveilleux là-dedans. Ce que l'ennemi a détruit aurait été anéanti en fort peu de temps par les habitants eux-mêmes. La richesse qu'ils produisent si vite de nouveau, ils l'auraient produite de nouveau sans cela et probablement dans le même laps de temps. Toute la différence c'est que pendant cette reproduction ils n'ont pas l'avantage de consommer ce qui avait été produit auparavant. La faculté de se remettre promptement de ses malheurs dépend principalement pour un pays de la question de savoir s'il a été dépeuplé. Si la population n'a pas été amoindrie ou compromise pour l'avenir par la misère, le pays dévasté, avec les mêmes talents et les mêmes connaissances qu'auparavant, le sol et les améliorations permanentes du sol étant intacts, les bâtiments n'étant pas détruits ou n'étant qu'endommagés partiellement, ce pays, dis-je, possède toutes les conditions requises pour que le montant de la production soit le même qu'auparavant. S'il reste aux habitants assez de moyens d'alimentation (ou la valeur correspondante) pour être en état de travailler, fût-ce au prix de grandes privations, ils auront acquis au bout de fort peu de temps un rendement de leur travail aussi fort qu'auparavant, une fortune totale et un capital aussi considérables qu'auparavant, et cela en faisant la même somme d'efforts qu'ils avaient l'habitude de faire dans leurs occupations. »

En réalité, Stuart Mill ne pouvait citer un meilleur exemple pour réfuter plusieurs de ses propres erreurs. L'idée de la productivité du travail social est mise ici dans tout son jour ; on voit parfaitement bien du même coup et que la *productivité* n'est *pas l'essence du capital*, et que le *capital n'est pas formé par l'épargne*. En effet, si la productivité résidait dans le capital, l'anéantissement du capital dans le pays vaincu entraînerait l'anéantissement de la productivité et le pays ne pourrait refleurir si rapidement. Et si le capital était le fruit de l'épargne, il aurait fallu du temps au pays ruiné pour arriver à posséder de nouveau des capitaux. Mais non ; la vérité est que, si le pays refleurit si vite et se retrouve si vite en possession de ses capitaux, c'est que la productivité ne réside pas dans le capital et que le capital ne se forme pas par l'épargne ; c'est que, la population n'étant pas amoindrie, le savoir et le talent des hommes étant demeurés ce qu'ils étaient, malgré l'anéantissement de tous les capitaux, la productivité du travail est restée la même.

Ainsi, le capital social, comme celui de l'homme isolé se forme et s'accroît uniquement par le travail et non par l'épargne.

De même encore, il *se reconstitue* par le travail et non par une nouvelle épargne.

Si l'homme isolé voulait retrouver son capital dans son intégrité à la fin de la période pendant laquelle il créait son revenu avec ses matières premières et à l'aide de ses instruments, il était obligé de renouveler ses matières premières et de réparer ou de remplacer ses instruments dans la même période. Il ne pouvait y arriver qu'en faisant deux parts du temps consacré par lui au travail et en en employant une au renouvellement des matières premières et à la réparation des instruments. C'est par ce moyen seulement que son capital pouvait *être reconstitué*. Il n'en est pas autrement d'une société, sauf que, à raison de la division du travail, cette reconstitution du capital a lieu toujours *en même temps* que sa transformation en revenu et qu'elle marche de pair avec cette transformation. *Pendant* qu'une partie du travail social, dans le dernier stade de la production, achève les produits qui forment le revenu, d'autres parties du travail social, dans tous les stades précédents créent de nouvelles matières premières et réparent ou remplacent les instruments. Et ainsi, au moment où le revenu se répartit pour être consommé, le capital social se retrouve aussi au complet, c'est-à-dire est reconstitué. Il est clair aussi que cela est dû uniquement au travail social. On ne voit même pas comment, au point de vue de la société, cela aurait pu se faire par *l'épargne*. Il fallait *employer* les matières premières et les instruments, sinon c'était forcément un arrêt de la production, et l'épargne des objets de consommation n'aurait pas créé les matières premières et les instruments.

Au contraire on a pu et il a fallu consommer le revenu (les objets de consommation) et pendant qu'on le consommait, c'était une partie du *travail* social qui reconstituait le capital social.

Examinez enfin quel est le rapport du capital social avec le revenu social.

Je me permets ici de renvoyer à ce que j'ai dit du rapport du capital de l'homme isolé avec son revenu. Que l'on remplace l'homme isolé par la société, considérée dans son unité, les choses ne changent pas non plus à ce point de vue.

La société, tout de même que l'homme isolé, crée continuellement des matières premières et des instruments et fabrique avec celles-là et à l'aide de ceux-ci des objets de consommation. Ces derniers lui servent à vivre pendant qu'elle recommence à produire de la même manière. A moins de renverser cet ordre naturel en supposant le revenu antérieur au travail, il est clair que l'on ne peut jamais considérer le capital social comme la force qui crée, ou même seulement qui concourt avec une autre à créer, le revenu social. Non, les deux choses, capital social et revenu social sont également l'un et l'autre le produit du travail social et du travail social seul ; on les estime tous les deux d'après la valeur, d'après la *somme du travail social* ; on les estime tous les deux d'après la quantité de produit, d'après la *productivité*. Mais cette productivité se manifeste aussi bien déjà dans la création des objets qui forment le capital (instruments et matières) que dans la fabrication des objets qui forment le revenu (objets de consommation). Mais si l'on renverse le processus naturel de la production et que l'on suppose tacitement le revenu antérieur au travail, comme les économistes le font souvent, c'est le revenu social qu'il faudrait appeler la source du capital plutôt que de dire à l'inverse que le capital est la source du revenu.

Il y a aussi une proportion uniforme entre la grandeur du capital social et celle du revenu social, — en supposant encore ici que le travail social suit sa marche régulière, tant en ce qui concerne la transformation du capital et, pour ainsi dire, sa promotion à l'état de revenu que la reconstitution du capital. Si la productivité du travail social est grande et que la quantité de produit le soit par conséquent aussi, le revenu social et le capital social, mesurés en quantité de produit, seront également grands l'un et l'autre. Si le produit social grandit, estimé d'après la *valeur*, en suite de l'accroissement de la population, le capital social et le revenu social grandiront aussi en valeur, dans le même rapport. A peine est-il besoin de remarquer en passant que l'augmentation du revenu social, mesuré de la première façon, *enrichit* seule la société, puisque le revenu social devenu plus grand selon la seconde façon de l'estimer se répartit aussi entre des producteurs d'autant plus nombreux. Mais dans les deux cas l'augmentation (du revenu) a lieu non pas parce que le capital social, devenu plus grand à l'un des points de vue ou à l'autre, *engendrerait* un revenu aussi plus grand au point de vue correspondant, mais parce que tous les deux, capital et revenu, sont créés et mis en œuvre par *une seule et même force,* le *travail* social.

Les économistes n'ont pourtant jamais voulu comprendre cette relation si simple.

Dans la société actuelle il suffit qu'un homme possède des biens pour que cette propriété lui procure un revenu régulier, sans qu'il ait besoin d'accomplir lui-même la moindre opération de production, et, tout en lui procurant ce revenu, cette propriété ne subit aucun amoindrissement de valeur. Voilà ce que les économistes ont vu. Le terme de *capital* s'offre pour désigner cette propriété. Aussitôt on définit le capital, en général et absolument, une *source permanente de revenu,* et, pour rendre plausible de quelque façon que le capital puisse être une *source* de revenu, on allègue l'accroissement de la force productive et l'augmentation du produit que procure l'*instrument*. Mais aujourd'hui la propriété de *matières premières* procure régulièrement un revenu tout aussi bien que la propriété des instruments les plus excellents. Si les économistes avaient reconnu que le revenu procuré de nos jours par le capital n'est qu'une partie du produit achevé soustraite par les institutions du droit en vigueur aujourd'hui aux ouvriers et attribuée par elles aux propriétaires de la totalité du produit social — aux propriétaires du capital — ils n'auraient pas rapporté ce revenu au *capital*, mais à la PROPRIÉTÉ du capital. Ils n'auraient pas ensuite commis cette bévue de chercher dans le capital une cause particulière capable de produire ce revenu, explication qui non seulement ravit au travail sa suprématie économique, mais encore exclurait de l'idée de capital ce qui en forme la partie la plus considérable, les matières premières. — Dans la théorie du revenu également, les économistes n'ont jamais traité de la nature ou des effets du capital lui-même, mais toujours uniquement de la *propriété* du capital.

CHAPITRE III

LE CAPITAL DANS UNE SOCIÉTÉ OÙ LA PROPRIÉTÉ DU SOL ET DU CAPITAL EXISTE.

Admettez maintenant enfin une société dans laquelle la propriété du sol et du capital existe ; cependant considérez encore la société comme une unité et comme possédant dans son unité le produit social, capital et revenu. Considérez donc maintenant encore le capital lui-même du point de vue de la société prise dans son ensemble. Je demande si, le capital étant ainsi entendu, les réponses différeront à quelque égard de celles que nous avons déjà trouvées ? J'en doute.

Essentiellement et *en général* le mouvement de la production sociale ne se fait pas autrement, le produit social n'est pas autrement composé là où existe la propriété du sol et du capital que là où elle n'existe pas.

A présent encore les uns tirent du sol les matières brutes, d'autres les transforment en produit moyen, d'autres enfin, dans le dernier stade de la production, donnent aux produits une dernière façon et les mettent en état de satisfaire immédiatement les besoins. A présent encore le produit social progresse par degré, en se renouvelant continuellement, jusqu'au moment où du dernier degré il passe dans la consommation, — les matières employées y passant toujours en totalité, les instruments en proportion seulement de l'usure subie au cours de la production.

Sans doute à présent l'ensemble du produit à tous les degrés appartient en particulier, par lots plus ou moins considérables, à des *personnes privées* qui ne sont pas du tout au nombre des producteurs à proprement parler ; sans doute les vrais producteurs ne créent continuellement le produit social qu'au service de ces quelques propriétaires, sans être eux-mêmes en aucune façon co-propriétaires de leur propre produit ; mais au point de vue général de la société, cela ne fait pas de différence. Cela produit incontestablement des effets qui établissent entre cet état social et le précédent des différences importantes. Un premier effet, c'est que le produit social ne passe d'un degré de la production au suivant que par voie d'*échange*, d'achat et de vente, et qu'il est ainsi soumis à un perpétuel changement de propriétaire. Un second effet, c'est que le revenu des producteurs proprement dits, le salaire, n'est jamais le montant intégral de la valeur de leur produit, qu'il n'en est qu'une faible part, tandis que la plus grosse part échoit aux propriétaires sous le nom de rente, que le revenu social se répartit ainsi — même dans la répartition originaire — entre d'autres personnes encore que les purs producteurs. Un troisième effet, c'est que, la répartition étant si inégale, le travail social se dirige vers d'autres objets qu'il n'aurait fait sans cela, que par conséquent le produit social sera à présent plus varié, qu'il comprendra à la fois des objets d'absolue nécessité pour les uns et des articles de luxe pour les autres, tandis qu'autrement il serait resté plus uniforme. Mais tous ces effets n'empêchent pas que le mouvement de la production et la composition du produit social restent ce qu'ils étaient ; ils n'altèrent pas davantage, à quelque égard que ce soit, *du point de vue social*, le contraste du capital et du revenu tel que nous l'avons établi. A présent encore, à moins que la distinction du capital et du revenu ne soit supprimée ou retournée, on ne peut regarder comme formant le capital social qu'une partie du produit social, on ne peut regarder comme tel le produit que dans la mesure où il enferme instruments et matières ; en revanche, il faut considérer comme formant le revenu social la partie du produit qui enferme les objets propres à la satisfaction immédiate des besoins, soit de la société elle-même, soit des individus. A présent encore, le capital ne peut être formé, augmenté ou reconstitué que par le travail. A présent encore, il est avec le revenu dans le rapport que nous avons dit et dans nul autre. Je crois pouvoir me dispenser de répéter les explications sur tout cela. La propriété du sol et du capital n'a une influence essentielle que sur les relations des individus entre eux. Quand on considère la société dans son ensemble, les effets de cette propriété sur les individus disparaissent.

Je veux toutefois mettre cela en lumière sur trois points particulièrement.

Premièrement, la monnaie qui dans une société fondée sur la propriété du sol et du capital consiste nécessairement en or et argent, et qui par suite forme une partie notable de la richesse sociale, doit-elle être considérée, au point de vue de la société, comme du *capital*?

Presque tous les économistes disent oui ; il faut selon moi répondre non.

Dans une société où la propriété du sol et du capital n'existerait pas, où la monnaie pourrait être complètement conforme à sa définition idéale, c'est-à-dire n'être autre chose qu'un moyen de liquidation, une quittance et un bon portés sur un morceau de papier — pourrait-on, au point de vue de la société, compter le papier employé à cet usage comme faisant partie de son capital de la même façon que les matières premières et les instruments? — Assurément non. — La monnaie répond à *un besoin social immédiat*. La société même, en tant que société, a besoin de monnaie pour opérer son œuvre économique de distribution, comme elle a besoin de palais de justice pour faire régner chez elle la justice, etc. Le papier qui sert de monnaie est donc un bien qui, tout comme un édifice public, satisfait un besoin social immédiat. Mais tous les biens qui satisfont des besoins immédiats, sociaux ou individuels, appartiennent comme je l'ai montré, au *revenu* de la société, non au capital.

La substance dont la monnaie est faite ne peut évidemment rien changer à cela, au point de vue de la société. S'il faut que la monnaie soit faite d'or et d'argent au lieu de papier, sans doute la matière est plus précieuse et plus durable, mais ni la valeur ni la solidité plus grande d'un objet qui est par sa fonction du revenu ne peuvent le métamorphoser en capital. Mais la fonction de la monnaie n'est pas changée parce que, dans une société où la propriété du sol et du capital existe, elle est faite d'une matière précieuse et durable comme l'or et l'argent. Au point de vue de la société elle a comme auparavant pour fonction la satisfaction d'un besoin immédiat, le besoin qu'a la société en tant que société, d'un moyen de répartition exacte du produit créé en commun, et par conséquent aussi, elle appartient, au point de vue de la société, non au capital mais au revenu, c'est-à-dire à cette partie du revenu qui, composée le plus souvent d'objets très durables, n'en sert pas moins à satisfaire des besoins *sociaux* immédiats.

Secondement, que faut-il penser du revenu des classes ouvrières dans une société où la propriété du sol et du capital existe?

Tous les économistes sont d'accord pour dire que le revenu que perçoivent les propriétaires sous le nom de rente fait partie non du capital social, mais du revenu social. Un grand nombre des plus renommés sont en outre d'accord pour penser que, *sinon au point de vue de l'entrepreneur du moins au point de vue de la société*, le *revenu des classes ouvrières* — c'est-à-dire l'ensemble des objets formant le salaire des ouvriers et servant à leur entretien — est également une partie du *revenu* social. Cependant ils considèrent en même temps cette partie du revenu comme faisant partie aussi du *capital* social. Le salaire des travailleurs serait, au point de vue de la société, capital et revenu tout à la fois. Mais cette opinion repose encore sur une vue qui n'a pas le moindre rapport avec la marche *réelle* de la production sociale (1).

Tous les économistes ensemble, naturellement ceux aussi qui ne font entrer le salaire que dans le capital, s'imaginent en effet que, même alors qu'il s'agit déjà d'ouvriers libres, *les objets formant le salaire* (die realen Lohngüter) *doivent exister tout faits et en provision, de même que les matières et les instruments*, DÈS AVANT *le commencement de la production ou de l'entreprise dans laquelle ce salaire est payé, tandis que les objets formant les rentes* (diejenigen Einkommensgüter welche die Renten ausmachen) *ne seraient créés que par cette production elle-même.*

Si l'entrepreneur est obligé de payer le salaire de ses ouvriers *avant* de vendre le produit, la choseest claire. Elle n'est pas moins vraie si le paiement du salaire n'a lieu qu'en suite de la vente et sur le prix de la vente du produit; en effet dans ce cas, il faut que les ouvriers vivent jusque là d'*autres* objets qu'ils possédaient déjà, et ces objets (salaire) appartiennent alors au capital. Telle est la manière de voir des économistes.

Mais elle est fausse dans les deux cas. Jamais, pas plus

(1) Je souhaite vivement que les économistes m'accordent sur ce point leur attention et examinent sans parti pris qui a raison d'eux ou de moi. C'est ici le nœud de toutes les erreurs qui ont cours au sujet du capital, le dernier fondement de l'injustice théorique et pratique dont les classes ouvrières sont victimes.

dans l'un que dans l'autre, *les objets qui forment le salaire réel des des ouvriers pour une production déterminée n'existent à l'état de provision d'objets tout faits dès avant le commencement de la production*, à la manière des matières premières et des instruments. Bien loin de là, dans les deux cas, il en est du salaire (objets) exactement comme du revenu que les propriétaires du sol et du capital perçoivent à titre de rente.

Dans le premier cas, c'est-à-dire si l'entrepreneur est obligé de payer ses ouvriers AVANT *la vente du produit*, il faut, il est vrai, que *les objets qui forment le salaire réel* (die realen Lohngüter) *existent tout faits et en provision* AVANT LA VENTE DU PRODUIT, mais non pas pour cela AVANT LE COMMENCEMENT DE LA PRODUCTION. En effet, même dans le cas où les ouvriers reçoivent leur salaire *avant la vente du produit*, ils ne sont payés qu'*après le travail*, après une journée, une semaine, un mois de production. Il faut donc que les objets qui composent le salaire réel (die realen Lohngüter) existent tout faits et en provision, *quand vient le moment du paiement du salaire*, c'est-à-dire après que les ouvriers ont déjà produit, après une journée, une semaine, un mois de production, mais non pas *dès le début* DE LA PRODUCTION.

Telle est effectivement la marche réelle de la production sociale.

C'est seulement *pendant* que les ouvriers travaillent, à un degré quelconque de la production ou à tous, c'est pendant qu'ils exécutent le travail pour lequel ils touchent un salaire à la fin d'une journée, d'une semaine, ou d'un mois, c'est pendant ce temps là même, journée, semaine ou mois, que, dans le dernier degré de la production s'achèvent les objets de consommation qui formeront leur salaire pour cette période. C'est contre ces objets que s'échange le produit qu'ils créent pendant cette période même au sujet de laquelle on demande si leur salaire fait partie du revenu ou du capital. Leur salaire ne provient donc que *de la valeur du produit qu'ils créent dans cette période même et non pas de la valeur d'un produit qui aurait déjà existé au début de la période.*

Mais il n'en est pas autrement des rentes qui sont le résultat de la même période.

La valeur du produit que les ouvriers créent pendant la période considérée et d'où provient leur salaire *se partage,* uniquement en vertu de la propriété du sol et du capital, entre eux et les propriétaires. En conséquence les objets de consommation arrivés en même temps à leur achèvement dans cette période et qui s'échangent contre cette valeur du produit se divisent aussi en salaires et rentes. Et par conséquent aussi, pour la période de production considérée, au sujet de laquelle on demande si le salaire n'appartient qu'au revenu ou s'il appartient aussi au capital de cette période, les objets de consommation qui forment les rentes sont exactement sur le même pied que ceux qui forment le salaire. Si ceux-là n'existent pas tout faits dès le début de la période, il en est de même de ceux-ci.

Si donc, incontestablement, les objets qui forment le salaire d'une certaine production n'existent pas tout faits avant ceux qui composent les rentes provenant de la même production, c'est-à-dire s'ils n'existent qu'APRÈS la production ; si incontestablement aucun économiste ne s'est jamais avisé de faire rentrer les rentes provenant de cette production dans le capital aussi bien que dans le revenu, il n'y a pas non plus, selon moi, la moindre raison pour faire rentrer les objets qui forment le salaire et eux seuls dans le capital aussi bien que dans le revenu de cette production.

Mais il y a une circonstance, il faut le dire, qui a trompé les économistes.

Aujourd'hui quand un entrepreneur est obligé de payer le salaire de ses ouvriers avant la vente du produit, sans doute *les objets qui forment le salaire réel* n'existent pas en provision au moment où commence la production, ils n'existent, ainsi que je l'ai fait voir, que quand le moment de payer le salaire est arrivé, c'est-à-dire *après* la production. Mais il faut qu'il existe alors, et cela dès le commencement de la production, dans la fortune de l'entrepreneur des moyens qui lui permettent de remettre aux ouvriers, dès que le moment de payer le salaire est arrivé et alors que la vente du produit n'a pas encore eu lieu, des lettres de change valables sur les objets de consommation (realen Lohngüter) arrivés pendant ce temps là à leur achèvement. Dans un état social où la propriété du sol et du capital existe, il faut que ces lettres de change ou ces bons consistent eux-mêmes en des objets ayant de la valeur, en monnaie d'or et d'argent. Ainsi, bien que, dans le cas où l'entrepreneur est obligé de payer ses ouvriers avant la vente du produit, il n'y ait pas besoin que les objets formant le salaire réel (die realen Lohngüter) existent tout faits et en provision dès le moment où la production commence, (à la différence des matières premières et des instruments), il faut cependant que leur valeur en argent existe. Il faut que l'entrepreneur possède dès cet instant, une provision d'argent, la valeur en argent des objets qui formeront le salaire réel. Mais cette valeur en argent des objets formant le salaire est une partie du *capital privé* (Privatkapital); ce qui est quelque chose d'essentiellement différent du capital économique ou capital social, deux idées que les économistes confondent sans cesse. Je reviendrai amplement là-dessus plus loin.

Encore faut-il remarquer que, si la *valeur* du salaire doit exister dès le début de la production dans la *fortune* de l'entrepreneur, il en est de même de la *valeur* des rentes. Il arrive souvent en effet qu'il faille payer le premier terme des rentes *avant* la vente du produit.

Dans le second cas, c'est-à-dire quand le salaire n'est payé qu'avec le prix du produit déjà vendu, le salaire (objets, Lohngüter) dont les ouvriers vivent jusqu'au moment de la paie appartient, dit-on, au capital de la production considérée.

Tout au contraire ces objets (formant le salaire), qui sans doute doivent exister en provision dès le commencement de la production, ne peuvent à leur tour en aucune façon être considérés comme faisant partie du *capital* de cette production même. C'est le revenu des ouvriers ou le salaire de la période de production précédente ; les ouvriers en vivent, il est vrai, pendant qu'ils gagnent de rechef un salaire, et ils en vivraient encore quand ils ne voudraient pas continuer à produire davantage. Mais ces objets ne forment pas le salaire de la production dont il s'agit, de celle dont on demande si le salaire y afférent est du revenu seulement ou s'il est aussi du capital. Or quand on demande si le salaire — les objets ou biens qui le composent — appartient au capital d'une production, on ne peut avoir dans l'esprit, sous peine d'inintelligibilité, que le salaire pour *cette* production. La question serait donc mieux posée ainsi : « Les objets formant le salaire réel des ouvriers et qui ne leur sont payés (livrés) qu'ensuite de la vente du produit, existaient-ils déjà au début de la production et faisaient-ils pour cette raison partie du capital de la production dont il s'agit ? » A la question ainsi posée les économistes répondent négativement eux aussi.

En revanche, quand on examine la question de savoir si le salaire des ouvriers fait partie du capital, on ne devrait pas dire un mot des moyens de subsistance qui forment le salaire d'une *autre* production antérieure et qui naturellerellement existent en provision au commencement de la production nouvelle ; en effet le salaire qui fait l'objet du débat ne peut être que le salaire pour cette nouvelle production.

Du reste, dans ce cas encore, il en est de la rente (Rentengüter) comme du salaire (Lohngüter). Aux objets formant salaire, existants sans doute au commencement d'une production, mais dont il n'est pas permis de parler comme appartenant au capital de *cette* production parce qu'ils ne font absolument pas partie du salaire de cette production, correspondent évidemment les *objets formant rente* (Rentengüter), qui conjointement avec ces *objets formant salaire* (Lohngüter) *proviennent de la période de production précédente.* D'un côté les ouvriers vivent du salaire (objets) de la production précédente jusqu'à ce qu'ils reçoivent un nouveau salaire pour la production nouvelle ; de l'autre les propriétaires vivent également de la rente (objets) de la *production précédente* jusqu'à ce qu'ils touchent une nouvelle rente provenant de la nouvelle production. On est donc tenu de dire pourquoi, si *ce salaire* (Lohngüter) fait partie du capital de la nouvelle production, *cette rente* (Rentengüter) n'en fait pas partie. Voici ce que Rau m'a répondu autrefois à ce sujet : « Ce salaire (les objets) est une partie du revenu qui est employée de nouveau comme moyen de production et qui se reproduit, tandis que l'accroissement des rentes n'a pas le même effet. » Mais, s'il est permis de considérer ce salaire (Lohngüter) comme un moyen de production et comme se reproduisant, il en faut dire autant de cette rente (Rentengüter). En effet, si ce salaire a permis aux ouvriers de consacrer leurs forces à la nouvelle production, puisque sans cela leurs forces auraient disparu, il faut dire également que cette rente a permis aux propriétaires de consacrer leur fortune à la nouvelle production, puisque sans cela ils auraient été obligés de manger dans le fonds ; il faut dire aussi que la rente se reproduit dans la nouvelle production aussi bien que le salaire, quoi qu'ils ne se reproduisent pas ni l'un ni l'autre exactement en même quantité, parce que le taux du salaire et le taux du profit peuvent avoir changé.

Les économistes me semblent donc avoir tort dans les deux cas.

Dans le premier cas ni les objets qui formeront le salaire, ni ceux qui formeront la rente n'existent tout faits et en provision au commencement d'une nouvelle production. Salaire et rente sont tous les deux également le produit ou le revenu de cette nouvelle production elle-même. Mais la vérité est que tous les deux, salaire (objets) et rente (objets), sont également représentés, dès le début de la production, dans la *fortune* de l'entrepreneur, cette fortune en comprenant la valeur en argent.

Dans le second cas, il est vrai que les objets formant le salaire existent tout faits et en provision dès le commencement de la nouvelle production. Mais il en faut dire autant des objets formant la rente, lesquels sont tout à fait sur le même pied par rapport à la nouvelle production. Mais ce salaire n'est pas plus le salaire de *cette nouvelle* production que cette rente n'en est la rente.

Ainsi, à tous égards salaire (objets) et rente (objets) sont tout à fait sur le même pied ; et l'on fait une distinction absolument arbitraire quand on range les rentes exclusivement dans le revenu social, et le salaire au contraire à la fois dans le revenu et dans le capital social. Ou bien ils ne font partie l'un comme l'autre que du capital social, ou ils font partie tous les deux et du revenu social et du capital social — et alors l'opposition du capital et du revenu est renversée ou supprimée — ou bien enfin — et telle est la vérité — *au point de vue de la société le salaire* (die realen Lohngüter) *tout comme la rente* (die Rentengüter), même là où la propriété du sol et du capital existe, *fait partie uniquement du revenu social*.

Troisièmement enfin il résulte de ce qui précède que, même dans une société où la propriété du sol et du capital existe, le salaire (*les objets réels qui le forment*) n'est jamais *épargné*; il n'est pas même épargné en ce sens que les possesseurs de ces objets s'abstiendraient de les consommer eux-mêmes, comme il fallait que fissent les possesseurs d'esclaves pour l'entretien de leurs esclaves. Car ces objets (realen Lohngüter) qui proviennent de la période précédente et dont les ouvriers vivent pendant la nouvelle production sont précisément *consommés* par les ouvriers. Quant à ceux pour lesquels les ouvriers reçoivent des bons à raison de la production nouvelle, ils ne sont pas le moins du monde *épargnés* par les entrepreneurs, car, les ouvriers étant libres, ces objets *n'appartiennent plus* aux entrepreneurs, ils représentent la part du produit qui *appartient* par contrat aux ouvriers. Le propriétaire d'esclaves devait *épargner* la subsistance des esclaves parce que le produit total des esclaves lui appartenait. L'entrepreneur *n'épargne plus* la subsistance des ouvriers libres parce que cette subsistance leur appartient d'après le droit actuel.

TROISIÈME PARTIE

LE CAPITAL AU POINT DE VUE DES PARTICULIERS (PRIVATKAPITAL)

Le *capital au point de vue des particuliers* (Privatkapital), le *capital-fortune* (Vermögenskapital), est tout autre chose que *le capital au point de vue de la société,* le *capital-objets* (Kapitalgegenstände), dont il a été traité jusqu'ici.

Le capital au point de vue des particuliers ou *capital privé* (Privatkapital) consiste en tout autre chose, se forme, s'accroît et se reproduit tout autrement, et enfin est dans un tout autre rapport avec le revenu.

Je prétends que la confusion du capital privé (Privatkapital) avec le capital même (capital-objets) a causé dans l'économie politique le plus funeste embrouillement et que l'on ne peut voir clair dans la plupart des problèmes de notre science et particulièrement dans la situation des classes ouvrières, tant que l'on ne s'est pas rendu maître de cette distinction, tant que l'on a pas approfondi les principes sur lesquels elle est fondée. Si donc je réussis à être parfaitement clair dans ce qui va suivre, de nombreuses erreurs pourront disparaître de notre science.

Permettez-moi d'expliquer d'abord en général l'origine de cette idée du capital ; je prouverai seulement après qu'il diffère du capital même, dont j'ai parlé jusqu'à présent, à tous les points de vue.

J'ai déjà souvent essayé de bien faire comprendre le mouvement du produit social et la répartition du revenu social.

Dans les ateliers des différentes industries du premier degré on exploite la terre, c'est-à-dire que l'on en tire, à l'aide des instruments convenables, les produits primaires (Rohprodukt). Dans les ateliers des différentes industries du degré suivant, le produit primaire de la période précédente est transformé, à l'aide d'instruments convenables, en produit plus avancés. Dans des ateliers spéciaux on fabrique les instruments employés dans les différentes industries de tous degrés. Enfin dans les ateliers des différentes industries du dernier degré les produits de l'avant dernier degré sont achevés et transformés en objets de consommation (ou revenu). Ces objets (revenu social) se répartissent en revenus individuels (je fais ici abstraction des besoins publics) au prorata de la valeur du produit des différents degrés. Les individus occupés à la production du premier degré reçoivent une partie du revenu social correspondante à la valeur du produit primaire; ceux qui sont occupés à la fabrication des instruments en reçoivent une partie correspondante à la valeur de l'outillage, etc. Le revenu social d'une période sera toujours égal à la valeur du produit social qui est créé durant cette période dans tous les degrés de la production pris ensemble.

Quand la propriété du sol et du capital n'existe pas et qu'il y a *communauté* du sol, des matières premières et des instruments, la totalité du sol aussi bien que la totalité du produit social — dans toutes ses parties et à tous ses degrés — se trouvent être la propriété commune de la société tout entière; et ce n'est que quand les produits achevés (die fertigen Güter), c'est-à-dire le revenu social se partage pour former les REVENUS *individuels*, que ces objets deviennent aussi la PROPRIÉTÉ des individus. Cette répartition se fait au prorata de la valeur des produits des différents degrés. Les copartageants occupés à la production du premier degré reçoivent une partie du revenu social correspondante à la valeur du produit primaire, etc. Seulement dans cet état social les copartageants ou ayants droit sont les producteurs mêmes et les producteurs seuls. La partie du revenu social qui échoit au produit primaire ne va donc qu'aux producteurs de ce produit, etc. Chaque classe de producteurs, reçoit, dans son revenu, la valeur intégrale de son produit. Aucune n'a à partager le montant de son revenu avec d'autres personnes.

Dans cet état social, le mouvement du produit social et la répartition du revenu social s'opèrent simplement en vertu de décisions de la volonté sociale, c'est-à-dire par les actes d'une administration sociale.

Cette administration délivre aux producteurs dù premier degré des certificats constatant la valeur créée par eux et ordonne en même temps le transport du produit dans les ateliers consacrés à la production du second degré. Elle délivre de même aux producteurs du degré suivant des certificats constatant la valeur créée par eux et ordonne encore le transport des produits plus avancés dans les ateliers consacrés à la continuation de la fabrication, etc. Ces certificats délivrés à tous les producteurs de tous les degrés servent enfin aux porteurs de bons à valoir sur le revenu social qui s'achève en même temps dans les ateliers du dernier degré. Ainsi tout à la fois le produit social progresse et le revenu social se répartit entre ceux qui ont droit à un revenu individuel. Ils vivent de ce revenu pendant qu'ils produisent à nouveau, à tous les degrés, jusqu'au moment où, après la nouvelle production, ils reçoivent encore une fois des certificats constatant la valeur produite, et des bons à valoir sur le revenu social qui s'achève au même instant.

S'il se produit une expansion de la production sociale par suite d'une augmentation de la population, on peut concevoir deux cas. Ou bien la productivité de la population antérieure a augmenté ou elle n'a pas augmenté.

Si la productivité a augmenté, c'est-à-dire si la quantité des produits à tous les degrés de la production, par conséquent la quantité des matières premières et des instruments aussi bien que celle des objets de consommation (Einkommensgüter) est devenue plus grande, l'administration n'a qu'une chose à faire : remettre l'excédent de matières premières et d'instruments obtenus dans les ateliers existants jusque-là aux mains du surcroît de population convenablement organisé en ateliers nouveaux; et cette population supplémentaire produira avec les matières premières et les instruments ainsi distribués en proportion convenable son propre revenu, le mouvement de cette nouvelle portion de produit et de revenu se faisant comme toujours par les soins de l'administration. Jusqu'au moment où la population supplémentaire gagne son revenu par son propre travail, elle partage, il est vrai, à moins qu'il n'existe des institutions spéciales d'éducation publique, le revenu des familles existant auparavant et auxquelles appartiennent ceux qui forment ce surcroît de population. Toutefois, si le revenu des familles est devenu peu à peu plus abondant, comme nous le supposons en ce moment, la population n'aura pas été atteinte dans sa manière de vivre jusqu'au moment où la population supplémentaire gagne elle-même son pain.

Si, au contraire, la productivité de la population primitive n'a pas augmenté, il faudra certainement que les familles dont quelques membres forment ce surcroît de population se privent de quelque chose jusqu'au jour où la nouvelle population créera elle-même son revenu. Mais dans ce cas encore c'est l'administration qui seule règle la production de la population supplémentaire, qu'elle organise en ateliers nouveaux ou qu'elle répartit dans les anciens.

C'est ainsi que, dans un état social où la propriété du sol et du capital n'existe pas, le mouvement de la production sociale et la répartition du revenu social peuvent s'opérer uniquement par les actes d'une administration, sans qu'aucune autre activité ou puissance ait besoin d'intervenir.

Au contraire dans un état social qui répudie la communauté du sol et du capital et qui met à sa place la propriété du sol et du capital, ce n'est pas seulement le revenu individuel qui se trouve appartenir à des particuliers, c'est le sol tout entier, c'est la totalité du produit social du premier degré jusqu'au dernier; encore ces propriétaires ne sont-ils pas les producteurs occupés aux différents degrés de la production, mais des tiers qui précisément en tant que propriétaires ne sont pas au nombre des producteurs.

Les fonds de terre exploités par les ateliers du premier degré n'appartiennent pas aux ouvriers occupés dans ces ateliers, mais à d'autres personnes qui, en qualité de propriétaires de fonds de terre, s'appellent propriétaires fonciers. Les produits primaires de la période précédente, en train de se transformer en produits plus avancés dans les ateliers du second degré, les instruments employés dans ces ateliers, enfin les résultats du travail qui s'y exécute, tout cela n'appartient pas non plus aux producteurs occupés dans ces ateliers, mais encore une fois à d'autres personnes, à des propriétaires de capital ou capitalistes. Enfin les produits qui dans les ateliers du dernier degré parviennent à l'état d'objets de consommation, les instruments avec lesquels cet achèvement s'opère, les résultats immédiats de cet achèvement appartiennent aussi non pas aux producteurs de ces ateliers, mais de rechef à d'autres personnes, encore une fois à des propriétaires de capital ou capitalistes.

Ces objets de consommation, composant le revenu social, se répartissent, il est vrai, encore à présent au sein de la société de façon à former le revenu des individus. A présent encore les producteurs proprement dits ont une propriété individuelle, celle de leur revenu. A présent encore le revenu social se partage selon la valeur du produit des différents degrés. A présent encore la valeur du produit du premier degré détermine la part du revenu social qui revient aux copartageants producteurs de ce degré, etc.

Mais à présent les producteurs ne sont plus seuls les copartageants.

Cette circonstance que le sol tout entier et la totalité du produit social sont la propriété privée de tierces personnes distinctes des producteurs a pour effet que, pour les raisons que j'ai analysées dans ma lettre précédente, les producteurs ne reçoivent plus la valeur entière de leur produit, mais une partie seulement de cette valeur, qui forme leur revenu ; elle a pour effet que le reste, selon les principes que j'ai expliqués au même endroit, revient aux propriétaires du sol et du produit social. La propriété du sol et du capital met, si je puis ainsi parler, ses barrières non seulement sur la terre, mais sur toute la production sociale, du commencement à la fin, dans tous les ateliers, et extorque aux producteurs un péage (1).

(1) Non pas au moyen d'un surcroit de prix ajouté au prix du produit, mais par une soustraction de prix qui affecte le salaire. Il n'y a pas d'idée dont il faille se garder plus, en économie politique, que celle qui consiste à imaginer que la propriété du sol et du capital — en général, bien entendu — fait *renchérir* les pro-

Ainsi, dans un état social qui répudie la communauté du sol, des matières premières et des instruments, *non seulement le sol tout entier, mais encore la totalité du produit social* jusqu'au moment où le revenu social se répartit entre les individus, se divise en *lots de propriété*, appartenant à d'autres que les producteurs et qui assurent à leurs possesseurs une part du revenu social — la *rente*.

Naturellement l'action d'une volonté sociale, d'une administration, expliquée tout à l'heure, n'a plus rien à faire ici. Quand le sol tout entier et le produit tout entier d'une société, jusqu'au moment du partage du revenu, est la propriété de certaines personnes, autres que les producteurs, le caractère exclusif et absolu de ce droit de propriété entraîne justement cette conséquence que *nulle autre volonté que celle des propriétaires ne peut disposer de ce qui leur appartient*. Il s'ensuit que le mouvement du produit social et du revenu social ne peut plus dépendre maintenant que des possesseurs de ces lots de propriété. Il ne suffit plus que de nouveaux ouvriers se groupent sous l'autorité de la volonté sociale en vue de produire pour un besoin social. Il faut en outre l'intervention du possesseur d'un de ces lots de propriété. C'est lui qui représente à présent le principe d'unité du nouvel atelier de production. C'est lui à présent qui le fonde, cet atelier est son *entreprise*.

Ce n'est pas tout. Quand le sol tout entier et le produit tout entier jusqu'à ce qu'il soit passé à l'état de revenu sont

duits. Le péage en question est obtenu tout simplement en prenant aux ouvriers une partie de la valeur de leur produit. Si la société n'a pas reconnu ce fait, c'est que depuis des milliers d'années elle est pénétrée de ce préjugé *que le produit du* TRAVAIL *est la propriété naturelle de ceux qui possèdent le* SOL *et le* CAPITAL. Voilà pourquoi elle a imaginé aussi, au rebours des choses, que c'est la propriété du sol et du capital qui *donne* quelque chose au travail (le salaire), au lieu de lui *prendre* quelque chose (la différence entre le salaire et la valeur du produit).

ainsi divisés en lots de propriété privée, un de ces lots est requis d'une façon indispensable pour la marche d'un atelier de production, à présent une entreprise. Il faut que celui qui veut exploiter un atelier de production du premier degré possède un lot de propriété comprenant les terrains, les produits, les instruments nécessaires à un atelier de ce genre. Là où la propriété du sol et du capital existe, il est impossible d'exploiter sans elle une entreprise de production.

C'est une de ces PARTS DE PROPRIÉTÉ *du* PRODUIT *social, nécessaire pour l'exploitation d'une entreprise de production* qui constitue le *capital au point de vue des particuliers ou* CAPITAL PRIVÉ (Privatkapital), ce que dans les systèmes économiques qui ont paru jusqu'ici on appelle ordinairement capital. Le capital ainsi entendu est au produit social ce que la *propriété foncière* est à la terre.

On voit que le capital en ce sens *a pour unique cause la propriété du sol et du capital.*

Le capital en ce sens n'est nécessaire et son idée n'existe que dans un régime économique soumis à l'influence de cette *institution juridique*, régime dans lequel le producteur est dépouillé de la valeur intégrale de son produit.

Ce n'est pas une notion purement économique, permanente en économie sociale ; elle naît des variations de l'histoire du *droit* chez les peuples.

Le capital même, le capital social, le capital au sens économique est une chose qui tient essentiellement à la nature et au progrès de la production même ; il a en cela quelque chose d'absolu. Tant qu'il y aura une production sociale, il faudra des matières premières et des instruments, et il en existera ; aussi longtemps le produit social se divisera en objets de consommation, et en objets qui servent à continuer la production.

Le capital privé au contraire a une signification purement

relative qui est liée uniquement à la durée de certains arrangements juridiques, à une *forme* particulière du processus social de la production, celle que lui imprime la propriété du sol et du capital.

Ce n'est pas une chose absolument indispensable que la partie du produit social qui forme le contenu (den realen Inhalt) du capital privé soit éternellement une propriété privée, apparaisse éternellement sous l'aspect d'un lot de propriété privée. D'autres arrangements de droit, comme je l'ai montré, rendraient cela superflu.

Par conséquent, quand les économistes modernes reprochent à leurs prédécesseurs d'avoir pris l'argent pour le véritable capital, on peut leur adresser à eux-mêmes le reproche d'avoir pris pour le capital véritable le capital privé.

Le capital — en ce sens — n'est nécessaire qu'à cause de l'institution juridique de la propriété du capital; mais la propriété du capital n'est pas nécessaire, comme on le prétend, pour l'existence du capital, au sens économique.

C'est ainsi que des *fonds de terre* sont indispensables à la production dans tous les états sociaux, mais non pas la *propriété foncière* telle qu'elle existe aujourd'hui.

APPENDICE

EXTRAIT DE LA SECONDE LETTRE
A VON KIRCHMANN

NOUVELLE THÉORIE DE LA RÉPARTITION DU *produit social.*

I. — Salaire, rente, rente foncière, profit du capital, ce sont des phénomènes *sociaux*, c'est-à-dire que ces choses doivent leur existence uniquement au lien social que la division du travail établit entre les individus. C'est faire fausse route que de vouloir expliquer ces phénomènes en se plaçant au point de vue individuel de chacun des intéressés, au point de vue d'un ouvrier par exemple. S'il s'agit de l'élucidation des principes, il faut entendre par *salaire, rente, profit* la totalité des salaires, la totalité des rentes etc., dans une société donnée, ou, ce qui revient, au même, se représenter la société comme composée d'un ouvrier unique, d'un propriétaire foncier unique et d'un capitaliste unique. La raison en est que les lois qui règlent la répartition ultérieure du salaire, de la rente et du profit du capital entre les individus, c'est-à-dire entre les ouvriers, les propriétaires fonciers et les capitalistes, sont autres que celles qui régissent la division générale du produit en salaire, rente foncière et profit du capital ; prendre celles-ci pour celles-là, c'est confondre des accidents superficiels de la vie économique avec les causes profondes dont l'action tranquille mais énergique échappe au regard. Dans tout ce qui suit je prendrai donc toujours ces termes dans le sens collectif que je viens d'expliquer.

II. — Selon cette théorie, la *rente* est tout revenu que perçoit un homme sans travailler lui-même, uniquement en vertu d'un titre de propriété. Qu'il y ait des revenus de cette espèce dans la société personne ne le contestera ; on soutient seulement que la propriété qui fournit un titre pour les percevoir est elle-même le produit du travail de celui qui la possède. C'est dans cette catégorie de revenu que rentre la rente foncière, le profit du capital et l'intérêt du capital. Profit et intérêt du capital sont par conséquent de la *rente* tout aussi bien que la rente foncière.

III. — Comme il ne peut y avoir de revenu qui ne soit le fruit du travail, la rente dépend de deux conditions indispensables. Premièrement il ne peut y avoir de rente si le travail ne produit pas un excédent au-delà de ce qui est strictement nécessaire pour permettre aux travailleurs de continuer de travailler. Secondement il ne peut y avoir de rente s'il n'existe pas des institutions dont l'effet soit de soustraire en totalité ou en partie cet excédent aux travailleurs pour le faire passer aux mains d'autres personnes, les travailleurs étant naturellement tout d'abord en possession de leur produit.

Les causes auxquelles est dûe la production de cet excédent sont de nature *économique* ; ce sont celles dont dépend l'accroissement de la productivité du travail.

Les causes qui font passer cet excédent en tout ou en partie des mains des ouvriers en d'autres mains sont d'ordre *juridique*. C'est le droit positif qui associé dès l'origine avec l'emploi de la force opère encore aujourd'hui ce déplacement par voie de contrainte.

IV. — A l'origine ce fut l'esclavage, une institution de droit dont la naissance coïncide avec celle de l'agriculture et de la propriété foncière, qui exerça cette contrainte. Les travailleurs qui produisaient l'excédent étaient des esclaves, et le maître à qui appartenaient les travailleurs et par conséquent aussi le produit lui-même ne donnait aux esclaves que ce qu'il fallait pour qu'ils pussent continuer de travailler et gardait pour lui l'excédent. — Quand le sol tout entier d'un pays est objet de propriété individuelle, — quand la propriété individuelle s'étend aussi à tout le capital, la propriété du sol et du capital exerce sur les travailleurs, même affranchis ou libres, une contrainte semblable. En effet cet état de choses a pour résultat, tout comme l'esclavage, premièrement que le produit appartienne non aux travailleurs mais aux propriétaires, maîtres et seigneurs du sol et du capital, et secondement que les travailleurs, ne possédant rien, en face des propriétaires qui possèdent le sol et le capital, soient heureux de recevoir ne fût-ce qu'une partie du produit de leur travail, afin de pouvoir vivre, c'est-à-dire afin de pouvoir continuer de travailler. Sans doute le *commandement* du propriétaire d'esclaves a été remplacé par le *contrat* entre ouvrier et patron ; mais ce contrat n'a rien de libre que dans la forme et la faim fait à peu près l'office du fouet. Ce que l'on appelle aujourd'hui *salaire*, c'est ce qui s'appelait autrefois *ration d'entretien*.

V. — *Rente* et *salaire* sont donc les deux parties en lesquelles se divise le produit, du moins la partie du produit qui forme le revenu. Il résulte de là que plus l'une de ces parties est grande, plus l'autre est petite (1). Si la *rente*,

(1) A partir d'ici jusqu'au n° XIX les variations du salaire et de la rente sont étudiées dans l'hypothèse d'une *quantité de travail*, c'est-à dire d'une population ouvrière constante et d'une

rente foncière et rente du capital tout ensemble, forme une grande part du produit, il n'en peut rester qu'une faible part pour former le salaire. Toute variation dans la grandeur d'une des deux parts entraîne une variation en sens inverse dans la grandeur de l'autre. La grandeur de ces parts du produit déterminant la valeur qu'elles ont, on a besoin, pour exprimer le niveau et les variations de la rente et du salaire, des termes *haut*, *bas*, *monter*, *baisser*, lesquels ont par conséquent un sens relatif. On dit que la rente est *élevée* ou qu'elle *monte*, et que le salaire est *bas* ou qu'il *baisse*, quand la rente forme une grande partie ou une partie croissante du produit, tandis que le salaire n'en forme qu'une faible partie ou une partie décroissante.

VI. — On dit encore du salaire qu'il est *élevé* ou *bas*, qu'il *hausse* ou qu'il *baisse* à un autre point de vue et dans une autre acception des mêmes mots. On a en effet introduit dans la science l'idée avilissante d'un *salaire nécessaire*, c'est-à-dire d'un salaire fournissant au travailleur tout juste ce qu'il faut pour lui permettre de continuer de travailler. On considère ainsi, sans s'en apercevoir, le travailleur libre comme un esclave, dont la ration peut être assimilée aux frais d'entretien d'une machine. On fait du montant de ce *salaire nécessaire* une sorte d'index ou de point de repère — et l'on dit que le salaire est élevé ou qu'il monte, qu'il est bas ou qu'il baisse, selon qu'il s'écarte ou qu'il se rapproche de ce point à l'avantage ou au détriment du travailleur. Cette définition du salaire nécessaire n'entraine pas que le salaire réel ne puisse descendre au-dessous de ce point, — ni que le salaire né-

productivité constante ou variable — à partir de XIX, dans l'hypothèse d'une productivité constante et d'une population ouvrière variable.

cessaire soit une quantité fixe pour tous les temps et dans tous les pays.

VII. — Il faut bien distinguer le niveau du salaire et le mouvement du salaire dans les deux acceptions qui viennent d'être définies. Car ce sont des choses qui ne coïncident pas le moins du monde. Il se peut fort bien que le salaire soit élevé ou qu'il monte dans la première acception de ces termes tandis que dans la seconde il est bas ou il baisse. Tout dépend du degré et des variations de la *productivité* du travail. Par exemple, si la même quantité de travail fournit une quantité considérable ou une quantité croissante de produits (Güter), le salaire considéré comme fraction du produit peut être bas ou baisser, tandis que par rapport au point de repère déterminé par les nécessités de la vie il est élevé ou il monte. Il faut se familiariser avec l'idée de ces deux mouvements du salaire, car elle pourrait avoir dans l'avenir une influence décisive sur la science et ses applications.

VIII. — Dans la forme primitive de la division du travail les propriétaires du sol (Herren) étaient aussi le plus souvent les propriétaires (Herren) du capital. Le terme capital signifie économiquement (historiquement le contenu de cette idée subit des modifications importantes) matières premières et instruments; le capital est du produit qui sert à la production ultérieure; ramené au travail, c'est du *travail préalable*. Tout le temps que les propriétaires ou les maîtres du sol sont aussi les propriétaires ou les maîtres du capital, que le produit primaire (Rohprodukt) est nécessairement *achevé*, soit par des esclaves, soit par des travailleurs libres, sous les ordres du propriétaire du sol; le propriétaire du sol est en même temps l'industriel ou le manufacturier et la plupart du temps il est en outre le marchand en gros des produits achevés. Sous ce régime la *rente totale* échoit aux propriétaires fonciers et aux capitalistes fondus dans les mêmes personnes et il n'y a pas de distinction à faire entre la rente foncière et la rente du capital. C'est ce régime qui fut la règle générale dans l'antiquité grecque et romaine, et c'est une des causes pour lesquelles les anciens n'ont pas connu le domaine tout entier de l'économie politique, pour lesquelles en particulier l'idée de capital au sens économique du mot leur a manqué ; ils n'ont connu que le capital au sens financier du mot (Geldcapital).

IX. — Mais une fois que, grâce au développement de la division du travail, le capital appartient, en règle générale, à d'autres qu'aux propriétaires du sol, une fois que le produit primaire (Rohprodukt) créé par les travailleurs aux ordres des propriétaires fonciers est achevé par d'autres travailleurs aux ordres des nouveaux maîtres, les capitalistes, aux mains desquels passe la propriété de ce premier produit (Rohprodukt) — alors il se fait un démembrement de la rente en deux parts ; l'une des deux échoit au propriétaire du produit primaire ou produit agricole (Rohprodukt) c'est-à-dire au propriétaire foncier tandis que la seconde échoit à celui qui fait opérer l'achèvement du produit, c'est-à-dire au propriétaire du capital. En effet la rente en général étant dûe à ces deux circonstances : 1° que le travail produit un excédent au-delà de ce qu'exige strictement l'entretien des travailleurs ; 2° que le droit positif adjuge cet excédent non aux travailleurs mais aux *propriétaires* du produit, la division de la rente se réalise dès lors que le produit qui dépasse ce qui est nécessaire à l'entretien des travailleurs appartient en partie à un propriétaire, en partie à un autre.

Il importe peu d'ailleurs que ce partage du produit

entre les deux classes de propriétaires se fasse pour ainsi dire tranversalement, c'est-à-dire que dans le même objet indivis le résultat du travail qui en a fait un produit primaire (Rohprodukt) appartienne à l'un et le résultat du travail qui l'a fait passer à l'état de produit manufacturé appartienne à l'autre. En définitive le partage se fait en valeur.

La propriété ne produit pas non plus, après son démembrement en propriété foncière et propriété du capital, d'autres effets qu'auparavant à l'égard des ouvriers, divisés eux-mêmes en deux classes.

X. — Le partage de la rente se fait dans le rapport de la *valeur* du produit agricole ou primaire (Rohprodukt) à la *valeur* qu'y surajoute le travail industriel exécuté sous les ordres des capitalistes ; il se fait, en d'autres termes, dans le rapport de la valeur additionnelle du produit achevé à celle du produit primaire. Plus la valeur du produit primaire est faible par rapport à celle du produit manufacturé, plus la partie de la rente afférente au produit primaire est petite, plus est grande au contraire la partie afférente au produit manufacturé.

XI. — Les capitalistes appellent cette seconde partie de la rente *profit du capital* et ils l'expriment par rapport à la grandeur du capital, ordinairement en tant pour cent. Ce rapport est le *taux* du profit. On obtient ainsi un moyen d'évaluer le rendement du capital (Kapitalvermögen) employé. On n'emploiera pas un capital (Kapitalvermögen) là où d'après ce taux il ne donnerait pas de rente. Et comme du capital est également indispensable pour l'obtention du produit agricole ou primaire, il faudra retrancher de la partie de la rente afférente au produit agricole une portion qui représente la rente calculée par rapport au capital employé ou, comme on dit, le *profit usuel du capital*. S'il reste quelque chose après cette déduction, ce reste prend le nom de *rente foncière*, parce qu'il échoit au propriétaire foncier uniquement à raison de sa qualité de propriétaire foncier, — abstraction faite de son rôle comme capitaliste ou même comme ouvrier, et c'est sur cette base que l'on calcule la valeur du fonds de terre ou que l'on *capitalise* la terre.

XII. — Le profit du capital étant d'autant plus élevé qu'il représente un tant pour cent plus fort du capital, il croit ou décroît nécessairement selon que la valeur du produit primaire diminue ou grandit par rapport à la valeur du produit achevé. *En effet, le capital en tant pour cent duquel se calcule la partie de la rente qui forme le profit comprend la valeur du produit primaire, puisque les capitalistes achètent ce produit avec leur capital* (Kapitalvermögen). La rente se partage dans le rapport de la valeur du produit primaire à celle du produit manufacturé, et par conséquent, quand la valeur du produit manufacturé est élevée, la part du capital qui représente la valeur du produit primaire est faible, et inversement quand elle est faible, la part du capital qui représente la valeur du produit primaire est élevée. Il s'ensuit manifestement que le rapport de la rente du capital à la valeur du capital, c'est-à-dire le taux de cette rente monte avec l'élévation de la valeur du produit manufacturé ou, ce qui revient au même, avec la baisse de la valeur du produit primaire, — et qu'il baisse dans le cas contraire. En effet, puisqu'il faut que le capitaliste achète le produit primaire, la rente du capital se compte dans le premier cas par rapport à une valeur du capital moindre et dans le second par rapport à une valeur du capital plus grande.

XIII. — Si le profit du capital est élevé, la rente foncière est nécessairement faible. En effet, puisque de la part de la rente déjà faible qui échoit au propriétaire foncier, il faut encore défalquer une partie plus grande à titre de profit pour le capital employé par lui, il reste une partie d'autant plus petite comme rente foncière, si bien qu'il se pourra que le profit du capital absorbe entièrement ou presque entièrement la rente totale et ne laisse pas de rente foncière ou n'en laisse qu'une insignifiante. Toutefois, il n'est pas nécessaire que la valeur du produit brut soit bien élevée pour permettre la rente foncière ; il suffit notamment qu'elle soit *égale* à celle du produit manufacturé, et cela par la raison que dans l'industrie manufacturière la valeur des *matières premières*, c'est-à-dire du *produit primaire tout entier* est comptée dans le capital, tandis que dans la production agricole (Rohproduktion) la matière première c'est le sol lui-même, et qu'il ne s'ajoute pas au capital. Supposé que dans la production agricole, on comptât le sol comme faisant partie du capital, — et c'est ce que fait l'acquéreur, — ou que, dans la production manufacturière on ne comptât pas comme faisant partie du capital les matières premières ou le produit primaire parce qu'il appartiendrait aux capitalistes, il ne pourrait jamais y avoir de rente foncière, si élevée que pût être la valeur du produit primaire ou agricole.

XIV. — Mais *le rapport qui existe entre la valeur* des deux produits ne peut avoir d'influence que sur le rapport dans lequel a lieu le partage de la rente entre propriétaires fonciers et capitalistes, après que le montant total de la rente a été déterminé par la proportion selon laquelle s'est effectuée la division du revenu en rente et salaire. Un simple changement dans ce rapport ne fait que diminuer la rente foncière pour augmenter le profit du capital ou inversement. Une augmentation de la valeur du produit agricole ou primaire élève, il est vrai, la rente foncière, mais aux dépens du profit du capital, qui baisse. Un abaissement de la valeur du produit primaire entraîne, il est vrai, une augmentation du profit du capital, mais ce ne peut-être qu'aux dépens de la rente foncière, qui de son côté s'abaisse. Mais il n'y a pas de hausse ni de baisse de la valeur, soit du produit primaire, soit du produit manufacturé qui puisse, toute seule et par elle-même, entraîner une hausse ou une baisse soit de la rente foncière, soit du profit du capital, sans que l'autre partie de la rente éprouve un mouvement en sens contraire.

XV. — Il ne peut y avoir de variation dans une des deux parties de la rente sans variation de l'autre, ni de variation des deux dans le même sens ; par exemple, il ne peut y avoir ni une élévation de la rente foncière sans baisse du profit ni élévation simultanée des deux (il ne s'agit sous ces termes que des parties du produit) que si le rapport selon lequel a lieu la division du produit en salaire et rente varie lui-même, si la rente elle-même dans son ensemble monte ou descend. Supposons, par exemple, que la rente en général ou rente totale, qui était 1/4 du produit avec une valeur X, monte et devienne la moitié du produit avec une valeur 2 X ; supposons en outre que les deux parties de la rente, la rente foncière et le profit du capital aient été jusqu'à présent chacune $\frac{x}{2}$; il se pourrait, après l'élévation de la rente totale, que l'une des deux parties s'élevât jusqu'à $3\frac{x}{2}$ sans que l'autre descendît au-dessous de $\frac{x}{2}$; il se pourrait aussi qu'elles s'élevassent toutes les deux ensemble jusqu'à X.

XVI. — Il est clair qu'une élévation simultanée des deux parties de la rente, de la rente foncière et du profit du capital ou bien l'élévation d'une des deux qui ne se fasse pas aux dépens de l'autre, ne pouvant avoir lieu qu'en conséquence d'une élévation de la rente totale, ne peut avoir lieu non plus qu'aux dépens du salaire. Il faut dans ce cas que le salaire soit réduit à une fraction moindre du produit, qu'il varie en sens inverse d'une des deux parties de la rente ou des deux, dans le cas précité il faut qu'il baisse. Mais tandis qu'il baisse nécessairement en ce sens qu'il devient une *fraction moindre du produit*, le salaire peut fort bien ne pas diminuer, il peut même augmenter en un autre sens, savoir si on le compare aux *moyens de subsistance nécessaires*. Cela dépend uniquement de la question de savoir s'il y a eu ou non en même temps un accroissement de la *productivité du travail*.

XVII. — Supposons que la productivité du travail n'ait pas augmenté et qu'une des parties de la rente ou toutes les deux s'élèvent; il faut absolument qu'il y ait une *baisse du salaire*, dans les deux acceptions de ce terme, c'est-à-dire, non seulement une diminution du salaire en tant que fraction du produit, mais encore un abaissement du salaire en ce sens qu'il se rapproche des moyens de subsistance nécessaires ou qu'il tombe au-dessous. En effet, la quantité de produit dûe à une quantité déterminée de travail — la somme des objets utiles (Güterbetrag), qui sont le fruit de ce travail n'ayant pas changé, l'abaissement de la fraction qui exprime la part de quelqu'un dans le produit, entraîne nécessairement une diminution de la quantité de produit, c'est-à-dire de la somme d'objets utiles qui lui revient. Mais si la productivité du travail a augmenté, si la même quantité de travail donne plus de produit et que, par conséquent, une certaine fraction déterminée du produit enferme une plus grande somme d'objets utiles — la question est maintenant de savoir quel est le rapport de la diminution de cette fraction du produit qu'entraîne une élévation d'une des deux parties de la rente ou de toutes les deux à l'accroissement de la productivité ou accroissement de la somme d'objets utiles comprise dans cette fraction du produit.

Par exemple si la productivité a doublé et que par conséquent le produit d'une quantité déterminée de travail ou, ce qui revient au même, une certaine fraction de ce produit ait doublé, — le salaire peut fort bien diminuer de moitié, tomber par exemple du quart du produit au huitième, tout en demeurant égal à ce qu'il était, si on l'estime par la somme des objets utiles dont il se compose, si on le rapporte aux moyens d'existence nécessaires.

XVIII. — De même quand il y a une variation du salaire en tant que fraction du produit, cette variation entraîne nécessairement une en sens contraire, soit dans une des parties de la rente, soit dans les deux. Qu'une variation du salaire ait lieu sans changement dans la productivité, la rente foncière et le profit du capital en bénéficieront ou en souffriront dans le rapport selon lequel la rente s'est divisée jusque-là ; car le rapport entre le produit brut et le produit manufacturé ne peut s'être modifié en suite d'une simple variation du salaire qui n'a pas été accompagnée d'un changement dans la productivité. Mais si cette variation de salaire a été accompagnée d'un changement dans la productivité, si par exemple le salaire a baissé tandis que la productivité augmentait, il s'agit de savoir dans quel rapport la production agricole (Rohproduktion) et l'industrie manufacturière ont participé à cet accroissement de la productivité, et cette partie de la rente bénéficiera seule ou bénéficiera le plus de l'élévation de la rente totale dûe à l'abaissement du salaire, dans laquelle l'accroissement de la productivité n'a pas eu lieu ou a eu lieu au moindre degré.

XIX. — Jusqu'à présent, nous n'avons considéré que les effets des variations des différentes fractions du produit : salaire, rente foncière et profit du capital, et cela soit dans l'hypothèse d'une productivité constante, soit dans l'hypothèse d'une productivité variable, sans avoir égard à une *variation de la somme des forces productives.* Il reste à examiner les effets des variations dans la somme des forces productives, lesquelles variations se ramènent en définitive à un changement dans la quantité de travail, c'est-à-dire dans la population des travailleurs. Un changement de cette nature, c'est-à-dire un changement dans la somme des forces productives, abstraction faite de tout changement dans la productivité et dans le rapport des parts du produit qui reviennent respectivement aux travailleurs, aux propriétaires fonciers et aux capitalistes, n'apporte de modification qu'au *montant* du produit social et par conséquent aussi, sans exercer aucune influence sur le *rapport* selon lequel le produit social se divise entre les trois classes ci-dessus, *au montant* seulement du salaire et des deux parties de la rente. Selon que la somme des forces productives a augmenté ou diminué, il y aura plus ou moins de rente foncière, plus ou moins de profit du capital. Mais le salaire individuel ou salaire par tête ne subit aucune variation. En effet, la productivité et partant le rapport entre les parts des travailleurs, propriétaires fonciers et capitalistes n'ayant pas changé, le produit supplémentaire dû à l'accroissement de la population ouvrière se distribue comme auparavant.

XX. — Toutefois l'augmentation ou la diminution de la rente dûe à l'augmentation ou à la diminution des forces productives a en apparence sur la rente foncière un autre effet que sur le profit du capital. Elle produit une hausse ou une baisse < du taux > de la rente foncière, mais non < du taux > du profit. C'est que *la rente foncière augmentée* ou *diminuée se compte toujours* par rapport *à une même superficie* — puisque le sol ne s'élargit pas et que les fonds de terre gardent leurs bornes immuables. Au contraire, le profit accrû ou diminué est rapporté au capital, lui-même accrû ou diminué, sans lequel l'augmentation ou la diminution du produit total ne se conçoit pas, et par conséquent le *taux* du profit ne peut ni hausser ni baisser, il y a seulement dans la société une quantité totale de profit plus grande ou plus petite.

Ainsi, tandis que la rente foncière d'un lot de terrain déterminé peut monter par les mêmes causes qui peuvent aussi faire monter le profit du capital, soit parce que la rente en général hausse aux dépens de la part des travailleurs dans le produit, soit parce qu'une des deux parties de la rente hausse aux dépens de l'autre, la hausse de la rente foncière peut être dûe encore à une troisième cause, savoir l'augmentation de la rente, sans qu'il en soit de même pour le profit du capital. — Cette dernière cause de l'élévation de la rente foncière est peut-être la plus puissante de toutes ; mais les économistes ne l'ont pas mise jusqu'à présent dans tout son jour, quoique Jones, le principal adversaire de Ricardo, signale l'augmentation de la production comme une des causes les plus importantes de l'élévation de la rente foncière.

XXI. — Le démembrement du droit de propriété ne change rien à ces principes de la rente. Par exemple, la rente foncière ne fait que se partager entre le propriétaire souverain (Obereingenthümer) et le propriétaire subalterne (Untereigenthümer), entre le bailleur héréditaire (Erbverpächter) et le tenancier héréditaire (Erbpächter) selon les dispositions du droit positif. L'intervention de la classe des entrepreneurs n'altère pas davantage les principes. Le fermier ne fait que percevoir le profit de son capital et, dans le cas où il a fait un marché avantageux, une partie de la rente foncière. De même l'entrepreneur, — dans les diverses industries, manufacture ou transport, — en tant qu'il se distingue du capitaliste, ne fait que partager avec celui-ci le profit du capital, et le partage se fait dans la mesure indiquée par l'intérêt des capitaux prêtés. Mais jamais l'intérêt régulier, dans aucune entreprise, ne peut provenir d'ailleurs que du profit du capital. (Il n'est pas question ici du capital hypothécaire, l'intérêt de ce capital n'est qu'une partie de la rente foncière, le prêt hypothécaire n'est pas autre chose qu'un achat de rente). Jamais le profit du capital ne peut provenir d'une autre source que de la rente, ni la rente d'une autre source que du produit du travail.

XXII. — Telles sont donc les différentes façons dont peut s'opérer le partage ou la répartition du produit social. Le salaire peut varier soit comme fraction du produit social, soit par rapport aux moyens de subsistance nécessaires, et ces deux variations peuvent avoir lieu dans le même sens d'une façon indépendante ou même en sens contraire ; par exemple, le salaire peut s'abaisser en tant que fraction du produit et pourtant s'élever par rapport au salaire qui représente les moyens de subsistance nécessaires. — En supposant un rapport déterminé entre le salaire et la rente en général, les deux parties de la rente, rente foncière et profit du capital, considérées l'une et l'autre comme fractions du produit, ne peuvent varier qu'en sens inverse l'une de l'autre ; si l'un de ces deux éléments de la rente monte ou baisse, il faut absolument que l'autre baisse ou monte d'autant. — Si l'un des deux éléments de la rente, considéré toujours comme fraction du produit, varie sans que l'autre soit affecté par cette variation, ou s'ils varient tous les deux dans le même sens, cela ne peut avoir lieu qu'à la condition que le salaire subisse une variation en sens contraire ; par exemple, une élévation de la rente foncière (élévation en ce sens qu'elle devient une fraction plus grande du produit) sans baisse simultanée du profit du capital ne peut avoir lieu que par une baisse du salaire (devenu une fraction moindre du produit). — Toutefois, une augmentation de la rente dûe à l'augmentation du produit social entraîne aussi une hausse de la rente foncière sans faire baisser le profit du capital ni le salaire en tant que fraction du produit, et l'on conçoit même, selon la façon de combiner ces diverses variations, le cas où le profit du capital, le salaire (le salaire considéré également comme fraction du produit) et la rente foncière elle-même *montent* en même temps. C'est le cas où la rente foncière baisse en tant que fraction du produit, cette baisse ayant lieu au profit des deux autres fractions, mais où pourtant cette baisse est plus que compensée par l'augmentation absolue de la rente. On ne peut porter un jugement correct sur les différents phénomènes que présente la répartition du produit social, si l'on ne sait analyser ces relations entrecroisées et rattacher chaque phénomène élémentaire à ses causes spéciales.

XXIII. — *Quand la propriété du sol et du capital existe dans une société et qu'en outre la division du travail y est abandonnée à elle-même, la répartition du produit social s'opère, dans les diverses alternatives supposées, sous la forme de l'échange* (Tauschverkehr). — Chaque échange particulier consiste en ceci que A cède à B un produit qui a pour lui moins de valeur, c'est-à-dire ici une moindre *utilité* (Gebrauchswerth), contre un autre qui a pour lui plus de valeur. Le même motif fait agir B de la même façon. Ainsi se conclut l'échange d'une certaine quantité des deux produits. La *faculté compensatoire* (Geltung) que reçoit ainsi chacun des produits à l'égard de l'autre et que l'on peut estimer par la quantité de l'autre acceptée et cédée en échange est appelée également *valeur* (*valeur d'échange*, Tauschwerth). L'échange apparait ainsi comme une relation de personnes, un arrangement (Verbindung) dans laquelle chacun des deux contractants a produit pour l'autre et par conséquent reçoit de l'autre une compensation, et la valeur d'échange n'est pas autre chose que l'utilité pour autrui recevant sa récompense. On peut, par conséquent, définir la valeur d'échange (Tauschwerth) la valeur d'usage ou utilité *sociale*. Prouver qu'une chose est ceci, c'est prouver qu'elle est cela.

XXIV. — La valeur d'échange est en même temps l'expression de la *mesure* de la compensation que reçoit chacun des contractants. *En supposant que chacun des contractants produisît toujours précisément la valeur ou l'utilité* (*Gebrauchswerth*) *que l'autre demande pour la satisfaction de la série de ses besoins, la compensation* (*Vergeltung*) *ne serait juste que si elle correspondait aux sacrifices, aux frais, à la quantité de force productive employée par chacun des contractants pour la création de la valeur* (*utilité, Gebrauchswerth*) *destinée à l'autre.* C'est ce qui arriverait si le produit échangé enfermait des sacrifices égaux, des frais égaux, une dépense égale de force productive, en d'autres termes, si la valeur, valeur d'échange (Tauschwerth) coïncidait avec le coût de production, si dans l'échange des produits s'effectuait un échange de coûts de production égaux. Or le vrai sacrifice premier et original, le coût de production primitif et irréductible, la force productive à laquelle se ramène en définitive tout le reste, c'est le travail. Par conséquent, *si la condition énoncée tout à l'heure était réalisée* dans tout échange juste la valeur (Tauschwerth) serait nécessairement égale à la quantité de travail que les produits ont coûté ; en échangeant les produits on échangerait toujours des quantités de travail égales. Et le travail, si différent qu'il soit ou qu'il paraisse dans les différents genres de production admet une commune mesure quand on le calcule d'après l'ouvrage fait et le temps employé, en journées et en heures de travail. Mais il est clair que, la condition n'étant pas réalisée, la compensation faite d'après ce principe ne pourrait être considérée comme juste, cette manière de mesurer la compensation ne serait pas celle que la justice réclame. En effet, si A *n'a pas produit* la valeur (Gebrauchswerth) ou l'utilité *dont B a besoin*, s'il a dépensé sans nécessité une certaine quantité de force productive, comment pourra-t-il réclamer de B pour cela une compensation, tout comme s'il avait réalisé effectivement la condition ? Il convient d'ajouter que cette condition manquera surtout dans les échanges isolés. Voilà pourquoi dans ce cas la mesure de la compensation, la valeur, valeur d'échange (Gebrauchswerth) dépendra de l'urgence des besoins de chacun et de la provision de produit qu'il détient, c'est-à-dire de la *demande* et de l'*offre* individuelles.

Mais, en supposant même que la condition en question fût réalisée, il faudrait encore, puisqu'il s'agit ici de *connaissance* humaine et de *volonté* humaine, que l'on eût préalablement *calculé d'une façon exacte, ramené à une commune mesure et fixé* les quantités de travail contenues dans les produits à échanger, et qu'il y eût pour cela une loi en vigueur à laquelle les contractants fussent soumis.

XXV. — Quand le régime de l'échange se généralise, parce

que chaque individu ne produit plus que de l'*utilité* (Gebrauchswerth) *pour autrui*, de l'utilité (Gebrauchswerth) sociale, c'est-à-dire de la valeur (Tauschwerth), parce que, en raison du lien social qu'établit entre les hommes la division du travail, chacun travaille pour tous et tous pour chacun, — la valeur (Tauschwerth) prend la forme de *valeur marchande* ou *valeur courante* (Marktwerth). Dans des échanges isolés et accidentels il ne peut être question que de la valeur d'*un seul* produit par rapport à *un seul* produit, et la valeur dépend du besoin ou de l'envie qu'un individu a d'une certaine chose (*demande individuelle*) et de la quantité de cette chose qu'un autre individu détient (*offre individuelle*). La valeur marchande ou valeur courante (Marktwerth) est la valeur qu'a chaque produit par rapport à *tous* les produits qui sont objets d'échange et qui subit l'influence de la *demande générale* et de l'*offre générale* des concurrents. L'existence de la valeur courante est facilitée par l'intervention d'un certain *produit uniquement destiné à l'échange*, d'une *marchandise* préférable à toute autre, qui exprime par cela même la valeur courante de tous les autres objets ; cette marchandise ou ce produit spécial ce sont les métaux précieux. Chacun commence par céder son produit contre une certaine quantité de cette marchandise de prédilection, contre de l'or ou de l'argent et n'obtient qu'ensuite la chose dont il a besoin contre la quantité de cette marchandise spéciale à lui cédée dans la première opération. On dit ordinairement qu'il *vend* et qu'il *achète*, l'échange se décompose ainsi en deux opérations. C'est ainsi que l'or et l'argent font l'office de monnaie, quoique la monnaie dans son essence ne soit pas du tout une marchandise. En son essence la monnaie est uniquement un certificat portant mention ou faisant preuve de la valeur marchande (Marktwerth) que quelqu'un a cédée en livrant son produit, certificat qu'il peut à son tour réaliser sur le marché à titre de bon pour la même valeur. Par conséquent, *s'il était possible de fixer la valeur en quantité de travail dépensé pour l'obtention des produits*, on pourrait introduire l'usage d'une monnaie parfaitement conforme à l'essence de la monnaie; ce seraient des morceaux de papier sur lesquels serait porté ACQUIT de telles quantités de travail que quelqu'un a jetées dans la circulation en livrant ses produits, et par cela même BON pour les mêmes quantités qu'il a le droit d'en retirer à son tour. C'est une nécessité purement *historique*, par conséquent un pur *accident*, si jusqu'à présent la monnaie consiste en une marchandise, c'est-à-dire si ce certificat, quittance et bon tout à la fois, a lui-même une valeur et exprime par sa propre valeur celle dont il témoigne la cession et à l'obtention de laquelle il donne droit. On sait que, la monnaie étant aujourd'hui une marchandise, sujette comme tous les autres produits à des changements de valeur, une certaine quantité de cette marchandise-monnaie ou *une même somme d'argent monnayé au même titre* ne peut plus au bout d'un certain temps représenter la même valeur qu'auparavant. On sait aussi que l'on peut en conséquence parler encore *sous ce rapport* d'une *élévation du salaire* et de la *rente foncière*. Toutefois on ne peut pas parler d'une *élévation* du profit du capital : en effet la rente du capital plus élevée en argent s'évalue par rapport au capital dont l'expression en argent est également plus élevée et par conséquent le rapport des deux, le *taux*, qui indique l'élévation du profit demeure le même.

Ce n'est pas tout. Comme les quantités de monnaie métallique sont frappées sous certaines *dénominations*, il peut arriver que les mêmes *noms* soient conservés et qu'on substitue aux quantités primitives des quantités moindres : de telle sorte qu'il peut y avoir encore de ce chef une élévation (nominale) du salaire et de la rente foncière, mais non du profit du capital. Sans doute l'opération que l'on vient de décrire est une escroquerie de la part des gouvernements; mais on sait que cela s'est pratiqué très souvent.

XXVI. — La valeur courante (Marktwerth) sous un régime de liberté dépend, il est vrai, des fluctuations de l'offre et de la demande générales; elle est soumise néanmoins à une *loi de gravitation* autour d'un point fixe; le point vers lequel elle tend, à travers ses oscillations, est la force productive dépensée pour l'obtention du produit, le coût de production. Elle a tout au moins une *tendance* continuelle à réaliser une compensation juste. En effet l'intérêt personnel, sous le régime de la libre concurrence, empêchera que personne reçoive pendant longtemps plus de force productive qu'il en a lui-même dépensé et incorporé dans le produit qu'il cède. Chacun se porterait avec empressement vers ce genre de production avantageux jusqu'à ce que l'équilibre fût rétabli et que de rechef des quantités égales de travail, des coûts de production égaux fussent échangés, quand a lieu un échange de produits.

Mais le mouvement *réel* de la valeur sera toujours comme le mouvement du pendule; elle dépassera toujours d'un côté et de l'autre le point d'équilibre. Là-dessus l'école de Ricardo, celle qui a suivi le plus fidèlement les traces d'Adam Smith s'est trompée; elle a confondu la *tendance* vers un certain état avec cet *état* lui-même, et par suite elle a fondé tous ses raisonnements ultérieurs sur une supposition qui N'EST PAS *réalisée en fait*. Ce que Ricardo suppose comme une réalité est uniquement une chose qui *devrait être*, un *idéal* économique, idéal magnifique et pratiquement de la plus haute importance, mais enfin un pur idéal. Il est arrivé ici la même chose que dans la philosophie du droit public. On a d'abord considéré le contrat social comme un fait historique qui se serait accompli dans le passé ; un jour est venu où une conception plus exacte du contrat social n'en fit plus que l'*idéal* destiné à régler les droits et les devoirs des individus, par conséquent, une chose dont il faut poursuivre la réalisation dans l'avenir. De même la coïncidence de la valeur des produits avec la quantité de travail qu'ils ont coûté N'EST PAS UN FAIT, c'est l'*idéal* économique le plus grandiose qui ait jamais tendu à se réaliser. Toutefois la loi de gravitation que j'ai énoncée amène dès aujourd'hui ce résultat que, prise en général, la valeur (Marktwerth) des produits est inversement proportionnelle à la productivité, que, si avec la même dépense de force productive on obtient deux fois plus de produit, la valeur (Marktwerth) du produit baisse de moitié.

XXVII. — La puissance d'achat (Kaufkraft) de chacun se mesure à la quantité de valeur (Marktwerth) qu'il possède. A sa puissance d'achat se mesure en retour la quantité d'utilité (Gebrauchswerth) à laquelle, sous le régime de l'échange, il peut donner une valeur (Marktwerth). Au sein d'une société échangiste il faut donc qu'il y ait toujours en regard de l'utilité (Gebrauchswerth) que chacun produit pour la société une puissance d'achat ; sinon cette utilité ne prend point de valeur entre les mains du producteur, et elle ne profite à personne dans la société, précisément parce que la compensation < la valeur qui ferait la contre partie > manque. Voilà pourquoi, dans une société fondée sur l'échange, les producteurs ne pourront jamais produire d'utilité (Gebrauchswerth) que dans la proportion de la puissance d'achat existante. Là où existe la propriété du sol et du capital, les producteurs proprement dits, les ouvriers n'ont en général aucune action sur le genre et la grandeur de la production ; la production dépend uniquement de la volonté des quasi-producteurs, de ceux qui possèdent les moyens de production. Les possesseurs des moyens de production ne peuvent non plus les mettre en œuvre que dans la mesure où la puissance d'achat existant au sein de la société équivaut les produits à obtenir.

XXVIII. — Si la division du travail était quelque chose d'aussi simple que se l'imaginent souvent les économistes, si elle consistait simplement en ceci que chaque membre de la société produisît tout seul entièrement un certain produit et par conséquent fût seul aussi à le posséder entièrement, si par exemple A produisait du pain, B des vêtements, C des souliers, D des tables, etc., et que chacun reçût tout seul la valeur tout entière de ses produits, la puissance d'achat de chacun serait toujours égale à la valeur de son produit tout entier. Mais la division du travail n'est pas chose si simple. Elle se fait non seulement comme les économistes le supposent, mais encore de telle façon que dans chaque produit particulier une part revient non seulement aux producteurs à proprement parler, c'est-à-dire aux ouvriers, mais encore aux possesseurs des moyens de production, aux propriétaires fonciers et aux capitalistes. En effet le droit positif déclare que le sol et le capital appartiennent à des individus absolument comme la force qui lui permet de travailler appartient à l'ouvrier. *En conséquence les travailleurs sont forcés, simplement pour pouvoir produire, d'entrer en arrangement avec les possesseurs du sol et du capital et de partager avec eux le produit du travail*. Je sais bien qu'une abstraction fausse et superficielle, dans le but d'expliquer ce que reçoivent les propriétaires fonciers et les capitalistes dans ce partage forcé, a conclu à rebours de ce fait même à l'existence d'énergies productives distinctes et spéciales du travail, du sol et du capital (c'est ce que l'on exprime en disant que le travail, le sol et le capital sont les trois facteurs du produit); et que, ce principe une fois admis, on est parti de là pour considérer le produit créé en vertu de l'arrangement dont il vient d'être question comme le résultat de l'énergie productive des trois facteurs combinés. Mais qui ne voit que c'est là la plus grossière *pétition de principe* qu'on ait jamais commise en aucune science ; il faut ajouter, l'erreur la plus pernicieuse dans ses effets pratiques dont la raison humaine ait encore à se débarrasser ! Non ; l'arrangement intervenu entre les ouvriers et les possesseurs du sol et du capital ne change rien aux éléments *naturels* de la production, il ne fait qu'écarter un obstacle *social* qui empêchait la production, le *veto* prononcé par la volonté des propriétaires fonciers et des capitalistes, et il l'écarte par un partage du *produit*. Voilà pourquoi, dans la forme actuelle de la division du travail, on a raison sans doute de dire encore, comme font les économistes, que « les produits s'échangent contre des produits » ; mais *la puissance d'achat de chaque copartageant a pour mesure, non pas, comme les économistes le soutiennent par une conclusion fautive, la valeur de son produit, elle a pour mesure la fraction du produit qu'il reçoit pour sa part*. Je prie le lecteur de vouloir bien faire attention à ce point qu'aujourd'hui la puissance d'achat n'est qu'une *partie du produit*; en effet c'est pour ne pas se rendre compte de cette vérité que l'école de Say et de Bastiat fait une si vive opposition aux nouveaux développements de l'économie politique.

XXIX. — *Dans une société comme celle que nous supposons et qui existe réellement aujourd'hui, les parts du produit qui reviennent aux ouvriers, aux propriétaires fonciers et aux capitalistes ne sont pas réglées par une loi sociale ouvrage de la raison, elles sont livrées à l'action du laisser faire, de l'échange abandonné à lui-même, à ce que l'on appelle les lois naturelles*. C'est des *hasards du marché* que dépend la grandeur relative (wie hoch sich belaufen soll) de la part de chaque classe dans le produit social. La proportion des parts des propriétaires fonciers et des capitalistes est bien déterminée, il est vrai, par la proportion de la valeur du produit agricole (Rohprodukt) et du produit manufacturé (Fabrikationsprodukt) et cette valeur tend (gravitirt), comme on l'a démontré, vers le coût de production de chaque genre de produit, elle dépend de la productivité relative de chaque genre de travail, mais le *bien économique suprême*, source primordiale de tous les produits, le *travail* étant devenu lui aussi un objet d'échange, le partage du produit entre rentiers et ouvriers est livré à la force aveugle de la concurrence.

L'ouvrier cède son travail à l'entrepreneur selon les règles de l'offre et de la demande et reçoit la contre-partie, c'est-à-dire son salaire, selon les mêmes règles ; sa part de produit est déterminée par l'échange. La même honteuse idée qui a fait estimer le montant du salaire d'après les moyens de subsistance nécessaires, comme on estime les frais d'entretien et de réparation d'une machine, a conduit aussi à parler d'un *prix naturel* du travail ou du *coût* du travail comme on parle du coût des produits, et ce prix naturel ou ce coût du travail, on l'a placé dans la somme des biens nécessaires pour assurer le retour incessant du travail sur le marché, c'est-à-dire dans la somme des biens nécessaires pour permettre à l'ouvrier de se perpétuer. Quelle contradiction dans l'esprit de ces économistes qui d'une part réclament pour les ouvriers le droit de décider avec les autres citoyens des destinées de la société et qui d'autre part, dans l'orde économique, veulent les voir traiter comme une simple marchandise ! Le travail ce sont les ouvriers.

XXX. — *La répartition du produit social d'après ce que l'on appelle les lois naturelles de l'échange a pour effet que la productivité du travail croissant, le salaire des ouvriers devient une fraction de plus en plus petite du produit.* En effet les ouvriers, fussent-ils en état d'apercevoir comment, grâce à une combinaison nouvelle de leurs opérations simples toujours les mêmes, leur travail devient de plus en plus productif, ne sont pas dans une telle situation vis-à-vis de leurs copartageants qu'ils puissent à force d'obstination obtenir une rémunération proportionnelle à la productivité de leur travail et à l'accroissement de cette productivité. En réalité les motifs qui les décident à céder leur bien propre, c'est-à-dire le travail, sont ceux auxquels on peut le moins résister, et ainsi ce suprême bien économique, source de tous les produits, est sur le même pied qu'une marchandise des plus communes et quasi sans valeur. Les ouvriers disposent de nombreuses heures de travail, mais c'est tout ce qu'ils possèdent, et en entrant en négociation avec l'entrepreneur, ils ont contre eux en première ligne leur propre faim et les souffrances de leurs familles. Aussi cèdent-ils facilement leur travail pourvu que l'échange leur assure de quoi apaiser les besoins les plus pressants, de quoi pouvoir continuer à travailler, c'est-à-dire de quoi pouvoir continuer en travaillant à apaiser ces besoins les plus pressants. Dans les circonstances seulement où le salaire serait encore inférieur à ce minimum, où il serait si faible qu'il fallût encore y ajouter pour ainsi dire de leur propre substance, on les voit préférer le chômage et le vol, un instinct naturel profond leur révélant alors que les conditions morales de la vie en société sont violées et sont violées contre eux.

Mais la mesure de ce qui est nécessaire pour apaiser les besoins les plus pressants, c'est une certaine *quantité absolue* de produit et non pas une *fraction* ou un *tantième* du produit (Quote); et cette quantité est sensiblement constante dans le cours de la vie d'un ouvrier, pour un même pays, et par année moyenne. Par conséquent, le travail devenant plus productif, une même quantité de travail fournissant plus de produit, une même quantité de produit représentant une moindre quantité de travail et n'étant plus qu'une fraction moindre du produit total, il s'ensuit nécessairement que, vu la toute-puissance des mobiles d'échange qui agissent sur les ouvriers, le salaire devient une fraction toujours moindre du produit à mesure que la productivité augmente.

XXXI. — Dans le développement de la société certaines causes nouvelles viennent encore renforcer chez les ouvriers les mobiles qui leur font abandonner leur travail *au prix coûtant*. Plus la population d'un pays est nombreuse, plus le travail y est productif, plus la liberté individuelle est grande avec cela, — plus les ouvriers sont forcés, sous un régime de laisser faire, de travailler *à bon marché;* en effet le travail est alors traité d'autant mieux comme une marchandise soumise aux lois de la concurrence et d'une concurrence *désavantageuse*, les entrepreneurs sont alors d'autant mieux en situation de ne « donner » du travail, comme on dit, qu'à ceux qui demandent le moins. Étrange expression : donner du travail ! comme si les entrepreneurs *donnaient* du travail ! Ils n'en *donnent* pas, ils en *reçoivent*. Mais les idées courantes sont à ce point faussées par le régime actuel que, les ouvriers ne pouvant aujourd'hui travailler sans une *permission*, on donne *à cette permission* le nom du *travail* même.

Dans la situation où se trouvent au début les colonies modernes et dont voici la formule : l'art et le capital de la vieille civilisation, liberté politique complète, population rare, sol fertile et en quantité surabondante, — dans cette situation, dis-je, il semble que ces lois compressives du salaire soient altérées. Il n'en est rien. *Leur effet n'est que suspendu, parce que la concurrence est alors provisoirement en faveur des ouvriers.* Mais dans la situation où se trouvent les vieux pays, où l'élément principal de cette formule — un sol riche surabondant pour la population — manque, où les classes ouvrières ne se sont jamais trouvées dans la situation où elles sont mises tout d'un coup dans les colonies, où, sortant d'une condition de servitude séculaire elles en ont gardé, en acquérant la liberté, un esprit de sujétion et l'habitude de se contenter des moyens d'existence nécessaires, où, à l'époque de leur émancipation le niveau de la population et de la productivité leur était déjà contraire, — dans ces vieux pays elles ne peuvent plus s'élever par un effort pacifique à une situation qui leur permette de lutter avec succès contre ces lois, — dans les vieux pays c'est la misère même qui ne permet plus à la liberté une fois acquise de donner aux classes ouvrières toute la force morale qu'il leur faudrait pour former le ferme propos de ne travailler que pour un salaire digne d'un libre citoyen — dans les vieux pays la liberté individuelle des ouvriers n'a guère d'autre effet sur le salaire que celui qu'exerce la facilité des communications sur le prix d'une marchandise déjà avilie par la concurrence ; elle ne fait que favoriser l'*offre* du travail, elle exerce une action dépressive de plus sur le *prix* du travail.

XXXII. — *Si quiconque prend part à l'échange demeurait toujours le maître du produit intégral de son travail, s'il gardait aussi par conséquent sa puissance d'achat qui est la valeur* (Marktwerth) *de son produit intégral* — on sait que telle est l'idée fausse que se font des choses l'école de Ricardo et celle de Say et de Bastiat — *un engorgement dû à l'accroissement de la productivité soit d'un certain genre de produit soit de tous ne pourrait avoir lieu qu'après que tous les copartageants en auraient reçu assez pour leur usage, qu'au moment où l'on en aurait produit plus qu'il n'en faut en général pour répondre aux besoins de la société tout entière.* En effet, la valeur (Marktwerth) du produit étant en raison inverse de la productivité, dans l'hypothèse ci-dessus la valeur du produit de chacun et par conséquent aussi sa puissance d'achat demeurerait la même, aussi bien chez celui dans le produit duquel la productivité a augmenté que chez les autres. Chacun pourrait acheter une quantité plus grande du genre de produit dans lequel la productivité a augmenté, et la puissance d'achat de chacun, demeurée la même, serait capable d'absorber la quantité de produit devenue plus grande en vertu de l'augmentation de la productivité, — jusqu'au moment où les besoins de chacun seraient entièrement satisfaits, c'est-à-dire jusqu'au moment où chacun ne *voudrait plus* acheter, quoiqu'il le *pût* encore. Dans ce cas la puissance d'achat au sein de la société demeurerait toujours au niveau de la productivité, ou bien, en d'autres termes, autant il y aurait d'utilité (Gebrauchswath) produite dans la société, autant il y aurait aussi de valeur (Marktwerth). et de puissance d'achat, jusqu'au moment où tous ceux qui prennent part à la production verraient tous leurs besoins satisfaits ; à ce moment seulement l'utilité (Gebrauchswerth) cesserait d'être valeur (Marktwerth) et puissance d'achat, précisément parce qu'elle cesserait d'être utile à personne au sein de la société.

On sait que les écoles de Ricardo et de Say essaient de se servir aussi de cet exemple afin de démontrer, au milieu même des maux de la *surproduction* qu'une *surproduction* est absolument impossible. Et cet exemple met sous les yeux aussi l'état économique le plus heureux qui se puisse concevoir, celui d'une surproduction qui se manifesterait par la satisfaction complète des besoins de *tous* les membres de la société, tandis que les crises commerciales actuelles consistent précisément en ceci que dans le temps même où éclate l'excès de production les quatre cinquièmes ou les cinq sixièmes de la population souffrent de privations.

Le résultat d'un accroissement de la productivité serait encore le même en supposant que le produit fût partagé, comme il l'est aujourd'hui, entre trois ayants droit, mais que la part de chacun demeurât une même fraction invariable ou un même tantième (eine unabänderliche Quote) *du produit.* Dans cette hypothèse encore, la productivité aurait beau augmenter autant que l'on voudra, la puissance d'achat de chacun demeurerait évidemment la même et il ne commencerait à y avoir surproduction soit d'un certain genre de produit soit de tous qu'*après* que les besoins de tous seraient entièrement satisfaits. Toutefois, pour atteindre ce but, il faudrait, en raison du partage du produit, que la productivité augmentât plus encore que dans l'état supposé par Ricardo et Say, état dans lequel chacun avait la disposition de la valeur de son produit intégral.

— *Mais, si ni l'un ni l'autre de ces deux hypothèses n'est réalisée, si le produit non seulement est partagé entre trois ayants droit, mais que de plus, en vertu des lois naturelles de la libre concurrence, la part des classes ouvrières, c'est-à-dire de la grande majorité de la société, au lieu de demeurer une fraction invariable du produit,* DEVIENNE UNE FRACTION DU PRODUIT DE PLUS EN PLUS PETITE A MESURE QUE LA PRODUCTIVITÉ AUGMENTE, *cet heureux résultat de l'augmentation de la productivité ne peut plus avoir lieu.* En effet dans cette troisième hypothèse la puissance d'achat et la productivité ne sont plus en raison directe l'une de l'autre ; en réalité la puissance d'achat de la partie la plus considérable de la société diminue à mesure que la productivité augmente et la société en arrive à produire de l'utilité (Gebrauchswerth) sans valeur (Marktwerth) et sans puissance d'achat, tandis que cependant les besoins auxquels répond cette utilité ne sont point satisfaits chez la plupart des hommes.

XXXIII. — Il saute aux yeux que là où les lois *naturelles* d'un régime économique ont de tels effets et où aucune loi ouvrage de la *raison* n'intervient pour les enrayer, il doit se produire nécessairement des phénomènes tels que ceux qu'on appelle aujourd'hui crises commerciales et paupérisme. On assiste alors nécessairement à ce résultat absurde que la productivité de la société a beau s'accroître, s'accroître assez pour pouvoir fournir à tout le monde en surabondance les moyens de vivre, malgré cela et précisément même à cause de cela la majorité est condamnée à la pauvreté et une minorité à la ruine. On voit se produire nécessairement, en raison de la marche parallèle du progrès économique et du progrès juridique et politique, ce dernier amenant une égalité de droits et une liberté politique de plus en plus grandes, on voit se produire, dis-je, cette fatale absurdité que les membres d'une société devenant *tous* au point de vue du droit, et au point de vue politique de plus en plus égaux et de plus en plus libres, le plus grand nombre d'entre eux, les ouvriers, deviennent, dans l'ordre économique, moins égaux et plus dépendants. On voit alors se produire nécessairement des phénomènes tels que les crises commerciales et le paupérisme. En effet, en ce qui concerne les crises, la puissance d'achat de la majorité, c'est-à-dire des classes ouvrières, diminuant à mesure que la productivité s'accroît, il y a surproduction avant que les besoins de la société soient complètement satisfaits. Et, en ce qui concerne le paupérisme, les prétentions matérielles du plus grand nombre, c'est-à-dire des classes ouvrières augmentant continuellement, leurs désirs étant continuellement surexcités par l'augmentation exclusive de la richesse du plus petit nombre, tandis leur revenu faiblit ou demeure stationnaire, ce qui est encore un affaiblissement relatif, il s'ensuit nécessairement un écroulement de leur condition économique. En un mot on voit se produire nécessairement cette incroyable absurdité que, tandis que le plus grand nombre croupit dans la misère, il ne lui est pas permis de déployer, tant s'en faut, toute son énergie productive, parce que si on le lui permettait le petit nombre serait lui aussi précipité dans la pauvreté.

XXXIV. — C'est dans ces lois *naturelles* de l'échange abandonné à lui-même que se trouve la clé des problèmes économiques actuels. *Les hypothèses dont on vient de montrer que des phénomènes tels que le paupérisme et les crises commerciales sont les conséquences nécessaires sont effectivement réalisées aujourd'hui, et la société n'a encore fait aucune loi rationnelle pour enrayer les conséquences qui se réalisent en suite de la réalisation des hypothèses.* La productivité a augmenté effectivement dans de très grandes proportions ; et si elle a augmenté dans les industries manufacturières et les transports bien plus encore que dans l'agriculture, elle a augmenté néanmoins considérablement dans l'agriculture même. En outre le produit social s'est accrû considérablement grâce à l'accroissement de la puissance productive, c'est-à-dire de la population. En revanche le salaire en Europe où il n'a jamais eu en sa faveur les circonstances de la colonisation naissante, comme en Amérique et en Australie, mais où il est issu du revenu du serf, à une époque où la densité de la population était déjà très grande et le sol déjà occupé tout entier, ne s'est jamais élevé ni beaucoup ni longtemps au-dessus du niveau des moyens de subsistance nécessaires. Les autres éléments de la vie sociale se développaient en même temps de manière à exercer continuellement une action dépressive sur le salaire. Aussi la conséquence de ces faits n'a pu manquer de se réaliser : c'est la répartition du produit social telle qu'elle a lieu actuellement. En Europe le salaire est devenu effectivement une fraction de plus en plus petite du produit social. Par suite la rente en général a monté et cette hausse de la rente a profité surtout à la rente foncière parce que la productivité a augmenté dans l'industrie plus que dans l'agriculture; le profit du capital n'en a été affecté qu'indirectement, parce que sans cette élévation de la rente en général il aurait baissé encore davantage. La rente foncière d'une pièce de terre déterminée s'est élevée encore grâce à l'augmentation (Vermehrung) de la rente dûe à l'accroissement des forces productives, et c'est en grande partie grâce à cela qu'elle a atteint son niveau actuel. — Et c'est cette répartition du produit social qui cause dans la société le paupérisme et les crises. Ces deux fléaux sont devenus des réalités aussi bien que cette répartition et les causes d'où elle dérive. En présence de la violence avec laquelle ces fléaux sévissent et tiennent en éveil par leurs secousses l'attention universelle, il n'y a plus d'optimisme assez aveugle, d'égoïsme assez borné pour ne pas les voir. Ceux qui voudraient les passer sous silence ne comptent plus. La discussion ne porte plus sur leur existence, mais sur les remèdes à y apporter; tout au plus discute-t-on encore de leur nécessité absolue avec cette poignée de gens aux yeux de qui tous les maux dont souffre la société sont la volonté de Dieu.

Les circonstances dont ces maux sont la conséquence

continueront à se réaliser dans l'avenir. Depuis que l'industrie a fait alliance avec la science, l'augmentation de la productivité échappe à toute prévision. La chimie et la mécanique font peu à peu de l'homme un autre créateur, dont le rôle et la volonté sont de suppléer la nature partout où elle est insuffisante. Un point seulement est à prévoir dans cet accroissement à venir de la productivité : elle ne restera pas désormais en arrière dans la production agricole, notamment dans la production des denrées alimentaires, de ce qu'elle est dans l'industrie manufacturière et celle des transports. L'agriculture jusqu'à présent n'a tiré aucun avantage ni des progrès de la chimie ni de ceux de la mécanique. Elle est encore aujourd'hui à peine au-dessus de ce qu'était la technologie industrielle il y a quelques dizaines d'années, elle n'est presque encore qu'un grossier empirisme. C'est de nos jours seulement que la chimie agricole commence à ouvrir des horizons à l'agriculture; sans doute ses découvertes donneront lieu encore à bien des mécomptes, mais elles pourraient enfin permettre à la société de créer à volonté des denrées alimentaires de même qu'elle peut aujourd'hui fournir telle quantité de drap qu'on voudra pourvu que l'on ait la quantité de laine suffisante. — Et pourtant, si des lois *rationnelles* ne viennent pas enrayer l'action des lois *naturelles*, le paupérisme et les crises continueront à sévir, — la société sera, comme aujourd'hui, en possession de forces productives dont l'activité pourrait tourner au plus grand bien de tous, mais auxquelles on ne permettra pas d'agir, afin de ne pas causer le mal de tous. La société supportera-t-elle cette situation? Une école qui a sans aucun doute la passion de la liberté réussira-t-elle à inoculer à la société la confusion qu'elle-même commet entre la *nature* et la *société*? Je ne le crois pas. C'est dans la *nature* seulement que les *choses* portent en elles-mêmes leur *loi rationnelle*, dans la *société*, c'est des *hommes* qu'elles la réclament. Et la nécessité se chargera d'éclairer les hommes, si la théorie n'y suffit pas.

TABLE DES MATIÈRES

TROISIÈME PARTIE

APPENDICE

FIN DE LA TABLE

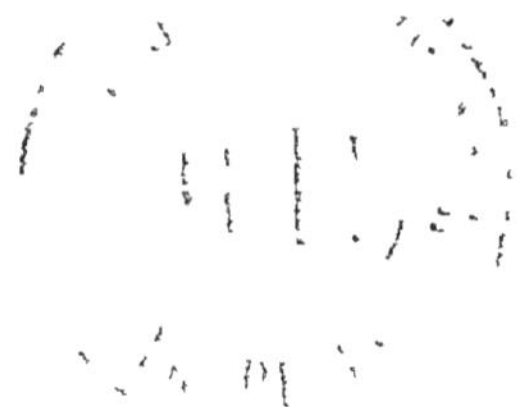

Imprimerie BUSSIÈRE. — Saint-Amand (Cher).

BIBLIOTHÈQUE INTERNATIONALE D'ÉCONOMIE POLITIQUE

(SÉRIE in-8)

I. — **COSSA (Luigi)**, professeur à l'Université de Pavie. — **Histoire des doctrines économiques**, trad. par Alfred Bonnet, avec une préface de A. Deschamps, 1899, 1 vol. in-8, avec reliure de la Bibliothèque : 11 fr. Broché : 10 fr. »»

II-III. — **ASHLEY (W. J.)**, professeur d'histoire économique à Harvard University. — **Histoire et Doctrines économiques de l'Angleterre.** Tome I : *Le Moyen Age*, trad. par P. Bondois. Tome II : *La Fin du Moyen Age*, trad. par S. Bouyssy, 1900, 2 vol. in-8, avec reliure de la Bibliothèque : 17 fr. Broché : 15 fr. »»

IV. — **SÉE (H.)**, professeur d'histoire à l'Université de Rennes. — **Les classes rurales et le régime domanial au moyen-âge en France.** 1901, 1 vol. in-8, avec reliure de la Bibliothèque : 13 fr. Broché . . . . 12 fr. »»

V. — **CARROLL D. WRIGHT**, commissaire du travail des États-Unis. — **L'Évolution industrielle des États-Unis**, traduit par F. Lepelletier, avec une Préface de E. Levasseur, membre de l'Institut, 1901, 1 vol. in-8, avec reliure de la Bibliothèque : 8 fr. Broché . . . . 7 fr. »»

VI. — **CAIRNES (J. E.)**, professeur d'économie politique à l'« University College » de Londres. — **Le caractère et la méthode logique de l'Économie politique.** Traduit sur la 2ᵉ édit. par G. Valran, docteur ès-lettres, 1902, 1 vol. in-8, avec reliure de la Bibliothèque : 6 fr. Broché . . . . . 5 fr. »»

VII. — **SMART (William)**, professeur à l'Université de Glasgow. — **La Répartition du revenu national**, traduit par G. Guéroult, avec une préface de P. Leroy-Beaulieu, membre de l'Institut, 1902, 1 vol. in-8, avec reliure de la Bibliothèque : 8 fr. Broché . . . . 7 fr. »»

VIII. — **SCHLOSS (David)**. — **Les modes de rémunération du travail**, traduit, précédé d'une introduction et augmenté de notes et d'appendices par Charles Rist, 1902, 1 vol. in-8, avec reliure de la Bibliothèque : 8 fr. 50. Broché : 7 fr. 50

IX. — **SCHMOLLER (Gustav)**, professeur à l'Université de Berlin. — **Questions fondamentales d'Economie politique et de politique sociale.** 1902, 1 vol. in-8, avec reliure de la Bibliothèque : 8 fr. 50. Broché . . . 7 fr. 50

X-XI. — **BOHM-BAWERK (E.)**, ministre des finances d'Autriche. — **Histoire critique des théories de l'intérêt du capital**, traduit par J. Bernard, ancien élève de l'école normale supérieure, 1902, 2 vol. in-8, avec reliure de la Bibliothèque : 16 fr. Broché . . . . 14 fr. »»

XII-XIII. — **PARETO (Vilfredo)**, professeur à l'Université de Lausanne. — **Les systèmes socialistes**, 1902, 2 vol. in-8, avec reliure de la Bibliothèque : 16 fr. Broché . . . . 14 fr. »»

XIV-XV. — **LASSALLE (F.)** — **Théorie systématique des droits acquis**, avec préface de Ch. Andler, 1904, 2 vol. in-8, avec reliure de la Bibliothèque : 22 fr. Broché . . . . 20 fr. »»

XVI. — **RODBERTUS (C.)**. — **Le Capital**, trad. par Chatelain, 1904, 1 vol. in-8 avec reliure de la Bibliothèque : 7 fr. Broché . . . . 6 fr. »»

XVII. — **LANDRY (A.)**. — **L'Intérêt du Capital.** 1904, 1 vol. in-8 avec reliure de la Bibliothèque : 8 fr. Broché. . . . . 7 fr. »»

XVIII. — **PHILIPPOVICH (Eugen von)**, professeur à l'Université de Vienne. — **La politique agraire**, trad. par S. Bouyssy, avec préface de A. Souchon, 1904, 1 vol. in-8, avec reliure de la Bibliothèque : 7 fr. Broché . . . . 6 fr. »»

(SÉRIE in-18)

I. — **MENGER (Anton)**, professeur de droit à l'Université de Vienne. — **Le droit au produit intégral du travail**, trad. par Alfred Bonnet, avec préface de Charles Andler, 1900, 1 vol. in-18, avec reliure de la Bibliothèque : 4 fr. Broché . . . . 3 fr. 50

II. — **PATTEN (S. N.)**, professeur d'économie politique à l'Université de Pennsylvanie. — **Les fondements économiques de la protection**, traduit par F. Lepelletier, avec une préface de Paul Cauwès, 1899, 1 volume in-18, avec reliure de la Bibliothèque : 3 fr. Broché . . . . 2 fr. 50

III. — **BASTABLE (C. F.)**, professeur à l'Université de Dublin. — **La théorie du commerce international**, trad. avec introduction par Sauvaire-Jourdan, 1900, 1 vol. in-18, avec reliure de la bibliothèque : 3 fr. 50. Broché . . 3 fr. »»

IV. — **WILLOUGHBY (W.-F.)**. — **Essais sur la législation ouvrière aux Etats-Unis**, Trad. et annotés par A. Chaboseau, 1903, 1 vol. in-18, avec reliure de la Bibliothèque : 4 fr. Broché . . . . 3 fr. 50

SAINT-AMAND (CHER). — IMPRIMERIE BUSSIÈRE

www.ingramcontent.com/pod-product-compliance
Ingram Content Group UK Ltd.
Pitfield, Milton Keynes, MK11 3LW, UK
UKHW020159250726
13967UKWH00003B/1154

9 782013 451031